すぐに役立つ

スペイン語の基本単語集

井戸光子＋石村あつ 著

ナツメ社

世界の19か国で通じるスペイン語

はじめに

　本書では、生活の基本単語からIT用語やビジネスでも使える時事用語まで、スペイン語をジャンル別に分類しました。目次からはもちろん、索引からも探すことができます。単語だけではなく、日常的によく使われる短いフレーズも紹介しているので、覚えておくと便利です。また、さまざまなフレーズを作る際には、1章で紹介する文法の基礎が役立ちます。ぜひ目を通して、スペイン語の全体像をつかんでください。

　スペイン語は、スペインと中南米の合計19か国で話されています。ひとくちにスペイン語圏といっても国によって事情が異なり、日常語であればあるほど、使用される語が異なります。本書は、スペインで使われている語を採用しました。中南米の国々では、この本の単語を基本にしながら、「郷に入れば郷に従え」の言葉どおり、滞在地での用語を覚え、なじむようにしましょう。

　最近では、日本に滞在するスペイン語圏の人々も多くなりました。海外でも日本でも、本書を役立てていただければ幸いです。

　　　　　　　　　　　　　　　井戸光子　石村あつ

もくじ

1章 スペイン語の基礎知識

スペイン語の読み方とアクセント ………………………… 10
- スペイン語のアルファベット 10
- スペイン語の読み方 10
- 二重母音と二重子音 11
- 音節とアクセントの位置 11

スペイン語文法の基礎 ……………………………………… 13
- 名詞 13
- 冠詞 14
- 形容詞 14
- 人称代名詞 15
- 短縮形の所有形容詞 17
- 指示詞 18
- よく使われる前置詞 18

動詞の活用と使い方 ………………………………………… 20
- 動詞の活用 20
- 基本動詞の使い方 26
- ていねい・婉曲なニュアンスをこめる表現 28

スペイン語の基本表現 ……………………………………… 29

コラム スペインという国 …………………………………… 32

2章 コミュニケーション

あいさつ ……………… 34	気持ちを表す②
敬称と呼びかけ ……… 36	信念・気持ち・好み …… 58
人の呼び方と紹介 …… 38	気持ちを表す③
家族・親族の呼び方 … 40	印象・間投詞 ………… 60
いろいろな人 ………… 42	電話をかける ………… 62
性格を表す …………… 44	つなぎの言葉 ………… 64
お礼 …………………… 46	
お願い ………………… 48	
尋ねる ………………… 50	
OKとNO ……………… 52	
注意の喚起と謝罪 …… 54	
気持ちを表す①	
喜怒哀楽 ……………… 56	

3章 身近な言葉

数字① 1～70 ………… 66	お祝い・行事 ………… 76
数字② 80～2,000,000 … 68	結婚式 ………………… 78
月・季節 ……………… 70	お葬式 ………………… 80
日にち・曜日 ………… 72	時間 …………………… 82
祝祭日 ………………… 74	方向と位置 …………… 84

色 ……………………………… 86	都市名① スペインの17州
形状・大きさ …………………… 88	と有名都市 …………… 102
通貨 ……………………………… 90	都市名② アジア・オセアニア・
公共施設 ………………………… 92	中東・ロシア・東欧・北欧・
スペイン語圏の国名・首都 … 94	アフリカ ………………… 104
世界の国名① アジア・	都市名③ 西欧・中欧・アメリカ
オセアニア・中東・ロシア … 96	…………………………… 106
世界の国名② アメリカ・	地域を表す言葉 ……………… 108
ヨーロッパ・アフリカ … 98	からだ ………………………… 110
私は〜人です〈ser＋〜人〉 … 100	

4章 日常生活

生活
一日の行動 …………………… 114
家事・育児 …………………… 116

衣
衣服 …………………………… 118
帽子・下着・履き物 ………… 120
小物① 身の回り品 ………… 122
小物② アクセサリー ……… 124
化粧・身じたくをする ……… 126

食
食事をする(レストランで) … 128
味を表現する ………………… 130

飲食店・食料品店 …………… 132
料理名① おつまみ・スープ・
　サラダ・野菜料理 ………… 134
料理名② メインディッシュ … 136
調理法 ………………………… 138
野菜 …………………………… 140
肉 ……………………………… 142
魚介類 ………………………… 144
豆・卵・乳製品 ……………… 146
果物 …………………………… 148
パン・菓子・デザート ……… 150
飲み物 ………………………… 152

調味料・香辛料 …………… 154	**働く**
食器・調理器具 …………… 156	オフィス用品・文具 ……… 180
住	パソコン …………………… 182
家の種類 …………………… 158	インターネットとメール …… 184
家 …………………………… 160	通勤・仕事 ………………… 186
部屋とその内部 …………… 162	会社・社員 ………………… 188
家具・インテリア …………… 164	労働条件・労使関係 ……… 190
寝具 ………………………… 166	コラム　会議に参加する
家電製品 …………………… 168	ときの表現 …………… 192
掃除 ………………………… 170	
転居・引っ越し …………… 172	
学ぶ	
学校① ……………………… 174	
学校② ……………………… 176	
学科・教科 ………………… 178	

5章　行動・趣味・文化

飛行機で …………………… 194	店の名前 …………………… 208
電車で ……………………… 196	ショッピング① …………… 210
バス・タクシーで ………… 198	ショッピング②　衣類 …… 212
車で ………………………… 200	美容・エステ ……………… 214
乗り物 ……………………… 202	美容院・理髪店 …………… 216
銀行・郵便局で …………… 204	レジャー施設 ……………… 218
街を歩く …………………… 206	アウトドア ………………… 220

5

スポーツ① 全般	222	伝統(祭りと闘牛)	238
スポーツ② 球技	224	映画	240
スポーツ③ 陸上・水泳・		音楽	242
その他	226	演劇	244
旅行① 出発まで	228	文学	246
旅行② 宿泊	230	美術	248
旅行③ 観光	232	アニメ・漫画	250
旅行④ ナイトライフ		歴史上の人物	252
(フラメンコなど)	234	名作とその作者① 世界	254
旅行⑤ おみやげ	236	名作とその作者② スペイン	256

6章 自然と環境

天気	258	動物②	268
自然① 宇宙・天体	260	虫	270
自然② 地形	262	魚介類	272
環境	264	両生類・は虫類・その他	274
動物①	266	鳥	276

ペット …………………… 278	花② 草花 …………… 284
木・草 …………………… 280	遺跡と自然・文化遺産 …… 286
花① 果樹・花木 ……… 282	スペインの世界遺産 …… 288

7章 病気・トラブル

病院① 受診関連用語・病院の施設 ………… 290	症状② 歯・皮膚・内臓・婦人科・ケガ ………… 304
病院② 専門科と専門医 … 292	薬① …………………… 306
診察・治療・検査 ……… 294	薬② …………………… 308
病気① 脳神経・目・耳鼻咽喉・歯・皮膚 ……………… 296	トラブル① 盗難 ……… 310
病気② 内臓関係の病気・生活習慣病 …………… 298	トラブル② 忘れ物・事故・火事など ……………… 312
病気③ 女性・子ども・老人・その他 …………… 300	トラブル③ いろいろなトラブル ……………… 314
症状① 一般症状と目・耳鼻咽喉 …………… 302	交通事故 ……………… 316
	災害 …………………… 318

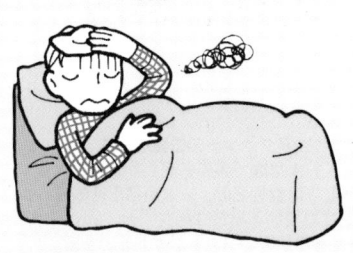

8章 政治・経済・時事

政治① 国と政府 ……… 322	業種と職種 ……………… 336
政治② 政党・選挙 ……… 324	時事問題 ………………… 338
政治③ 外交・国際関係 … 326	新聞・マスコミ ………… 340
法律・裁判 ……………… 328	国際機関・国際イベント … 342
経済① 経済一般・	歴史 ……………………… 344
雇用 ……………… 330	宗教 ……………………… 346
経済② 財務・税 ………… 332	日本の紹介① …………… 348
金融・証券 ……………… 334	日本の紹介② …………… 350

参考文献一覧 ……………………………………………… 352
さくいん …………………………………………………… 353

- ●イラスト　　　　中野サトミ　内藤しなこ
- ●表紙デザイン　　SUPER MATERIAL, INC.
- ●表紙写真　　　　©orion/amanaimages
- ●編集協力　　　　（株）文研ユニオン
- ●編集担当　　　　柳沢裕子（ナツメ出版企画）

本書の表記について
- 読みがなの太字はアクセントの位置を示す
- ○○には、「人」または「人の名前」が入る
- m は男性名詞、f は女性名詞、pl は複数形を表す
- m と f が併記されている場合は男女同形、(f) となっている場合は、スペイン語とその読みの（　）は女性形を表す

1章

スペイン語の基礎知識

スペイン語の読み方とアクセント

スペイン語のアルファベット

スペイン語のアルファベットは、次の27文字です。

スペイン語の読み方

スペイン語の母音はa／e／i／o／uの5つで、これらを単独で、または子音と組み合わせて使います。読み方はローマ字とほぼ同じですが、以下は注意が必要な読み方です。

- **c／g** a／o／uとe／iとの組み合わせにより、読み方が変わる

  - **ca／co／cu**（カ／コ／ク） casa 家（カサ）　comida 食べ物（コミーダ）　cuna ゆりかご（クナ）
  - **ce／ci**（セ／シ） cena 夕食（セナ）　cine 映画（シネ）

  - **ga／go／gu**（ガ／ゴ／グ） gato 猫（ガト）　golfo 湾（ゴルフォ）　gusto 好み（グスト）
  - **ge／gi**（ヘ／ヒ） gente 人々（ヘンテ）　girasol ひまわり（ヒラソル）

- **cha che chi cho chu**（チャ チェ チ チョ チュ）　chico 男の子（チコ）
- **ha he hi ho hu**（ア エ イ オ ウ）　hは無音でア行と同じ発音

  historia 歴史（イストリア）　hotel ホテル（オテル）

- **ja je ji jo ju**（ハ ヘ ヒ ホ フ）　のどの奥から息をはいて発音する

  Japón 日本（ハポン）　joven 若者（ホベン）

- **lla lle lli llo llu**　ジャ ジェ ジ ジョ ジュ　llave 鍵（ジャベ）　lluvia 雨（ジュビア）
  ＊[リャ リェ リ リョ リュ]と発音する地方もある
- **q**　que／quiの組み合わせでしか使わない
  queso チーズ（ケソ）　química 化学（キミカ）
- **r／rr**　rrと語頭のrは舌先を震わせて強く発音する
  torre 塔（トーレ）　rey 王（レイ）
- **xa xe xi xo xu**　クサ クセ クシ クソ クス　examen 試験（エクサメン）
  ただし、子音の前では[ス]と読む　extranjero 外国人（エストランヘロ）
- **ya ye yi yo yu**　ジャ ジェ ジ ジョ ジュ　ya すでに（ジャ）
  ただし、単独では[イ]と読み、母音扱い　y ～と（英語のand）（イ）
- **za ze zi zo zu と ce／ci**　サ セ シ ソ ス
  英語のthの発音だが、スペイン南部と中南米では日本語のサ行のように発音する

二重母音と二重子音

母音のうち、a／o／eは**強母音**、i／uは**弱母音**です。

二重母音　強母音と弱母音、または弱母音同士の組み合わせ

autobús バス（アウトブス）　ciudad 都市（シウダッ）

二重子音　bl／cl／fl／gl／plとbr／cr／dr／fr／gr／pr／tr

blusa ブラウス（ブルサ）　flor 花（フロール）　grito 叫び（グリト）

音節とアクセントの位置

音節は、母音が単独で、または子音といっしょに作る音の単位です。スペイン語の発音ではアクセントが重要ですが、各単語のアクセントの位置は音節が基本になります。

音節の区切り方

❶ 二重母音は1つの母音と見なし、二重子音と ch／ll／rr は1つの子音と見なす

au-to-bús バス　　ciu-dad 都市
アウト ブス　　　　シウ ダッ

blu-sa ブラウス　　Fran-cia フランス
ブルー サ　　　　　フラン シア

lla-ve 鍵　　Chi-na 中国
ジャ ベ　　　チ ナ

❷ 母音間に複数の子音がある場合は、1つの子音だけがあとの音節につく

car-ta 手紙　　obs-tá-cu-lo 障害物
カル タ　　　　オブス タ ク ロ

nom-bre 名前（二重子音〈br〉は1つの子音と見なす）
ノン ブレ

アクセントのかかる音節

❶ アクセント記号のある語は、そこがアクセント

ár-bol 木　　ja-po-nés 日本語・日本人
アル ボル　　ハ ポ ネス

❷ 母音や〈n〉〈s〉で終わる語は、最後から2番目の音節

ma-pa 地図　　jo-ven 若者　　lu-nes 月曜日
マ パ　　　　　ホ ベン　　　　ル ネス

❸ n／s 以外の子音で終わる語は、最後の音節

ciu-dad 都市　　mu-jer 女性
シウ ダッ　　　　ム ヘール

as-cen-sor エレベーター
アス セン ソール

コラム

スペイン人の名前

Carmen García Pérez という姓名の人がいたとします。Carmen は自分の名前、García は父方の姓、Pérez は母方の姓です。日常的には、Carmen García のように〈自分の名前＋父方の姓〉を使います。ところで、スペインの女性は結婚しても姓が変わりません。自分の姓名のあとに〈de＋夫の父方の姓〉をつけるだけです。したがって Carmen が José Martínez という男性と結婚すれば、Carmen García Pérez de Martínez になります。

スペイン語文法の基礎

名　詞

　スペイン語の名詞は男性名詞（*m : masculino*）と女性名詞（*f : femenino*）に分かれ、それぞれに単数形と複数形があります。２章以降では、男性名詞は*m*、女性名詞は*f*、複数形は*pl*で表しています。

名詞の性

❶ 名詞の語尾が〈o〉で終わるものは男性名詞、〈a〉で終わるものは女性名詞（ただし、例外が多い）

cas**a** *f*　家　　camin**o** *m*　道
カサ　　　　　　　　カミノ
〈例外〉problem**a** *m*　問題
　　　　プロブレマ

❷ 自然の性をもつ名詞は、その性になる

padre *m*　父親　　madre *f*　母親
パドレ　　　　　　　マドレ

❸ -ción や -sión、-dad で終わる語は女性名詞

can**ción** *f*　歌　　universi**dad** *f*　大学
カンシオン　　　　　　ウニベルシダッ

複数形の作り方

❶ 母音で終わる名詞は語尾に〈s〉を加える

cas**a** *f*　家 → cas**as**
カサ　　　　　　カサス

❷ 子音で終わる名詞は語尾に〈es〉を加える

pape**l** *m*　紙 → pape**les**
パペル　　　　　　パペレス

❸ z で終わる語は z を c に変えて、〈es〉を加える

lu**z** *f*　光 → lu**ces**　　pe**z** *f*　魚 → pe**ces**
ルス　　　　　ルセス　　　　ペス　　　　　ペセス

冠 詞

名詞の前に置かれます。不定冠詞と定冠詞があり、名詞の性・数に応じて冠詞の形も変わります。

		不定冠詞	定冠詞	名詞amigo アミーゴ（友だち）との組み合わせ例
単数	男性	un ウン	el エル	un amigo／el amigo ウン アミーゴ　エル アミーゴ
単数	女性	una ウナ	la ラ	una amiga／la amiga ウナ アミーガ　ラ アミーガ
複数	男性	unos ウノス	los ロス	unos amigos／los amigos ウノス アミーゴス　ロス アミーゴス
複数	女性	unas ウナス	las ラス	unas amigas／las amigas ウナス アミーガス　ラス アミーガス

形容詞

形容詞はふつう名詞のあとに置かれ、語尾は修飾する名詞の性・数に応じて変化します。複数形の作り方は、名詞と同じです。

	単数		複数	
形容詞の語尾	男性形	女性形	男性形	女性形
oで終わるもの alto（背が高い）	alto アルト	alta アルタ	altos アルトス	altas アルタス
o以外の母音で終わるもの amable（親切な）	amable アマブレ	amable アマブレ	amables アマブレス	amables アマブレス
子音で終わるもの azul（青い）	azul アスル	azul アスル	azules アスレス	azules アスレス

語尾が〈o〉で終わる形容詞の場合

❶〈不定冠詞＋名詞＋形容詞〉の組み合わせ

un amigo alto　　　背が高い男の友人
ウン　アミーゴ　アルト

una amiga alta 背が高い女の友人
ウナ アミーガ アルタ

unos amigos altos 背が高い男の友人たち
ウノス アミーゴス アルトス

unas amigas altas 背が高い女の友人たち
ウナス アミーガス アルタス

❷ ser や estar とともに使われる場合は主語の性・数に合わせる

Ellos son altos. 彼らは背が高いです。
エジョス ソン アルトス

Ellas son altas. 彼女たちは背が高いです。
エジャス ソン アルタス

＊2章以降では、女性形の語尾を（ ）で示す

人称代名詞

	人 称	主格 (〜は)	直接目的格 (〜を)	間接目的格 (〜に)
単数	1人称（私）	yo ジョ	me メ	
	2人称（きみ）	tú トゥ	te テ	
	3人称（彼）	él エル	lo／le(男) ロ　レ	le レ
	（彼女）	ella エジャ	la(女) ラ	
	（あなた）	usted(Ud.) ウステッ	lo(男)／la(女)／le(男女) ロ　　ラ　　レ	
複数	1人称 （私たち）男性形	nosotros ノソトロス	nos ノス	
	女性形	nosotras ノソトラス		
	2人称 （きみたち）男性形	vosotros ボソトロス	os オス	
	女性形	vosotras ボソトラス		
	3人称（彼ら）	ellos エジョス	los／les(男) ロス　レス	les レス
	（彼女たち）	ellas エジャス	las(女) ラス	
	（あなた方）	ustedes(Uds.) ウステデス	los(男)／las(女)／les(男女) ロス　　ラス　　レス	

主格人称代名詞

(Yo) doy este libro **a Juan.**　私はこの本をファンに あげる。
ドイ　エステ　リブロ　ア　フアン

　この文では、yo（私は）が**主格人称代名詞**、つまり、「私は」「きみは」「あなたは」など、文の主語になるものです。(Yo) とカッコで示したように、スペイン語は動詞の活用形（p.20参照）で人称がわかるので、主格人称代名詞はよく省略されます。

　ところで、usted／ustedesは「あなた」「あなた方」なので2人称扱いが自然なようですが、スペイン語では3人称として扱います。これは、対話者間の心理的距離を示し、目上の人やあまり親しくない相手とは3人称で対話するということです。

直接目的語と間接目的語

　直接目的語は「この本を」のように「○○を」にあたり、**間接目的語**は「フアンに」のように「△△に」 にあたります。目的語が人の名前や人を表す名詞（父・母・先生など）の場合には、直接・間接ともに〈a Juan〉のように〈a〉をつけます。

目的格人称代名詞

　直接目的語（○○を）や間接目的語（△△に）を、代名詞で受けたものを、**目的格人称代名詞**といいます。上の例文にある「この本を」を代名詞「それを（lo）」に、「フアンに」を代名詞「彼に（le）」にしてみましょう。その際に注意すべきことは、次の3点です。

❶**目的格人称代名詞は動詞の前に置く**

❷**間接目的格＋直接目的格の順序にする**

❸**人称代名詞の場合は〈a〉はつけない**

　その結果、上の文は次のようになります。

Le lo doy.　私は彼にそれをあげる。
レ　ロ　ドイ

ところが、「○○に△△を」の両方が3人称の場合は、〈le lo〉〈les

los〉などと同じような音が続くのを避けるため、〈le/les〉を〈se〉に変え、次のようにします。

Doy este libro a Juan.
→ ~~Le~~ lo doy.　→ Se lo doy.
　　　　　　　　　セ　ロ　ドイ

短縮形の所有形容詞

「私の家」の「〜の」にあたる部分を、**所有形容詞**といいます。所有形容詞には名詞の前に置く短縮形と、名詞のあとに置く完全形があり、短縮形が多く使われます。以下は短縮形です。

	男性単数	女性単数	男性複数	女性複数
私の	mi ミ		mis ミス	
きみの	tu トゥ		tus トゥス	
彼の あなたの	su ス		sus スス	
私たちの	nuestro ヌエストロ	nuestra ヌエストラ	nuestros ヌエストロス	nuestras ヌエストラス
きみたちの	vuestro ブエストロ	vuestra ブエストラ	vuestros ブエストロス	vuestras ブエストラス
彼らの あなた方の	su ス		sus スス	

短縮形は、<u>あとにくる名詞</u>の性・数に合わせます。

〈例〉 nuestro amigo　　　私たちの男の友人
　　　ヌエストロ　アミーゴ
　　　nuestros amigos　　私たちの男の友人たち
　　　ヌエストロス　アミーゴス
　　　nuestra amiga　　　私たちの女の友人
　　　ヌエストラ　アミーガ
　　　nuestras amigas　　私たちの女の友人たち
　　　ヌエストラス　アミーガス

1章 ●スペイン語の基礎知識

指示詞

指示代名詞

		これは	それは	あれは
単数	男性	**éste** エステ	**ése** エセ	**aquél** アケル
	女性	**ésta** エスタ	**ésa** エサ	**aquélla** アケジャ
中性		**esto** エスト	**eso** エソ	**aquello** アケジョ
複数	男性	**éstos** エストス	**ésos** エソス	**aquéllos** アケジョス
	女性	**éstas** エスタス	**ésas** エサス	**aquéllas** アケジャス

指示形容詞

「この・その・あの」の意味を表し、指示代名詞のアクセント記号を取ったものです。中性はありません。名詞の前に置き、名詞と性・数を合わせます。

este libro　この本　　　estos libros　これらの本
エステ リブロ　　　　　　エストス リブロス

esta casa　この家　　　estas casas　これらの家
エスタ カサ　　　　　　　エスタス カサス

よく使われる前置詞

a　～へ（方向）　　ir a España　スペインへ行く
　　　　　　　　　　　イール ア エスパーニャ

　　　～時に　　　　　volver a las seis　6時に帰る
　　　　　　　　　　　ボルベール ア ラス セイス

hasta　～まで（場所の到達点）
　　　　ir hasta Osaka　大阪まで行く
　　　　イール アスタ オサカ

　　　～まで（時の到達点）
　　　　trabajar hasta las siete　7時まで働く
　　　　トラバハール アスタ ラス シエテ

de	～から（場所や時の出発点）	

  de ahora en adelante 今からずっと
  デ　アオラ　エン　アデランテ

～の（所有）	coche de Carlos カルロスの車
	コチェ　デ　カルロス
～でできた（材料）	tarta de fresa いちごケーキ
	タルタ　デ　フレサ

desde ～から（場所や時の出発点）

  salir desde Narita 成田から出発する
  サリール　デスデ　ナリタ

＊場所や時を表す「～から～まで」は、〈de... a... 〉〈desde... hasta...〉の組み合わせをよく使います。

  de (desde) Madrid a (hasta) Sevilla マドリードから
  デ　デスデ　マドリッ　ア　アスタ　セビジャ セビージャまで

＊〈a+定冠詞el〉= al、〈de＋定冠詞el〉= delになります。

 ir al cine 映画へ行く
 イール アル シネ

 entrada del hotel ホテルの入口
 エントラーダ　デル　オテル

con	～とともに	con su madre 母親といっしょに
		コン　ス　マドレ
	～で（手段）	escribir con bolígrafo ボールペンで書く
		エスクリビール　コン　ボリグラフォ
en	～の中に	en la caja 箱の中に
		エン ラ カハ
	～で（移動手段）	ir en tren 電車で行く
		イール エン トレン
para	～のために（目的）	

  trabajar para la familia 家族のために働く
  トラバハール　パラ　ラ　ファミリア

por ～のために（動機）

  luchar por la patria 祖国のために戦う
  ルチャール　ポル　ラ　パトリア

 ～によって（手段） llamar por teléfono 電話をかける
         ジャマール　ポル　テレフォノ

según ～によると

  según el pronóstico del tiempo 天気予報によると
  セグン　エル　プロノスティコ　デル　ティエンポ

sin	～なしに	sin comer 食べずに
		シン コメール
sobre	～の上に	sobre la mesa 机の上に
		ソブレ ラ メサ
	～について	hablar sobre política 政治について話す
		アブラール　ソブレ　ポリティカ

＊位置を表す前置詞と前置詞句は、p.84「方向と位置」参照

動詞の活用と使い方

スペイン語の動詞には直説法と接続法があります。それぞれに現在形・過去形などの時制があり、さらに人称によって形が変わります。ここでは、本書に収録されている単語で文を作るために必要な、直説法の現在形・点過去・現在完了と、命令形の一部について説明します。

動詞の活用

スペイン語の動詞は、語尾によって-ar動詞、-er動詞、-ir動詞の3種類があり、**規則活用**と**不規則活用**に分かれます。

現在形と点過去の規則活用

❶**現在形の規則活用** 動詞の原形からar／er／irを取って、そこに活用語尾（表中の赤字部分）を続けます。

	-ar動詞 hablar 話す アブラール	-er動詞 comer 食べる コメール	-ir動詞 vivir 住む ビビール
yo	hablo アブロ	como コモ	vivo ビボ
tú	hablas アブラス	comes コメス	vives ビベス
él／ella／Ud.	habla アブラ	come コメ	vive ビベ
nosotros／nosotras	hablamos アブラモス	comemos コメモス	vivimos ビビモス
vosotros／vosotras	habláis アブライス	coméis コメイス	vivís ビビス
ellos／ellas／Uds.	hablan アブラン	comen コメン	viven ビベン

❷点過去の規則活用

スペイン語の単純過去には、**点過去**と**線過去**があります。ここで説明する点過去は完全に終了した過去のできごとを表し、-er動詞と-ir動詞の活用形は同じです。

	-ar動詞 hablar 話す アブラール	-er動詞 comer 食べる コメール	-ir動詞 vivir 住む ビビール
yo	hablé アブレ	comí コミ	viví ビビ
tú	hablaste アブラステ	comiste コミステ	viviste ビビステ
él／ella／Ud.	habló アブロ	comió コミオ	vivió ビビオ
nosotros／nosotras	hablamos アブラモス	comimos コミモス	vivimos ビビモス
vosotros／vosotras	hablasteis アブラステイス	comisteis コミステイス	vivisteis ビビステイス
ellos／ellas／Uds.	hablaron アブラロン	comieron コミエロン	vivieron ビビエロン

❸よく使われる規則活用の動詞

- **-ar動詞** comprar 買う　estudiar 勉強する
  コンプラール　　エストゥディアール
  quedar （約束の場所・時間を）決める
  ケダール
  trabajar 働く　llevar 持って行く
  トラバハール　　ジェバール
  tomar 食事などをとる、乗り物に乗る
  トマール
- **-er動詞** aprender 学ぶ　beber 飲む
  アプレンデール　　ベベール
  vender 売る
  ベンデール
- **-ir動詞** abrir 開ける　escribir 書く
  アブリール　　エスクリビール
  recibir 受け取る
  レシビール

現在形と点過去の不規則活用

不規則活用の動詞は、たくさんあります。日常生活でよく使う動詞の活用をまとめました。（動詞の使い方はp.26～p.28参照）

❶ 現在形の不規則活用

	yo	tú	él／Ud.	nosotros	vosotros	ellos／Uds.
ir 行く	voy ボイ	vas バス	va バ	vamos バモス	vais バイス	van バン
ser 〜である	soy ソイ	eres エレス	es エス	somos ソモス	sois ソイス	son ソン
estar 〜である 〜にある	estoy エストイ	estás エスタス	está エスタ	estamos エスタモス	estáis エスタイス	están エスタン
dar 与える	doy ドイ	das ダス	da ダ	damos ダモス	dais ダイス	dan ダン
decir 言う	digo ディゴ	dices ディセス	dice ディセ	decimos デシモス	decís デシス	dicen ディセン
hacer する	hago アゴ	haces アセス	hace アセ	hacemos アセモス	hacéis アセイス	hacen アセン
poder 〜できる	puedo プエド	puedes プエデス	puede プエデ	podemos ポデモス	podéis ポディス	pueden プエデン
querer 愛する	quiero キエロ	quieres キエレス	quiere キエレ	queremos ケレモス	queréis ケレイス	quieren キエレン
tener 持つ	tengo テンゴ	tienes ティエネス	tiene ティエネ	tenemos テネモス	tenéis テネイス	tienen ティエネン
venir 来る	vengo ベンゴ	vienes ビエネス	viene ビエネ	venimos ベニモス	venís ベニス	vienen ビエネン

❷ 点過去の不規則活用（irとserの点過去の活用は同じ）

	yo	tú	él／Ud.	nosotros	vosotros	ellos／Uds.
ir イール **ser** セール	fui フイ	fuiste フイステ	fue フエ	fuimos フイモス	fuisteis フイステイス	fueron フエロン
estar エスタール	estuve エストゥベ	estuviste エストゥビステ	estuvo エストゥボ	estuvimos エストゥビモス	estuvisteis エストゥビステイス	estuvieron エストゥビエロン
dar ダール	di ディ	diste ディステ	dio ディオ	dimos ディモス	disteis ディステイス	dieron ディエロン
decir デシール	dije ディヘ	dijiste ディヒステ	dijo ディホ	dijimos ディヒモス	dijisteis ディヒステイス	dijeron ディヘロン

hacer アセール	hice イセ	hiciste イシステ	hizo イソ	hicimos イシモス	hicisteis イシスティス	hicieron イシエロン
poder ポデール	pude プデ	pudiste プディステ	pudo プド	pudimos プディモス	pudisteis プディスティス	pudieron プディエロン
querer ケレール	quise キセ	quisiste キシステ	quiso キソ	quisimos キシモス	quisisteis キシスティス	quisieron キシエロン
tener テネール	tuve トゥベ	tuviste トゥビステ	tuvo トゥボ	tuvimos トゥビモス	tuvisteis トゥビスティス	tuvieron トゥビエロン
venir ベニール	vine ビネ	viniste ビニステ	vino ビノ	vinimos ビニモス	vinisteis ビニスティス	vinieron ビニエロン

現在完了

❶現在完了の形は〈haberの活用形＋過去分詞〉

❷過去分詞の作り方

語尾が -ar の動詞→ado：hablar→hablado

語尾が -er と -ir の動詞→ido：comer→comido, vivir→vivido

動詞 haber の活用と組み合わせると、hablar と comer は次のようになります。

	hablar	comer
yo	he hablado エ アブラード	he comido エ コミード
tú	has hablado アス アブラード	has comido アス コミード
él／ella／Ud.	ha hablado ア アブラード	ha comido ア コミード
nosotros／nosotras	hemos hablado エモス アブラード	hemos comido エモス コミード
vosotros／vosotras	habéis hablado アベイス アブラード	habéis comido アベイス コミード
ellos／ellas／Uds.	han hablado アン アブラード	han comido アン コミード

❸現在完了の文例

完了	He comida ya. エ　コミード　ジャ	私は食事をしたばかりだ。
経験	¿Has estado en España?* アス　エスタード　エン　エスパーニャ	きみはスペインへ行ったことがありますか？
	No, no he estado en España. ノー　ノ　エ　エスタード　エン　エスパーニャ	いいえ、私はスペインへ行ったことはありません。

＊疑問文は文の前後に疑問符をつけます。感嘆文は〈¡Qué horror!〉
（ケ　オロール）
（恐ろしい！）のように文の前後に感嘆符をつけます。

再帰動詞

再帰動詞は、llamarse（〜という名前だ）、ponerse（着る）、quitarse（脱ぐ）のように、再帰代名詞seとともに使われます。seは人称によって変化し、現在形の活用は次のようになります。

	se セ	llamarse 〜という名前だ	ponerse 着る	quitarse 脱ぐ
yo	me メ	me llamo メ　ジャモ	me pongo メ　ポンゴ	me quito メ　キト
tú	te テ	te llamas テ　ジャマス	te pones テ　ポネス	te quitas テ　キタス
él／ella Ud.	se セ	se llama セ　ジャマ	se pone セ　ポネ	se quita セ　キタ
nosotros nosotras	nos ノス	nos llamamos ノス　ジャマモス	nos ponemos ノス　ポネモス	nos quitamos ノス　キタモス
vosotros vosotras	os オス	os llamáis オス　ジャマイス	os ponéis オス　ポネイス	os quitáis オス　キタイス
ellos／ellas Uds.	se セ	se llaman セ　ジャマン	se ponen セ　ポネン	se quitan セ　キタン

肯定の命令形

❶規則形

		-ar動詞	-er動詞	-ir動詞
		hablar 話す	comer 食べる	escribir 書く
tú	3人称現在の単数形	habla アブラ	come コメ	escribe エスクリベ
Ud.	3人称現在単数形が aで終わるものa→e eで終わるものe→a	hable アブレ	coma コマ	escriba エスクリバ

＊肯定命令と否定命令は形が違います。ここではtúとUd.に対する肯定命令をとりあげました。

❷不規則な命令形

	ser 〜である	ir 行く	dar 与える	decir 言う	hacer する
tú	sé セ	ve ベ	da ダ	di ディ	haz アス
Ud.	sea セア	vaya バジャ	dé デ	diga ディガ	haga アガ

	salir 出かける	poner 置く	tener 持つ	venir 来る
tú	sal サル	pon ポン	ten テン	ven ベン
Ud.	salga サルガ	ponga ポンガ	tenga テンガ	venga ベンガ

〈例〉 Ven aquí.
　　　ベン　アキ
　　　ここに来い。

　　　Venga aquí.
　　　ベンガ　アキ
　　　ここに来なさい。

　　　Ten cuidado.
　　　テン　クイダード
　　　注意しろ。

　　　Tenga cuidado.
　　　テンガ　クイダード
　　　注意しなさい。

基本動詞の使い方

ir　❶〜へ行く　❷〈ir a＋不定詞（動詞の原形）〉で意思・未来

❶ Voy a España.　私はスペインへ行きます。
　ボイ ア エスパーニャ

❷ Ana va a tomar vacaciones en agosto.
　アナ バ ア トマール　バカシオネス エン アゴスト
　アナは8月に休暇をとる予定です。

　Voy a estudiar mucho mañana.
　ボイ ア エストゥディアール ムーチョ マニャーナ
　私は明日、うんと勉強するつもりです。

　未来形を使わなくても、②の形で「〜する予定です」「〜するつもりです」のように、意思や未来を表現できます。

ser と estar

どちらも英語のbe動詞に相当し、次のように使い分けます。

ser　❶国籍や職業　❷恒常的な特徴

❶ Taro es japonés.　太郎は日本人です。
　タロ エス ハポネス

　Carlos es médico.　カルロスは医者です。
　カルロス エス メディコ

❷ Pepe es guapo.　ペペはハンサムです。
　ペペ エス グアポ

estar　❶所在
　　　　　❷一時的な状態

❶ Taro está en casa.　太郎は家にいる。
　タロ エスタ エン カサ

　Tokio está en Japón.　東京は日本にある。
　トキオ エスタ エン ハポン

❷ Pepe está guapo hoy.　ペペは今日、すてきだ。
　ペペ エスタ グアポ オイ

hacer　❶作る
　　　　　❷（天気は）〜である（天候表現はp.258参照）

❶ Juan hace muebles.　フアンは家具を作る。
　フアン アセ ムエブレス

❷ Hace buen tiempo.　よい天気です。
　アセ ブエン ティエンポ

poder　英語のcanに相当する助動詞で、さまざまな用法があります。〈poder＋不定詞〉の形で使います。

❶ 可能「〜できる」

¿Puedes leer con música? きみは音楽を聞きながら本を読める?

❷ 許可「〜してもいいですか?」「いいですよ」

¿Puedo estar aquí? 私、ここにいてもいいですか?
Sí, puedes. ええ、いいですよ。

❸ 依頼「〜してもらえますか?」

¿Puede cerrar la ventana? 窓を閉めてもらえますか?

querer ❶ 〜がほしい ❷ 〜を愛している
　　　　　❸〈querer＋不定詞〉＝〜したい

❶ ¿Qué quiere, señora? 奥様、何をお求めですか?
　Quiero un ramo de rosas. バラの花束をください。
❷ Quiero mucho a mis padres. 私は両親をとても愛している。
❸ Quiero verle mañana. 私は明日、あなたに会いたい。

tener ❶ 〜を持っている
　　　　 ❷〈tener que ＋不定詞〉＝〜しなければならない

❶ Tengo muchos libros. 私は本をたくさん持っている。
❷ Tengo que hacer muchas cosas.
私は多くのことをしなければならない。

haber 〜がある

Hay un libro sobre la mesa. 机の上に本が1冊あります。
No hay muchos libros sobre la mesa.
机の上に本がたくさんありません。

hayは動詞haberの3人称単数形です。上の例文のように、あとにくる名詞が単数でも複数でも、つねにhayです。

gustar 〜が好きだ

Me gusta la comida española. 私はスペイン料理が好きだ。…A
Le gusta leer libros. 彼は本を読むのが好きだ。…B

Te gustan los chocolates. きみはチョコレートが好きだ。…C
テ グスタン ロス チョコラテス

gustarは日本語の主語にあたる「私は・きみは・彼は」を人称代名詞の間接目的格（p.15の表参照）で表して動詞の前に置き、動詞の形は「好きなもの」に合わせます。つまり、

〈gusta〉　①好きなものを表す名詞が単数の場合 …A
　　　　　②不定詞の場合 …B
〈gustan〉　③好きなものを表す名詞が複数の場合 …C

ていねい・婉曲なニュアンスをこめる表現

poder／querer／gustarは「過去未来」（直説法の1つ）を使うと、ていねいなニュアンスになります。poderとquererの活用は次のとおりで、gustarは〈gustaría〉の形で使います。

	poder	querer
yo	podría ポドリーア	querría ケリーア
tú	podrías ポドリーアス	querrías ケリーアス
él／Ud.	podría ポドリーア	querría ケリーア
nosotros nosotras	podríamos ポドリーアモス	querríamos ケリーアモス
vosotros vosotras	podríais ポドリーアイス	querríais ケリーアイス
ellos／Uds.	podrían ポドリーアン	querrían ケリーアン

＊ poderの②③の例文、quererの①③の例文などの動詞を過去未来に置き換えると、ていねいなニュアンスが加わります。

スペイン語の基本表現

さあ、あなたはスペインの空港に到着しました。入国審査や各種の手続き、ホテルへの宿泊、そして観光などで必要となる基本表現を紹介しましょう。

入国審査 （p.194「飛行機で」・p.228「旅行① 出発まで」参照）

- ¿Su pasaporte, por favor?　Sí, aquí está.
  ス パサポルテ ポル ファボール　シィ アキ エスタ
  パスポートをお願いします。　はい、これです。

- ¿Cuál es el motivo de su viaje?　Negocios (Turismo).
  クアル エス エル モティボ デス ビアヘ　ネゴシオス トゥリスモ
  あなたの旅行の目的は？　ビジネス（観光）です。

荷物の受け取り

- ¿Dónde se recoge el equipaje?　荷物の受け取り場所はどこですか？
  ドンデ セ レコヘ エル エキパヘ
- No encuentro mi equipaje.　Éste es el resguardo.
  ノ エンクエントロ ミ エキパヘ　エステ エス エル レスグアルド
  Voy a estar en el Hotel Colón.　Envíemelo al hotel.
  ボイ ア エスタール エン エル オテル コロン　エンビエメロ アル オテル
  私の荷物が見つかりません。これが受取証です。コロンホテルにいます。ホテルに届けてください。

手荷物検査

- ¿Tiene algo que declarar?　No, no tengo nada.
  ティエネ アルゴ ケ デクララール　ノー ノ テンゴ ナダ
  何か申告するものがありますか？　いいえ、何もありません。

- Abra este bolso, por favor.　¿Qué es esto?
  アブラ エステ ボルソ ポル ファボール　ケ エス エスト
  カバンを開けてください。　これは何ですか？

  Son unos regalos para mis amigos.
  ソン ウノス レガロス パラ ミス アミーゴス
  友人へのおみやげです。

両替 (p.90「通貨」・p.204「銀行・郵便局で」参照)

- ¿Dónde puedo cambiar dinero?　両替所はどこですか？
- Quiero cambiar esto en euros.　これをユーロに両替してください。

案内所で

- ¿Va al centro alguna línea de metro?
  街の中心へ行く地下鉄はありますか？

- ¿Dónde puedo tomar el metro?
  地下鉄の乗り場はどこですか？

- ¿Cuánto cuesta el taxi al Hotel Colón?
  コロンホテルまでのタクシー料金はいくらでしょうか？

ホテルに泊まる (p.230「旅行② 宿泊」参照)

- Buenos días. Soy Taro Yamada y tengo reserva.
  こんにちは。山田太郎で、予約しています。

- ¿Tiene una habitación libre?　空き部屋がありますか？

  　Sí. ¿Qué tipo de habitación quiere?
  　ええ、あります。どんな部屋をお望みですか？

  　Lo siento, pero todas están ocupadas.
  　すみませんが、満室です。

あいさつの例 (p.34「あいさつ」参照)

- ¡Buenos días, señor Álvarez! ¿Cómo está Ud.?
  こんにちは、アルバレスさん。ご機嫌いかがですか？

  　Muy bien, gracias. ¿Y Ud.?
  　とても元気です。あなたは？

Bien, gracias. ¡Que tenga un buen día!
元気です、ありがとう。どうぞ、よい一日を！

  　Gracias, igualmente.
  　ありがとう。どうぞあなたも。

自分のことを語ろう （p.38「人の呼び方と紹介」参照）

- Soy Taro Yamada, técnico de una compañía de automóviles.
  私は山田太郎で、自動車会社のエンジニアです。

- Soy de Japón.
  私は日本人です。

- Éste es mi primer viaje a España.
  これは私のはじめてのスペイン旅行です。

道に迷ったときに人に話しかけられたら

（p.84「方向と位置」参照）

- ¿Señor, puedo ayudarle? どうしました？
  Me he perdido. ¿Cómo se va al Museo del Prado?
  迷ってしまいました。プラド美術館へはどう行くのですか？

話が聞き取れないときには

- ¿Cómo? ¿Puede hablar más despacio, por favor?
  何ですか？ もっとゆっくり話していただけますか？

スペインという国

面積	約50.6万km² (日本の約1.3倍)	公用語	スペイン語（カスティージャ語）、カタルーニャ語、バスク語、ガリシア語
首都	マドリード		
人口	4719万人 (2011年現在)	日本との時差	8時間（夏場は7時間）
政体	立憲君主制	国家元首	フアン・カルロス1世
議会	上院と下院の2院制	内閣	国民党政権 (2013年6月現在)
通貨	ユーロ（€）	失業率	21.7%（2011年現在）
GDP総額	1兆4796億ドル (2011年現在)	一人あたりGDP	3万2077ドル (2011年現在)

　イベリア半島にあるスペインは、フェニキアやギリシャ、カルタゴ、ローマなど、さまざまな人種や民族が入り混じって歴史を作ってきました。なかでも711年から1492年までスペインを支配したアラブは、スペイン文化に大きな影響を与えました。

　このアラブを打ち破ったのが、国土回復運動（レコンキスタ）を終結させたカトリック王のイサベルとフェルナンドでした。16世紀にはアメリカ大陸から金銀が持ち込まれ、政治経済が発展して文化も花開きました。「黄金世紀」と呼ばれるこの時代を実感できるのが、マドリードにあるプラド美術館です。ベラスケスやゴヤなどの宮廷画家が描く歴代の王とその家族の肖像画は、歴史と照らし合わせるとさらに興味深く見ることができます。

　20世紀に入ってからは、内戦とフランコ将軍独裁、1975年の王政復古を経て、社会労働党政権のもとでECに加盟し、飛躍的な経済発展を遂げました。2008年以降は深刻な経済危機にありますが、国をあげて経済再建に取り組んでいます。

2章

コミュニケーション

コミュニケーション
あいさつ

あいさつ	**saludo**	m	サルード
○○にあいさつする	**saludar a ○○**[*]		サルダール ア ○○

●出会い encuentro

やあ	**Hola.**	オラ
おはよう	**Buenos días.**	ブエノス ディアス
こんにちは (昼食前)	**Buenos días.**	ブエノス ディアス
こんにちは (昼食後)	**Buenas tardes.**	ブエナス タルデス
こんばんは	**Buenas noches.**	ブエナス ノーチェス
元気かい?	**¿Qué tal?**	ケ タル
元気かい?	**¿Cómo estás?**	コモ エスタス
ご機嫌いかがですか?	**¿Cómo está Ud.?**	コモ エスタ ウステッ
元気です	**Muy bien.**	ムイ ビエン
絶好調です	**Fenomenal.**	フェノメナル
まあまあです	**Regular.**	レグラール
なんとかやっています	**Voy tirando.**	ボイ ティランド
最悪だ	**Fatal.**	ファタル
近ごろどうですか?	**¿Qué hay de nuevo?**	ケ アイ デ ヌエボ
久しぶりですね	**¡Cuánto tiempo!**	クアント ティエンポ

●あいさつ

会えてうれしいよ	¡Qué alegría verte!	ケ アレグリーア ベールテ
お会いできてうれしいです	Me alegro mucho de verle.	メ アレグロ ムーチョ デ ベールレ

●別れ　despedida

さようなら	Adiós.	アディオス
(夜の別れで) おやすみなさい	Buenas noches.	ブエナス ノーチェス
では、また (一般的)	Hasta luego.	アスタ ルエゴ
じゃあ、明日	Hasta mañana.	アスタ マニャーナ
また近いうちに	Hasta pronto.	アスタ プロント
またいつか	Hasta la vista.	アスタ ラ ビスタ
○○さんによろしく	Saludos a ○○.	サルードス ア ○○
奥様にどうぞよろしく	Muchos saludos a su señora.	ムーチョス サルードス ア ス セニョーラ
どうぞよい一日を！	¡Que tenga un buen día!	ケ テンガ ウン ブエン ディア
あなたもね	Igualmente.	イグアルメンテ

＊本書中、○○には「人」または「人の名前」が入る

ポイント

- スペインでは1日のメインの食事は昼食で、2時過ぎです。「昼食が終われば午後」がスペイン人の感覚で、「こんにちは」は、昼食まではBuenos días.、それ以後日暮れまではBuenas tardes.です。
- 別れのあいさつHasta luego.は、「じゃあ、またね」という感じで、どんな場合でも使えます。Hasta pronto.は具体的な約束がない場合、Hasta la vista.は再会の可能性がほとんどない場合に使います。
（あいさつの文例はp.30参照）

コミュニケーション
敬称と呼びかけ

●敬称 tratamiento

(姓で) ○○さん (男性)	**señor(Sr.) ○○**	*m*	セニョール ○○
(姓で) ○○さん (年配の女性)	**señora(Sra.) ○○**	*f*	セニョーラ ○○
(姓で) ○○さん (若い女性)	**señorita(Srta.) ○○**	*f*	セニョリータ ○○
(名前で) ○○さん (男性)	**don(D.) ○○**	*m*	ドン ○○
(名前で) ○○さん (年配の女性)	**doña(Da.) ○○**	*f*	ドーニャ ○○

●呼びかける llamar

すみませんが	**Perdón.**	ペルドン
ねえ、ちょっと	**Oye.**	オジェ
何だい	**Sí, dime.**	シィ ディメ
何だね?	**¿Qué quieres?**	ケ キエレス
ちょっとすみません	**Oiga, por favor.**	オイガ ポル ファボール
はい、何ですか	**Sí, dígame.**	シィ ディガメ
どうしましたか?	**¿Puedo ayudarle?**	プエド アジュダールレ

●敬称や職種を使っての呼びかけ [*1]

(名前を知っている) すみません、○○さん	**Oiga, señor ○○.**		オイガ セニョール ○○
(名前を知らない) すみません	**Oiga, señor/ señora/señorita.**		オイガ セニョール/ セニョーラ/セニョリータ
ウエイター (ウエイトレス)	**Oiga, camarero(ra).**	*m* *(f)*	オイガ カマレーロ(ラ)
車掌さん	**Oiga, revisor(ra).**	*m* *(f)*	オイガ レビソール(ラ)

運転手さん	**Oiga, conductor(ra).**	*m* *f*	オイガ コンドゥクトール(ラ)
先生	**Oiga, profesor(ra).**	*m* *f*	オイガ プロフェソール(ラ)
ドクター	**Oiga, doctor(ra).**	*m* *f*	オイガ ドクトール(ラ)
社長	**Oiga, presidente(ta).**	*m* *f*	オイガ プレシデンテ(タ)

● 注意を呼びかける　llamar la atención

お知らせします	**Atención, por favor.** *2		アテンシオン ポル ファボール
いいかい	**¡Fíjate! / ¡Mira!** *3		フィハテ／ミラ
注意！(標識)	**¡Atención! / ¡Ojo!**		アテンシオン／オホ
ペンキ塗りたて(標識)	**¡Cuidado con la pintura!**		クイダード コン ラ ピントゥラ
立ち入り禁止(標識)	**Se prohíbe entrar**		セ プロイーベ エントラール

ポイント

*1 名前を知らない人に敬称や職業で呼びかける場合は、定冠詞をつけません。Oiga や Oye を添えて Oiga, señor.／Oiga, profesor. などといえば、少していねいになります。名前を知っている人には、Oiga, señor López. のように名前を添えましょう。

*2 注意を呼びかける Atención, por favor. は、デパートや駅・空港などのアナウンスの最初の言葉です。

*3 ¡Fíjate! は fijarse（注目する）、¡Mira! は mirar（注意して見る）の tú に対する命令形です。（命令形は p.25 参照）

コミュニケーション
人の呼び方と紹介

●人称代名詞

私は	**yo**	m / f	ジョ
きみは	**tú**	m / f	トゥ
あなたは	**usted(Ud.)**	m / f	ウステッ
彼は	**él**	m	エル
彼女は	**ella**	f	エジャ
私たちは	**nosotros/nosotras**	m/f pl	ノソトロス／ノソトラス
きみたちは	**vosotros/vosotras**	m/f pl	ボソトロス／ボソトラス
あなた方は	**ustedes(Uds.)**	m,f pl	ウステデス
彼らは	**ellos**	m pl	エジョス
彼女たちは	**ellas**	f pl	エジャス

●不特定の人を示す言葉

人々	**gente**	f	ヘンテ
みんな	**todo el mundo**	m	トード エル ムンド
それぞれ	**cada uno(una)**	m (f)	カダ ウノ(ウナ)
だれか	**alguien**		アルギエン
だれも	**nadie**		ナディエ

●紹介

紹介する	**presentar**		プレセンタール

38

● 人の呼び方と紹介

きみに◯◯を紹介するよ	Te presento a ◯◯.	テ プレセント ア ◯◯
あなたに◯◯を紹介します	Me gustaría presentarle a ◯◯.	メ グスタリーア プレセンタールレ ア ◯◯
自己紹介する	presentarse	プレセンタールセ
自己紹介させてください	Permítame que me presente.	ペルミタメ ケ メ プレセンテ
はじめまして	Mucho gusto./Encantado(da).	ムーチョ グスト／エンカンタード(ダ)
◯◯を知る	conocer a ◯◯	コノセール ア ◯◯
あなたと知り合えてうれしい	Mucho gusto en conocerle.	ムーチョ グスト エン コノセールレ
こちらこそ	Igualmente.	イグアルメンテ
どなたですか？	¿Quién es Ud.?	キエン エス ウステッ
フアン・ロペスです	Soy Juan López.	ソイ フアン ロペス

2章 ● コミュニケーション

〈関連表現〉

● ていねいな紹介

A: Señor Aznar, me gustaría presentarle al doctor García.
セニョール アスナール メ グスタリーア プレセンタールレ アル ドクトール ガルシア
アスナールさん、ガルシア博士を紹介いたします。

B: Soy Carlos García.
ソイ カルロス ガルシア
カルロス・ガルシアです。

C: Mucho gusto en conocerle.
ムーチョ グスト エン コノセールレ
知り合いになれて光栄です。

B: Igualmente.
イグアルメンテ
こちらこそ。

コミュニケーション
家族・親族の呼び方

家族	**familia**	f	ファミリア
親戚	**pariente**	m	パリエンテ
両親	**padres**	m pl	パドレス
父親	**padre**	m	パドレ
母親	**madre**	f	マドレ
息子（娘）	**hijo(ja)**	m (f)	イホ(ハ)
兄	**hermano mayor**	m	エルマーノ マジョール
弟	**hermano menor**	m	エルマーノ メノール
姉	**hermana mayor**	f	エルマーナ マジョール
妹	**hermana menor**	f	エルマーナ メノール
兄弟	**hermanos**	m pl	エルマーノス
姉妹	**hermanas**	f pl	エルマーナス
祖父	**abuelo**	m	アブエロ
祖母	**abuela**	f	アブエラ
孫	**nieto(ta)**	m (f)	ニエト(タ)
夫	**esposo**	m	エスポーソ
妻	**esposa**	f	エスポーサ

● 家族・親族の呼び方 ●

夫婦	**matrimonio**	m	マトリモニオ
嫁	**nuera**	f	ヌエラ
婿	**yerno**	m	ジェルノ
舅	**suegro**	m	スエグロ
姑	**suegra**	f	スエグラ
義理の兄弟（姉妹）	**cuñado(da)**	m (f)	クニャード(ダ)
叔父・伯父	**tío**	m	ティオ
叔母・伯母	**tía**	f	ティア
いとこ	**primo(ma)**	m (f)	プリモ(マ)
甥（姪）	**sobrino(na)**	m (f)	ソブリノ(ナ)
継父	**padrastro**	m	パドラストロ
継母	**madrastra**	f	マドラストラ
養子	**hijo(ja) adoptivo(va)**	m (f)	イホ(ハ) アドプティボ(バ)
父方の	**paterno(na)**		パテルノ(ナ)
母方の	**materno(na)**		マテルノ(ナ)
名づけ親（男）	**padrino**	m	パドリーノ
名づけ親（女）	**madrina**	f	マドリーナ
核家族	**familia nuclear**	f	ファミリア ヌクレアル
大家族	**familia grande**	f	ファミリア グランデ

2章 ● コミュニケーション

コミュニケーション
いろいろな人

女性	**mujer**	*f*	ムヘール
男性	**hombre**	*m*	オンブレ
子ども	**niño(ña)**	*m* / *f*	ニーニョ(ニャ)
若い男性(女性)	**chico(ca)**	*m* / *f*	チコ(カ)
若者	**joven**	*m* / *f*	ホベン
未成年者	**menor (de eda)**	*m* / *f*	メノール (デ エダッ)
成人	**mayor (de eda)**	*m* / *f*	マジョール (デ エダッ)
大人	**adulto(ta)**	*m* / *f*	アドゥルト(タ)
老人	**anciano(na)**	*m* / *f*	アンシアーノ(ナ)
年金受給者	**pensionista**	*m* / *f*	ペンシオニスタ
身体障害者	**minusválido(da)**	*m* / *f*	ミヌスバリド(ダ)
視覚障害者	**invidente**	*m* / *f*	インビデンテ
ろうあ者	**sordomudo(da)**	*m* / *f*	ソルドムド(ダ)
友人	**amigo(ga)**	*m* / *f*	アミーゴ(ガ)
親友	**amigo(ga) íntimo(ma)**	*m* / *f*	アミーゴ(ガ) インティモ(マ)
恋人	**novio(via)**	*m* / *f*	ノビオ(ア)
同じ役職の人	**colega**	*m* / *f*	コレガ

● いろいろな人 ●

日本語	スペイン語	性	読み
上役・先輩	**superior(ra)**	m/f	スペリオール(ラ)
企業主	**empresario(a)**	m/f	エンプレサリオ(ア)
給与所得者	**asalariado(da)**	m/f	アサラリアード(ダ)
仲間	**compañero(ra)**	m/f	コンパニェロ(ラ)
同級生	**compañero(ra) de clase**	m/f	コンパニェロ(ラ) デ クラセ
隣人	**vecino(na)**	m/f	ベシーノ(ナ)
同郷人	**paisano(na)**	m/f	パイサーノ(ナ)
異郷人	**foráneo(a)**	m/f	フォラネオ(ア)
外国人	**extranjero(ra)**	m/f	エストランヘロ(ラ)
国際人	**cosmopolita**	m f	コスモポリータ
市民	**ciudadano(na)**	m/f	シウダダーノ(ナ)
王室	**familia real**	f	ファミリア レアル
貴族	**noble**	m f	ノブレ
貧乏人	**pobre**	m f	ポブレ
金持ち	**rico(ca)**	m/f	リコ(カ)
億万長者	**multimillonario(ria)**	m/f	ムルティミジョナリオ(リア)
ブルジョア	**burgués(guesa)**	m/f	ブルゲス(ゲサ)
愛国者	**patriota**	m f	パトリオタ
テロリスト	**terrorista**	m f	テロリスタ

2章 ● コミュニケーション

コミュニケーション
性格を表す

性格	**carácter**	*m*	カラクテル
楽観的な	**optimista**		オプティミスタ
悲観的な	**pesimista**		ペシミスタ
陽気な	**alegre**		アレグレ
陰気な	**sombrío(ría)**		ソンブリオ(リア)
あけっぴろげな	**abierto(ta)**		アビエルト(タ)
外交的な	**sociable**		ソシアブレ
内気な	**tímido(da)**		ティミド(ダ)
如才ない	**diplomático(ca)**		ディプロマティコ(カ)
感じのよい	**simpático(ca)**		シンパティコ(カ)
感じの悪い	**antipático(ca)**		アンティパティコ(カ)
親切な	**amable**		アマブレ
不親切な	**poco amable**		ポコ アマブレ
謙虚な	**modesto(ta)**		モデスト(タ)
見栄っぱりの	**vanidoso(sa)**		バニドソ(サ)
意地悪な	**malicioso(sa)**		マリシオソ(サ)
神経質な	**nervioso(sa)**		ネルビオソ(サ)

44

● 性格を表す

日本語	スペイン語	カナ
責任感のある	**responsable**	レスポンサブレ
まじめな	**serio(ria)**	セリオ(リア)
正直な	**sincero(ra)**	シンセロ(ラ)
うそつきな	**mentiroso(sa)**	メンティロソ(サ)
がまん強い	**paciente**	パシエンテ
利発な、器用な	**listo(ta)**	リスト(タ)
間抜けな、不器用な	**torpe**	トルペ
知的な	**inteligente**	インテリヘンテ
ばかな	**tonto(ta)**	トント(タ)
無口な	**callado(da)**	カジャード(ダ)
働き者の	**trabajador(ra)**	トラバハドール(ラ)
怠け者の	**perezoso(sa)**	ペレソソ(サ)
利己的な	**egoísta**	エゴイスタ
気まぐれな	**caprichoso(sa)**	カプリチョソ(サ)
しつこい	**pesado(da)**	ペサード(ダ)
冷酷な	**cruel**	クルエル
攻撃的な	**agresivo(va)**	アグレシボ(バ)
積極的な	**activo(va)**	アクティボ(バ)
消極的な	**pasivo(va)**	パシーボ(バ)

2章 ●コミュニケーション

コミュニケーション
お 礼

ありがとう	**Gracias.**		グラシアス
どうもありがとう	**Muchas gracias.**		ムーチャス グラシアス
大変どうもありがとう	**Muchísimas gracias.**		ムチシマス グラシアス
～をありがとう	**Gracias por...**		グラシアス ポル ～
何もかもありがとう	**Gracias por todo.**		グラシアス ポル トード
こちらこそ	**Igualmente.**		イグアルメンテ
どうもご親切に	**Es Ud. muy amable.**		エス ウステッ ムイ アマブレ
どういたしまして	**De nada.**		デ ナダ
お礼には及びません	**No hay de qué.**		ノ アイ デ ケ
感謝する	**agradecer**		アグラデセール
お礼を言う	**dar las gracias**		ダール ラス グラシアス
お礼、感謝	**agradecimento**	*m*	アグラデシミエント
礼状	**carta de agradecimiento**	*f*	カルタ デ アグラデシミエント
親切	**amabilidad**	*f*	アマビリダッ
気配り、心づかい	**atenciones**	*f pl*	アテンシオネス
助力、手伝い	**ayuda**	*f*	アジューダ
招待	**invitación**	*f*	インビタシオン

ご親切に感謝します	Le agradezco su amabilidad.		レ アグラデスコ ス アマビリダッ
お心づかいに感謝します	Le agradezco sus atenciones.		レ アグラデスコ スス アテンシオネス
ご招待をありがとうございます	Le agradezco su invitación.		レ アグラデスコ ス インビタシオン
お礼の言いようもありません	No sé cómo agradecérselo.		ノ セ コモ アグラデセールセロ
プレゼント	regalo	m	レガロ
クリスマスプレゼント	regalo de Navidad	m	レガロ デ ナビダッ
誕生日プレゼント	regalo de cumpleaños	m	レガロ デ クンプレアーニョス
プレゼントする	regalar		レガラール
プレゼントをありがとう	Gracias por tu regalo.		グラシアス ポル トゥ レガロ
とても気に入りました	Me ha gustado mucho.		メ ア グスタード ムーチョ
彼にこのマフラーをプレゼントします	Voy a regalarle esta bufanda.		ボイ ア レガラールレ エスタ ブファンダ

コラム

スペイン人のお礼のことば

gracias の感謝の度合いは、gracias → muchas gracias → muchísimas gracias の順に大きくなります。

muchísimas は muchas の強調形で、文法では絶対最上級といい、〈形容詞＋ísimo〉で表します。名詞の gracias に性・数が一致して、muchísimas となります（p.14参照）。

コミュニケーション
お願い

●poderを使ってお願いする *1

〜してもらえますか？	¿Puede... ?	プエデ 〜
もっとゆっくり話してください	¿Puede hablar más despacio?	プエデ アブラール マス デスパシオ
手伝ってもらえる？	¿Puedes ayudarme?	プエデス アジュダールメ
お願いがあるのですが	¿Puede hacerme un favor?	プエデ アセールメ ウン ファボール
ええ、いいですよ	Sí, claro.	シィ クラーロ

●poderを使って許可をもらう

〜してもいいですか？	¿Puedo... ?	プエド 〜
出かけてもいいですか？	¿Puedo salir?	プエド サリール
入ってもいいですか？	¿Puedo entrar?	プエド エントラール
ああ、いいよ	Sí, puedes.	シィ プエデス
ええ、いいですよ	Sí, puede.	シィ プエデ

●por favorを使ってお願いする

コーヒーをください	Café, por favor.	カフェ ポル ファボール
ちょっと待ってください	Un momento, por favor.	ウン モメント ポル ファボール
もう一度言ってください	Otra vez, por favor.	オトラ ベス ポル ファボール
空港へ行ってください	Al aeropuerto, por favor.	アル アエロプエルト ポル ファボール
勘定をお願いします	La cuenta, por favor.	ラ クエンタ ポル ファボール

● お願い

お願い	**petición**	*f*	ペティシオン
お願いする	**pedir un favor**		ペディール ウン ファボール
頼む、注文する	**pedir**		ペディール
助力を頼む	**pedir ayuda**		ペディール アジュダ
タクシーを頼む	**pedir un taxi**		ペディール ウン タクシ
懇願する	**rogar**		ロガール
たばこはご遠慮ください	**Se ruega no fumar.**		セ ルエガ ノ フマール
ここに署名してください	**Firme aquí.** *2		フィルメ アキ
用紙に記入してください	**Llene este formulario.** *2		ジェネ エステ フォルムラリオ
領収書をください	**Déme el recibo.** *2		デメ エル レシーボ
私にかまわないでください	**Déjeme en paz.** *2		デヘメ エン パス

ポイント

*1 poderを使った「お願い」は2人称か3人称、「許可を求める」表現は1人称を使います。(poderの活用はp.22、用法はp.26、ていねいなニュアンスを加える過去未来の表現はp.28参照)

*2 ストレートなお願いには命令形(p.25参照)を使います。
Firme aquí./Llene este formulario./Déme el recibo./Déjeme en paz.はUd.に対する命令で、それぞれの不定詞は、firmar/llenar/dar/dejarです。Ud.に対する命令にpor favorを添えると、ていねいになります。

コミュニケーション
尋ねる

尋ねる	**preguntar**	プレグンタール
何？	**qué**	ケ
これは何ですか？	**¿Qué es esto?**	ケ エス エスト
だれ？	**quién**	キエン
彼女はだれですか？	**¿Quién es ella?**	キエン エス エジャ
私の先生です	**Es mi profesora.**	エス ミ プロフェソーラ
どこ？	**dónde**	ドンデ
トイレはどこですか？	**¿Dónde está el servicio?**	ドンデ エスタ エル セルビシオ
どこへ？	**a dónde**	ア ドンデ
きみはどこへ行くの？	**¿A dónde vas?**	ア ドンデ バス
どこから？	**de dónde**	デ ドンデ
きみはどこの出身ですか？	**¿De dónde eres?**[*1]	デ ドンデ エレス
○○の出身です	**Soy de ○○.**	ソイ デ ○○
いつ？	**cuándo**	クアンド
きみはいつ来るの？	**¿Cuándo vienes?**	クアンド ビエネス
何時に？	**a qué hora**	ア ケ オラ
きみは何時に出かけるの？	**¿A qué hora sales?**	ア ケ オラ サレス

50

● 尋ねる

どんな?	**cómo**	コモ
○○はどんな人ですか?	**¿Cómo es ○○?**	コモ エス ○○
親切な人です	**Es amable.**	エス アマブレ
あなたの名前は?	**¿Cómo te llamas?**	コモ テ ジャマス
これは何と言うの?	**¿Cómo se dice esto?** *2	コモ セ ディセ エスト
どのくらい?	**cuánto**	クアント
いくらですか?	**¿Cuánto cuesta?** *3	クアント クエスタ
きみは何歳ですか?	**¿Cuántos años tienes?** *4	クアントス アーニョス ティエネス
どうして?	**por qué**	ポルケ
〜しましょうよ	**¿Por qué no...?**	ポル ケ ノ 〜
映画へ行こうよ	**¿Por qué no vamos al cine?**	ポル ケ ノ バモス アル シネ

ポイント

*1 Ud.に対して出身国を聞く場合は、¿De dónde es Ud.?と尋ねます。

*2 ¿Cómo se dice esto en español?（これはスペイン語で何といいますか?）という表現も覚えておきましょう。

*3 cuestaのもとの形は、costar（値段は〜である）です。

*4 <cuánto +名詞>の場合、cuántoは <cuántos años> <cuántas rosas（何本のバラ）のように、名詞の性・数に合わせます。

コミュニケーション
OKとNO

●肯定と否定　afirmación y negación

肯定する	**afirmar**	アフィルマール
否定する	**negar**	ネガール
はい	**Sí.**	シィ
いいえ	**No.**	ノー
もちろんそうです	**Claro que sí.**	クラーロ ケ シィ
もちろん違います	**Claro que no.**	クラーロ ケ ノ
そのとおりです	**Exactamente.**	エクサクタメンテ
ごもっともです	**Tiene Ud. razón.**	ティエネ ウステッ ラソン
そう思います	**Creo que sí.**	クレオ ケ シィ
そう思いません	**Creo que no.**	クレオ ケ ノ
そうらしいです	**Parece que sí.**	パレセ ケ シィ
そうではないようです	**Parece que no.**	パレセ ケ ノ
けっして！	**¡Nunca!**	ヌンカ

●承認と拒絶　aceptación y rechazo

受け入れる	**aceptar**	アセプタール
断る	**rechazar**	レチャサール
いいよ（くだけた表現）	**Vale.**[*1]	バレ
わかりました	**De acuerdo.**[*1]	デ アクエルド

52

●OKとNO

いいですよ	Cómo no.[*1]	コモ ノ
喜んで	Con mucho gusto.[*1]	コン ムーチョ グスト
いいえ、けっこうです	No, gracias.	ノ グラシアス
申しわけありませんが〜	Lo siento, pero...[*2]	ロ シエント ペロ 〜
そうしたいのですが〜	Me gustaría, pero...[*2]	メ グスタリーア ペロ 〜

●賛成と反対　conformidad y oposición

〜に賛成だ	estar de acuerdo con...	エスタール デ アクエルド コン 〜
私はきみの意見に賛成だ	Estoy de acuerdo con tu opinión.	エストイ デ アクエルド コン トゥ オピニオン
〜に反対だ	estar en contra de...	エスタール エン コントラ デ 〜
私はこの計画に反対だ	Estoy en contra de este proyecto.	エストイ エン コントラ デ エステ プロジェクト

2章●コミュニケーション

ポイント

[*1] Vale.／De acuerdo.／Cómo no.／Con mucho gusto. は、poderを使う依頼の表現（p.48参照）の答えとしてよく使われます。

¿Puedes bajar la tele?　Vale.
テレビの音を小さくしてくれる？　いいよ。

[*2] Lo siento ／ Me gustaría, peroのあとには、断る理由を述べます。

¿Quieres salir con nosotros?
私たちといっしょに出かける？

Lo siento, pero tengo que estudiar.
ごめんなさい、でも勉強があります。

Me gustaría, pero tengo otra cita.
そうしたいのですが、ほかに約束があります。

コミュニケーション
注意の喚起と謝罪

●注意の喚起

ちょっと失礼	Con permiso.	コン ペルミソ
ちょっと失礼	Perdón.	ペルドン
お話し中、すみません	Perdón por interrumpir.	ペルドン ポル インテルンピール
失礼ですが〜	Perdone...	ペルドネ 〜
失礼ですが、戸を閉めていただけますか?	Perdone, ¿puede cerrar la puerta?	ペルドネ プエデ セラール ラ プエルタ
いいですよ	Claro.	クラーロ

●くだけた謝罪

ごめんなさい	Perdón.	ペルドン
遅れてごめん	Perdón por mi tardanza.	ペルドン ポル ミ タルダンサ
何でもないよ	Nada, nada.	ナダ ナダ
何でもないよ	No importa.	ノ インポルタ
何でもないよ	No pasa nada.	ノ パサ ナダ

●ていねいな謝罪

大変申しわけありません	Lo siento mucho.	ロ シエント ムーチョ
申しわけありません	Perdóneme.	ペルドネメ
遅れて申しわけありません	Perdóneme por mi tardanza.	ペルドネメ ポル ミ タルダンサ
いいんですよ	No es nada.	ノ エス ナダ
謝る	pedir perdón	ペディール ペルドン

● 注意の喚起と謝罪

迷惑	**molestia**	f	モレスティア
迷惑をかけて	**por las molestias**		ポル ラス モレスティアス
ご迷惑をお許しください	**Le pido perdón por las molestias.**		レ ピード ペルドン ポル ラス モレスティアス
気になさらないでください	**No se preocupe.**		ノ セ プレオクペ

●言いわけ・弁解 disculpa

過失の責任	**culpa**	f	クルパ
それは私のせいだ	**Es culpa mía.** *1		エス クルパ ミア
私のせいじゃない	**No es culpa mía.**		ノ エス クルパ ミア
弁解	**disculpa**	f	ディスクルパ
弁解の余地はありません	**No tengo disculpa.**		ノ テンゴ ディスクルパ
わざとやったのではない	**sin querer** *2		シン ケレール
うっかりして	**por descuido** *3		ポル デスクイド

〈関連表現〉

*1 Lo siento mucho. Es culpa mía.
   ロ シエント ムーチョ エス クルパ ミア
   大変申しわけありません。それは私の責任です。

*2 Perdón, lo he hecho sin querer.
   ペルドン ロ エ エチョ シン ケレール
   ごめん、わざとやったわけじゃないんだよ。

*3 Perdón, he roto el vaso por descuido.
   ペルドン エ ロト エル バソ ポル デスクイド
   すみません、うっかりこのコップを割ってしまいました。

コミュニケーション
気持ちを表す① 喜怒哀楽

〜がうれしい	**alegrarse de...**		アレグラールセ デ 〜
喜び	**alegría**	*f*	アレグリーア
満足な	**contento(ta)**		コンテント(タ)
幸せな	**feliz**		フェリス
幸せ	**felicidad**	*f*	フェリシダッ
笑う	**reír**		レイール
笑い	**risa**	*f*	リサ
微笑む	**sonreír**		ソンレイール
微笑み	**sonrisa**	*f*	ソンリサ
〜を怒る	**enfadarse por...**		エンファダールセ ポル 〜
怒り	**enfado**	*m*	エンファド
立腹、激怒	**rabia**	*f*	ラビア
腹がたつ	**dar rabia**		ダール ラビア
どなる	**gritar**		グリタール
悲しい	**triste**		トリステ
悲しみ	**tristeza**	*f*	トリステサ
〜がつらい	**dar pena**		ダール ペナ

● 気持ちを表す① 喜怒哀楽

泣く	**llorar**		ジョラール
憂うつな	**melancólico(ca)**		メランコリコ(カ)
落ち込んでいる	**deprimido(da)**		デプリミード(ダ)
みじめな	**miserable**		ミセラブレ
退屈した	**aburrido(da)**		アブリード(ダ)
楽しむ	**pasarlo bien**		パサールロ ビエン
気晴らしをする	**divertirse**		ディベルティールセ
気晴らし	**diversión**	*f*	ディベルシオン
機嫌がよい	**estar de buen humor**		エスタール デ ブエン ウモール
機嫌が悪い	**estar de mal humor**		エスタール デ マル ウモール

〈関連表現〉

私はそれを聞いてとてもうれしい。　Me alegro mucho de oírlo.
　　　　　　　　　　　　　　　　メ　アレグロ　ムーチョ　デ　オイールロ

● 感情や一時的な状態を表す形容詞（contento／feliz／triste／aburrido など）は estar とともに使います。

私はとても満足です。　Estoy muy contento(ta).
　　　　　　　　　　エストイ　ムイ　コンテント(タ)

私はとても退屈です。　Estoy muy aburrido(da).
　　　　　　　　　　エストイ　ムイ　アブリード(ダ)

すごく腹だたしい。　Me da mucha rabia.
　　　　　　　　　メ　ダ　ムーチャ　ラビア

私はそれを言うのがつらい。　Me da pena decirlo.
　　　　　　　　　　　　　メ　ダ　ペナ　デシールロ

私は楽しかった。　Lo he pasado bien.
　　　　　　　　ロ　エ　パサード　ビエン

私は気晴らしにテレビを見る。　Me divierto viendo la tele.
　　　　　　　　　　　　　　メ　ディビエルト　ビエンド　ラ　テレ

彼は上機嫌だ。　Él está de buen humor.
　　　　　　　エル　エスタ　デ　ブエン　ウモール

コミュニケーション
気持ちを表す② 信念・気持ち・好み

～を信じる	creer en...	クレエール エン ～
信頼する	confiar en...	コンフィアール エン ～
尊重する	respetar	レスペタール
(人)を尊敬する	respetar a ○○	レスペタール ア ○○
～になるのが夢だ	soñar con ser...	ソニャール コン セール ～
～を確信している	estar convencido(da) de...	エスタール コンベンシード(ダ) テ ～
疑う	dudar	ドゥダール
憎む	odiar	オディアール
嫉妬する	tener celos	テネール セロス
うらやむ	envidiar	エンビディアール
待ち望む	esperar con ilusión	エスペラール コン イルシオン
がっかりする	desilusionarse	デスイルシオナールセ
興奮する	excitarse	エスシタールセ
興奮している	estar excitado(da)	エスタール エスシタード(ダ)
安心する	tranquilizarse	トランキリサールセ
～を心配する	preocuparse de...	プレオクパールセ デ ～
お気の毒です	Lo siento mucho.	ロ シエント ムーチョ

● 気持ちを表す② 信念・気持ち・好み

(人を) 好きだ、ほしい、〜したい	**querer**	ケレール
(何かが・〜するのが) 好きだ	**gustar**	グスタール
興味がある	**interesar**	インテレサール
〜にうんざりしている	**estar harto(ta) de...**	エスタール アルト(タ) デ 〜

＊ querer と gustar の用法は p.27 参照

〈関連表現〉

私はきみを信じる。　Creo en ti.
　　　　　　　　　クレオ エン ティ

私は何も信じない。　No creo en nada.
　　　　　　　　　ノ クレオ エン ナダ

私は彼の意見を尊重する。　Respeto su opinión.
　　　　　　　　　　　　レスペト ス オピニオン

私は父を尊敬する。　Respeto a mi padre.
　　　　　　　　　レスペト ア ミ パドレ

パイロットになるのが私の夢だ。　Sueño con ser piloto.
　　　　　　　　　　　　　　　スエニョ コン セール ピロト

ぼくは彼の成功を信じる。　Estoy convencido de su éxito.
　　　　　　　　　　　　エストイ コンベンシード デ ス エクシト

私はきみの将来が心配だ。　Me preocupo de tu provenir.
　　　　　　　　　　　　メ プレオクポ デ トゥ プロベニール

ぼくはきみを愛している。　Te quiero.
　　　　　　　　　　　　テ キエロ

私は車がほしい。　Quiero un coche.
　　　　　　　　キエロ ウン コチェ

私は車を買いたい。　Quiero comprar un coche.
　　　　　　　　　キエロ コンプラール ウン コチェ

私は音楽が好きだ。　Me gusta la música.
　　　　　　　　　メ グスタ ラ ムシカ

私はお菓子が好きだ。　Me gustan los dulces.
　　　　　　　　　　メ グスタン ロス ドゥルセス

私は踊るのが好きだ。　Me gusta bailar.
　　　　　　　　　　メ グスタ バイラール

私は能に興味がある。　Me interesa el Noh.
　　　　　　　　　　メ インテレサ エル ノー

ぼくは彼のぐちにうんざりだ。
　Estoy harto de sus quejas.
　エストイ アルト デ スス ケハス

コミュニケーション
気持ちを表す③ 印象・間投詞

●印象を伝える表現

感動させる	emocionar	エモシオナール
感動的な	emocionante	エモシオナンテ
強い印象を与える	impresionar	インプレシオナール
印象的な	impresionante	インプレシオナンテ
インパクトの強い	impactante	インパクタンテ
すごい	magnífico(ca)	マグニフィコ(カ)
完璧な	perfecto(ta)	ペルフェクト(タ)
すぐれた	excelente	エクセレンテ
美しい	hermoso(sa)/bonito(ta)	エルモーソ(サ)/ボニート(タ)
洗練された	refinado(da)	レフィナード(ダ)
素朴な	sencillo(lla)	センシージョ(ジャ)
よい	bueno(na)	ブエノ(ナ)
悪い	malo(la)	マロ(ラ)
趣味がよい	tener buen gusto	テネール ブエン グスト
趣味が悪い	tener mal gusto	テネール マル グスト
ありふれた	poco original	ポコ オリヒナル
低俗な	vulgar	ブルガル

● 気持ちを表す③ 印象・間投詞

●気持ちを表す間投詞

うれしい！	¡Qué alegría!	ケ アレグリーア
ラッキー！	¡Qué suerte!	ケ スエルテ
よかったね！	¡Qué bien!	ケ ビエン
すばらしい！	¡Qué maravilla!	ケ マラビジャ
悲しい！	¡Qué triste!	ケ トリステ
かわいそうに！	¡Pobrecito(ta)!	ポブレシート(タ)
残念！	¡Qué pena!	ケ ペナ
びっくりした！	¡Qué sorpresa!	ケ ソルプレサ
あらまあ！(驚き)	¡Madre mía!	マドレ ミア
へえっ！(喜び・驚き・疑い)	¡Hombre!	オンブレ
まさか！	¡No me digas!	ノ メ ディガス
変だなあ！	¡Qué raro!	ケ ラロ
信じられない！	¡Increíble!	インクレイブレ
ありえない！	¡No puede ser!	ノ プエデ セール
ばんざい！	¡Viva! / ¡Bravo!	ビバ／ブラボ

〈関連表現〉

Me impresionó la película.
メ インプレシオノ ラ ペリクラ
その映画は私を感動させた。

Ana tiene buen gusto.
アナ ティエネ ブエン グスト
アナはセンスがいい。

コミュニケーション
電話をかける

電話	**teléfono**	*m*	テレフォノ
携帯電話	**teléfono móvil**	*m*	テレフォノ モビル
電話帳	**guía telefónica**	*f*	ギア テレフォニカ
電話番号	**número de teléfono**	*m*	ヌメロ デ テレフォノ
内線	**extensión**	*f*	エクステンシオン
市外局番	**prefijo territorial**	*m*	プレフィホ テリトリアル
公衆電話	**teléfono público**	*m*	テレフォノ プブリコ
電話ボックス	**cabina de teléfono**	*f*	カビナ デ テレフォノ
留守番電話	**contestador**	*m*	コンテスタドール
フリーダイヤル	**llamada gratuita**	*f*	ジャマーダ グラトゥイタ
国際電話	**llamada internacional**	*f*	ジャマーダ インテルナシオナル
コレクトコール	**llamada a cobro revertido**	*f*	ジャマーダ ア コブロ レベルティード
通話料金	**coste de la llamada**	*m*	コステ デ ラ ジャマーダ
○○に電話する	**llamar a** ○○		ジャマール ア ○○
電話をとる	**coger el teléfono**		コヘール エル テレフォノ
電話で話す	**hablar por teléfono**		アブラール ポル テレフォノ
電話を切る	**colgar el teléfono**		コルガール エル テレフォノ

● 電話をかける

(かける人の)もしもし	Oiga.	オイガ
(受ける人の)もしもし	Diga.	ディガ
○○さんのお宅ですか？	¿Es la casa del Sr. ○○?	エス ラ カサ デル セニョール ○○
○○さんをお願いします	¿Me puede poner con el Sr. ○○?	メ プエデ ポネール コン エル セニョール ○○
どちら様ですか？	¿De parte de quién?	デ パルテ デ キエン
私は○○です	Soy ○○.	ソイ ○○
伝言を残しますか？	¿Quiere dejar un mensaje?	キエレ デハール ウン メンサヘ
電話するように伝えてください	Dígale que me llame.	ディガレ ケ メ ジャメ
あなたの電話番号は？	¿Su número de teléfono, por favor?	ス ヌメロ デ テレフォノ ポル ファボール
番号が違います	Se ha equivocado de número.	セ ア エキボカード デ ヌメロ
話し中です	Está comunicando.	エスタ コムニカンド

〈関連表現〉 電話での予約の流れ

A：Restaurante "Colón", dígame. もしもし、レストラン・コロンです。
　　レスタウランテ　コロン　ディガメ

B：Querría reservar una mesa para mañana, a las nueve de la noche.
　　ケリーア　レセルバール　ウナ　メサ　パラ　マニャーナ　アラス　ヌエベ　デ　ラ　ノーチェ
　　明日、夜9時にテーブルを予約したいのですが。

A：¿Para cuántas personas, por favor? 何名さまですか？
　　パラ　クアンタス　ペルソーナス　ポル　ファボール

B：Cuatro personas. 4人です。
　　クアトロ　ペルソーナス

A：Su nombre, por favor. お名前をお願いします。
　　ス　ノンブレ　ポル　ファボール

B：Juan García. フアン・ガルシアです。
　　フアン　ガルシーア

A：Gracias. ありがとうございました。
　　グラシアス

コミュニケーション
つなぎの言葉

そして	**y**	イ
あるいは	**o**	オ
しかし	**pero**	ペロ
もし	**si**	シィ
だから	**por eso**	ポル エソ
したがって	**por lo tanto**	ポル ロ タント
なぜなら	**porque**	ポルケ
じつは	**es que**	エス ケ
しかしながら	**aunque**	アウンケ
それじゃ	**entonces**	エントンセス
それはそうと	**a propósito**	ア プロポシト
たとえば	**por ejemplo**	ポル エヘンプロ
つまり	**o sea**	オ セア
本当は	**a decir verdad**	ア デシール ベルダッ
実際は	**en realidad**	エン レアリダッ
(言いよどむ)えーっと	**pues**	プエス
(考える)えーっと	**a ver**	ア ベール

3章

身近な言葉

身近な言葉
数字① 1〜70

●基数① número cardinal

0	**cero**	セロ
1	**uno/una** (男性単数の前では **un**)	ウノ/ウナ
2	**dos**	ドス
3	**tres**	トレス
4	**cuatro**	クアトロ
5	**cinco**	シンコ
6	**seis**	セイス
7	**siete**	シエテ
8	**ocho**	オチョ
9	**nueve**	ヌエベ
10	**diez**	ディエス
11	**once**	オンセ
12	**doce**	ドセ
13	**trece**	トレセ
14	**catorce**	カトルセ
15	**quince**	キンセ
16	**dieciséis**	ディエシセイス

● 数字① 1〜70

17	**diecisiete**	ディエシシ**エ**テ
18	**dieciocho**	ディエシ**オ**チョ
19	**diecinueve**	ディエシヌ**エ**べ
20	**veinte**	ベインテ
21	**veintiuno**	ベインティ**ウ**ノ
22	**veintidós**	ベインティ**ド**ス
23	**veintitrés**	ベインティ**ト**レス
26	**veintiséis**	ベインティ**セ**イス
30	**treinta**	ト**レ**インタ
31	**treinta y uno**	ト**レ**インタ イ **ウ**ノ
40	**cuarenta**	クア**レ**ンタ
50	**cincuenta**	シンク**エ**ンタ
60	**sesenta**	セ**セ**ンタ
70	**setenta**	セ**テ**ンタ

3章 ● 身近な言葉

ポイント

- 21〜29は、veinte y uno = veintiunoのようにeを取り、yをiに変えて一字にします。veintidós／veintitrés／veintiséisはアクセント記号をつけます。
- 31〜99は、treinta y uno／treinta y dosのようにyで続けます。

身近な言葉

数字② 80〜2,000,000

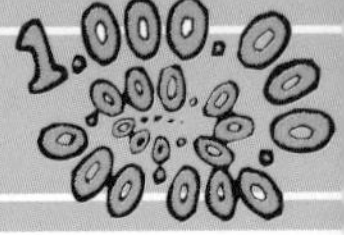

●基数② número cardinal

80	ochenta	オチェンタ
90	noventa	ノベンタ
100	cien	シエン
101	ciento uno	シエント ウノ
110	ciento diez	シエント ディエス
199	ciento noventa y nueve	シエント ノベンタ イ ヌエベ
200	doscientos	ドスシエントス
500	quinientos	キニエントス
700	setecientos	セテシエントス
900	novecientos	ノベシエントス
1,000	mil	ミル
2,000	dos mil	ドス ミル
10,000	diez mil	ディエス ミル
100,000	cien mil	シエン ミル
500,000	quinientos mil	キニエントス ミル
1,000,000	un millón	ウン ミジョン
2,000,000	dos millones	ドス ミジョネス

● 数字② 80〜2,000,000 ●

●序数　número ordinal

第1の	**primero(ra)** (男性名詞の前では primer)	プリメーロ(ラ)
第2の	**segundo(da)**	セグンド(ダ)
第3の	**tercero(ra)**	テルセーロ(ラ)
第4の	**cuarto(ta)**	クアルト(タ)
第5の	**quinto(ta)**	キント(タ)

●分数・その他

2分の1	**un medio/ la mitad**		ウン メディオ／ ラ ミタッ
3分の1	**un tercio**		ウン テルシオ
4分の1	**un cuarto**		ウン クアルト
2倍	**doble**	m	ドブレ
3倍	**triple**	m	トリプレ
パーセント	**por ciento**	m	ポル シエント

ポイント

- 日本とスペインでは、小数点とコンマの使い方が逆です。日本の1.5はスペインでは1,5（ウノ コン ドス）、日本の1,000や1,000,000は、スペインでは1.000、1.000.000と書きます。
- 500・700・900以外の3ケタの数字は〈dos+cientos → doscientos (200)〉〈tres+cientos → trescientos (300)〉と一字になります。cientosは後ろに女性名詞がくるとcientasになります。
  doscientos libros（200冊の本）　doscientas casas（200軒の家）
- primeroは、男性名詞・単数の前ではprimerになります。
  el primer hijo（長男）

身近な言葉
月・季節

●月 mes

1月	**enero**	m	エネロ
2月	**febrero**	m	フェブレロ
3月	**marzo**	m	マルソ
4月	**abril**	m	アブリル
5月	**mayo**	m	マジョ
6月	**junio**	m	フニオ
7月	**julio**	m	フリオ
8月	**agosto**	m	アゴスト
9月	**septiembre**	m	セプティエンブレ
10月	**octubre**	m	オクトゥブレ
11月	**noviembre**	m	ノビエンブレ
12月	**diciembre**	m	ディシエンブレ
先月	**el mes pasado**		エル メス パサード
今月	**este mes**		エステ メス
来月	**el próximo mes**		エル プロクシモ メス
各月	**cada mes**		カダ メス
毎月	**todos los meses**		トードス ロス メセス

70

● 月・季節

●季節　estación

四季	**cuatro estaciones**	f pl	クアトロ　エスタシオネス
春	**primavera**	f	プリマベラ
夏	**verano**	m	ベラノ
秋	**otoño**	m	オトーニョ
冬	**invierno**	m	インビエルノ
梅雨	**estación de lluvias**	f	エスタシオン　デ　ジュビアス
ハイ(オフ)・シーズン	**temporada alta(baja)**	f	テンポラーダ　アルタ(バハ)
カレンダー	**calendario**	m	カレンダリオ

〈関連単語〉 時を示す表現

(春)のはじめに	a principios de (primavera)
(秋)の終わりに	a fines de (otoño)
(8月)の中ごろに	a mediados de (agosto)
(冬)の前に	antes del (invierno)
(夏)のあとに	después del (verano)
(今月)から	a partir de (este mes)
約(1か月)	más o menos (un mes)
ほとんど(2か月)	casi (dos meses)
(3か月)の間	durante (tres meses)

3章 身近な言葉

身近な言葉
日にち・曜日

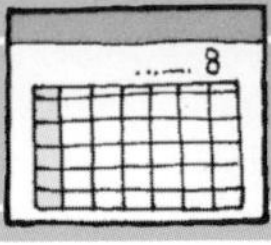

●日 día

今日	hoy		オイ
昨日	ayer		アジェール
おととい	anteayer		アンテアジェール
明日	mañana		マニャーナ
あさって	pasado mañana		パサード マニャーナ
一日中	todo el día		トード エル ディア
毎日	todos los días		トードス ロス ディアス
平日	día de trabajo	*m*	ディア デ トラバホ
休日	día de descanso	*m*	ディア デ デスカンソ

●曜日 día de la semana

週	semana	*f*	セマーナ
月曜日	lunes	*m*	ルネス
火曜日	martes	*m*	マルテス
水曜日	miércoles	*m*	ミエルコレス
木曜日	jueves	*m*	フエベス
金曜日	viernes	*m*	ビエルネス
土曜日	sábado	*m*	サバド
日曜日	domingo	*m*	ドミンゴ

● 日にち・曜日 ●

今週	esta semana	エスタ セマーナ
先週	la semana pasada	ラ セマーナ パサーダ
来週	la semana próxima	ラ セマーナ プロクシマ
毎週	todas las semanas	トーダス ラス セマーナス
ウィークデー	días entre semana	ディアス エントレ セマーナ
週末	fin de semana	フィン デ セマーナ
ゴールデンウィーク	semana de oro *f*	セマーナ デ オロ
連休にする	hacer puente	アセール プエンテ

● 年 año

今年	este año	エステ アーニョ
去年	el año pasado	エル アーニョ パサード
来年	el año próximo	エル アーニョ プロクシモ
毎年	todos los años	トードス ロス アーニョス

〈関連表現〉

¿Qué día es hoy?
ケ ディア エス オイ
今日は何日ですか？

Hoy es 3 de mayo.
オイ エス トレス デ マジョ
今日は5月3日です。

Hoy es lunes, 3 de mayo.
オイ エス ルネス トレス デ マジョ
今日は5月3日、月曜日です。

● スペインでは、祝日や休日の間をつなげて連休にすることを hacer puente といい、puente だけで「連休」の意味にも使われます。

身近な言葉
祝祭日

祝祭日	día festivo	m	ディア フェスティーボ
●スペインの祝日	fiestas de España		
正月	Año Nuevo	m	アーニョ ヌエボ
主顕節 (1/6)*	Día de los Reyes Magos	m	ディア デ ロス レジェス マゴス
父の日 (3/19)	Día del padre	m	ディア デル パドレ
聖週間	Semana Santa	f	セマーナ サンタ
聖金曜日	Viernes Santo	m	ビエルネス サント
復活祭	Pascua (de Resurrección)	f	パスクア (デ レスレクシオン)
メーデー (5/1)	Día del Trabajo	m	ディア デル トラバホ
母の日 (5月第1日曜日)	Día de la madre	m	ディア デ ラ マドレ
聖母被昇天祭* (8/15)	Asunción de la Virgen	f	アスンシオン デ ラ ビルヘン
イスパニア・デー* (10/12)	Día de la Hispanidad	m	ディア デ ラ イスパニダッ
諸聖人の日* (11/1)	Todos los Santos	m pl	トードス ロス サントス
憲法記念日 (12/6)	Día de la Constitución	m	ディア デ ラ コンスティトゥシオン
聖母受胎の日 (12/8)	Inmaculada Concepción	f	インマクラーダ コンセプシオン
クリスマス・イブ	Nochebuena	f	ノチェ ブエナ
クリスマス	Navidad	f	ナビダッ

*年によって日が変わる移動祝祭日

● 祝祭日

●日本の国民の祝日　fiestas nacionales de Japón

成人の日	Día de la Mayoría de Edad	m	ディア デ ラ マジョリーア デ エダッ
建国記念日	Día de la Fundación Nacional	m	ディア デ ラ フンダシオン ナシオナル
春分の日	Día del Equinoccio de Primavera	m	ディア デル エキノクシオ デ プリマベラ
みどりの日	Día del Árbol	m	ディア デル アルボル
子どもの日	Día de los Niños	m	ディア デ ロス ニーニョス
海の日	Día del Mar	m	ディア デル マル
敬老の日	Día de Homenaje a los Mayores	m	ディア デ オメナヘ ア ロス マジョーレス
秋分の日	Día del Equinoccio de Otoño	m	ディア デル エキノクシオ デ オトーニョ
体育の日	Día del Deporte	m	ディア デル デポルテ
文化の日	Día de la Cultura	m	ディア デ ラ クルトゥラ
勤労感謝の日	Día de Acción de Gracias al Trabajo	m	ディア デ アクシオン デ グラシアス アル トラバホ
天皇誕生日	Cumpleaños del Emperador	m pl	クンプレアーニョス デル エンペラドール

3章 ● 身近な言葉

〈関連単語〉

| 国旗 | bandera nacional f　バンデラ　ナシオナル |
| 国歌 | himno nacional m　イムノ　ナシオナル |

＊スペインは伝統的にキリスト教国なので、キリスト教にちなむ祝日が多くあります。「主顕節」は、キリストの誕生を祝い、東方の三博士が贈り物を持って駆けつけた日です。「聖母被昇天祭」はマリアの昇天を記念する日、「イスパニア・デー」はコロンブスが新大陸に到達した日、「諸聖人の日」はすべての聖人や殉教者を記念する日です。

身近な言葉
お祝い・行事

日本語	スペイン語	性	カナ
お祝い	felicitación	f	フェリシタシオン
おめでとう	Enhorabuena./Felicidades.	f/pl	エノラブエナ／フェリシダデス
○○の誕生日を祝う	celebrar el cumpleaños de ○○		セレブラール エル クンプレアーニョス デ ○○
パーティーを開く	dar una fiesta		ダール ウナ フィエスタ

● 人生のイベント　acontecimientos de la vida

日本語	スペイン語	性	カナ
誕生	nacimiento	m	ナシミエント
誕生日	cumpleaños	m	クンプレアーニョス
洗礼	bautismo	m	バウティスモ
洗礼名	nombre de pila	m	ノンブレ デ ピラ
初聖体拝領	primera comunión	f	プリメーラ コムニオン
入学する	entrar en una escuela		エントラール エン ウナ エスクエラ
入学式	ceremonia de entrada	f	セレモニア デ エントラーダ
卒業する	graduarse		グラドゥアールセ
卒業式	ceremonia de graduación	f	セレモニア デ グラドゥアシオン
就職する	colocarse		コロカールセ
定年退職する	jubilarse		フビラールセ
結婚記念日	aniversario de boda	m	アニベルサリオ デ ボダ
金婚式	bodas de oro	f/pl	ボダス デ オロ

● お祝い・行事

銀婚式	bodas de plata	f pl	ボダス デ プラタ
還暦を迎える	llegar a los 60 años		ジェガール ア ロス セセンタ アーニョス

●スペインの伝統行事　actos tradicionales de España

バレンシアの火祭り (3月)	Las Fallas de Valencia		ラス ファジャス デ バレンシア
セビージャの春祭り (4月)	La Feria de Abril de Sevilla		ラ フェリア デ アブリル デ セビージャ
パンプローナの牛追い祭り (7月)	San Fermín de Pamplona		サン フェルミン デ パンプロナ
コルドバのパティオ祭り (5月)	Festival de los Patios Cordobeses		フェスティバル デ ロス パティオス コルドベセス

●日本の伝統行事　actos tradicionales de Japón

初詣	primera visita del año a un satuario	f	プリメーラ ビシータ デル アーニョ ア ウン サントゥアリオ
節分	víspera del día inicial de la primavera	f	ビスペラ デル ディア イニシアル デ ラ プリマベラ
ひな祭り	fiesta de las muñecas	f	フィエスタ デ ラス ムニェカス
端午の節句	fiesta de los niños	f	フィエスタ デ ロス ニーニョス
七夕	festival de las estrellas	m	フェスティバル デ ラス エストレジャス
うら盆	fiesta budista de los difuntos	f	フィエスタ ブディスタ デ ロス ディフントス
大晦日	el último día del año	m	エル ウルティモ ディア デル アーニョ
大晦日の夜	Nochevieja	f	ノチェビエハ
除夜の鐘	campanadas de Nochevieja	f pl	カンパナーダス デ ノチェビエハ

3章　身近な言葉

〈関連表現〉

誕生日おめでとう！	¡Feliz cumpleaños! フェリス クンプレアーニョス
クリスマスおめでとう！	¡Feliz Navidad! フェリス ナビダッ
新年おめでとう！	¡Feliz Año Nuevo! フェリス アーニョ ヌエボ

身近な言葉
結婚式

恋愛	amor	m	アモール
恋人	novio(via)	m/f	ノビオ(ビア)
私は○○とつき合っている	Estoy saliendo con ○○.		エストイ サリエンド コン ○○
私は○○に恋している	Estoy enamorado(da) de ○○.		エストイ エナモラード(ダ) デ ○○
私は○○に恋を打ち明けた	Me he declarado a ○○.		メ エ デクララード ア ○○
○○に求婚する	hacer a ○○ una propuesta de matrimonio		アセール ア ○○ ウナ プロプエスタ デ マトリモニオ
○○と婚約する	prometerse con ○○		プロメテールセ コン ○○
婚約者	novio(via)/ prometido(da)	m/f	ノビオ(ビア)/ プロメティード(ダ)
婚約期間	noviazgo	m	ノビアスゴ
婚約指輪	anillo de compromiso	m	アニージョ デ コンプロミソ
結納	intercambio de regalos de esponsales		インテルカンビオ デ レガロス デ エスポンサレス
結婚、結婚式	boda	f	ボダ
○○と結婚する	casarse con ○○		カサールセ コン ○○
結婚式をする	celebrar la boda		セレブラール ラ ボダ
(教会で)結婚する	casarse por la Iglesia		カサールセ ポル ラ イグレシア
(市役所で)結婚する	casarse por lo civil		カサールセ ポル ロ シビル
新郎(新婦)	novio(via)	m/f	ノビオ(ビア)

● 結婚式

仲人	intermediario(ria)	m/f	インテルメディアリオ(リア)
披露宴	banquete de boda	m	バンケテ デ ボダ
結婚行進曲	marcha nupcial	f	マルチャ ヌプシアル
結婚指輪	anillo de boda	m	アニージョ デ ボダ
祝辞、スピーチ	palabras de felicitación	f pl	パラブラス デ フェリシタシオン
結婚祝い	regalo de boda	m	レガロ デ ボダ
結婚届	registro de casamiento	m	レヒストロ デ カサミエント
結婚通知	aviso de casamiento	m	アビソ デ カサミエント
新婚旅行	luna de miel	f	ルナ デ ミエル
恋愛結婚	matrimonio por amor	m	マトリモニオ ポル アモール
見合い結婚	matorimonio concertado por un(una) intermediario(ria)	m	マトリモニオ コンセルタード ポル ウン(ウナ) インテルメディアリオ(リア)
できちゃった婚	casarse de penalty		カサールセ デ ペナルティ
事実婚の夫婦	pareja de hecho	m	パレハ デ エチョ
既婚者	casado(da)	m/f	カサード(ダ)

3章 身近な言葉

〈関連単語〉

独身	soltero(ra) m (f) ソルテーロ (ラ)
別居	separación f セパラシオン
離婚	divorcio m ディボルシオ
離婚する	divorciarse ディボルシアールセ

身近な言葉
お葬式

臨終	momento final	m	モメント フィナル
臨終の言葉	últimas palabras	f pl	ウルティマス パラブラス
死ぬ	morir		モリール
亡くなる	fallecer		ファジェセール
故人	difunto(ta)	m (f)	ディフント(タ)
遺体	cadáver	m	カダベル
通夜	velatorio	m	ベラトリオ
棺桶	ataúd	m	アタウッ
納棺する	poner el cadáver en el ataúd		ポネール エル カダベル エン エル アタウッ
葬式	funerales	m pl	フネラレス
葬儀社	funeraria	f	フネラリア
葬儀をする	celebrar los funerales		セレブラール ロス フネラレス
葬儀に参列する	asistir a los funerales		アシスティール ア ロス フネラレス
お悔やみを言う	dar el pésame		ダール エル ペサメ
香典	donativo a la familia de un(una) difunto(ta)	m	ドナティボ ア ラ ファミリア デ ウン(ウナ) ディフント(タ)
葬儀場	tanatorio	m	タナトリオ
火葬場	crematorio	m	クレマトリオ

お葬式

火葬にする	**incinerar**		インシネラール
火葬炉	**horno crematorio**	m	オルノ クレマトリオ
遺骨	**cenizas**	f pl	セニサス
骨壷	**urna**	f	ウルナ
喪主	**persona que preside un entierro**	f	ペルソナ ケ プレシデ ウン エンティエロ
遺族	**familia de un(una) difunto(ta)**	f	ファミリア デ ウン(ウナ) ディフント(タ)
法事	**rito budista para un(una) difunto(ta)**	m	リト ブディスタ パラ ウン(ウナ) ディフント(タ)
墓	**tumba**	f	トゥンバ
墓地	**cementerio**	m	セメンテリオ
埋葬する	**enterrar**		エンテラール
納骨堂	**osario**	m	オサリオ
喪中である	**estar de luto**		エスタール デ ルト
喪が明ける	**expirar el período de luto**		エスピラール エル ペリオド デ ルト
遺言状	**testamento**	m	テスタメント
遺言状を作る	**hacer testamento**		アセール テスタメント

〈関連表現〉

お父様のご逝去を心からお悔やみ申し上げます。

Le doy mi más sentido pésame por el
レ ドイ ミ マス センティード ペサメ ポル エル
fallecimiento de su padre.
ファジェシミエント デ ス パドレ

身近な言葉
時間

時間	**hora**	*f*	オラ
時計	**reloj**	*m*	レロッ
目覚まし時計	**despertador**	*m*	デスペルタドール
分	**minuto**	*m*	ミヌート
秒	**segundo**	*m*	セグンド
2分30秒	**dos minutos y treinta segundos**		ドス ミヌートス イ トレインタ セグンドス
15分	**cuarto**	*m*	クアルト
30分	**media (hora)**	*f*	メディア(オラ)
1時間前に	**hace una hora**		アセ ウナ オラ
ちょっと前に	**hace poco**		アセ ポコ
ちょうど	**en punto**		エン プント
午前	**de la mañana**		デ ラ マニャーナ
午後	**de la tarde**		デ ラ タルデ
夜	**de la noche**		デ ラ ノチェ
何時ですか?	**¿Qué hora es?**		ケ オラ エス
1時です	**Es la una.**		エス ラ ウナ
1時半です	**Es la una y media.**		エス ラ ウナ イ メディア

● 時 間 ●

2時です	Son las dos.	ソン ラス ドス
2時15分過ぎです	Son las dos y cuarto.	ソン ラス ドス イ クアルト
2時15分前です	Son las dos menos cuarto.	ソン ラス ドス メノス クアルト
ちょうど3時です	Son las tres en punto.	ソン ラス トレス エン プント
午前9時です	Son las nueve de la mañana.	ソン ラス ヌエベ デ ラ マニャーナ
午後5時です	Son las cinco de la tarde.	ソン ラス シンコ デ ラ タルデ
何時に〜？	¿A qué hora... ?	ア ケ オラ 〜
私たちは何時に会いますか？	¿A qué hora quedamos?	ア ケ オラ ケダモス
何時間かかりますか？	¿Cuántas horas se tarda ?	クアンタス オラス セ タルダ
今日の午前中に	hoy por la mañana	オイ ポル ラ マニャーナ
今日の午後に	hoy por la tarde	オイ ポル ラ タルデ
今日の夜に	hoy por la noche	オイ ポル ラ ノチェ
その時計は進んでいる	El reloj está adelantado.	エル レロッ エスタ アデランタード
その時計は遅れている	El reloj está atrasado.	エル レロッ エスタ アトラサード

3章 身近な言葉

コラム

時間の表し方

　時間は、〈ser+定冠詞+時間〉で表します。1時台は常に〈Es la...〉、2時以降は〈Son las...〉です。日本とスペインの時差は8時間あり、日本時間がスペインより先になります。ただし、スペインは3月末から10月末までがサマータイムで、その間の時差は7時間です。

身近な言葉
方向と位置

●方向 dirección

東	este	*m*	エステ
西	oeste	*m*	オエステ
南	sur	*m*	スル
北	norte	*m*	ノルテ
～の北にある	estar al norte de...		エスタール アル ノルテ デ ～
左	izquierda	*f*	イスキエルダ
右	derecha	*f*	デレーチャ
左へ	a la izquierda		ア ラ イスキエルダ
右へ	a la derecha		ア ラ デレーチャ
(左右へ) 曲がる	girar		ヒラール
右へ曲がる	girar a la derecha		ヒラール ア ラ デレーチャ
まっすぐに	todo recto		トード レクト
(道を) 進む	seguir		セギール
まっすぐに進む	seguir todo recto		セギール トード レクト

●位置 posición

ここ	aquí	アキ
そこ	ahí	アイ
あそこ	allí	アジ

● 方向と位置

このあたりに	por aquí	ポル アキ
こちらをお通りください	Pase por aquí.	パセ ポル アキ
〜の近くに	cerca de...	セルカ デ 〜
〜から遠くに	lejos de...	レホス デ 〜
〜に沿って	a lo largo de...	ア ロ ラルゴ デ 〜
〜のそばに	al lado de...	アル ラド デ 〜
〜の前に	delante de...	デランテ デ 〜
〜の後ろに	detrás de...	デトラス デ 〜
〜の向かいに	en frente de...	エン フレンテ デ 〜
〜の上に	sobre...	ソブレ 〜
〜の下に	debajo de...	デバホ デ 〜
〜の中に	en.../dentro de...	エン 〜／デントロ デ 〜
〜の外に	fuera de...	フエラ デ 〜
〜の突き当たりに	al final de...	アル フィナル デ 〜
AとBの間に	entre A y B	エントレ ア イ ベ
〜の真ん中に	en medio de...	エン メディオ デ 〜

ポイント

● 位置を表す言葉は、estar (p.26) や hay (p.27) とともに使われます。hay は後ろの名詞が単数でも複数でも常に hay です。

Norte
Oeste　Este
Sur

身近な言葉
色

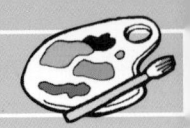

色	**color**	m	コロール
白い	**blanco(ca)**		ブランコ(カ)
白っぽい	**blanquecino(na)***		ブランケシーノ(ナ)
黒い	**negro(ra)**		ネグロ(ラ)
黒っぽい	**negruzco(ca)***		ネグルスコ(カ)
赤い	**rojo(ja)**		ロホ(ハ)
赤っぽい	**rojizo(za)***		ロヒソ(サ)
黄色い	**amarillo(lla)**		アマリージョ(ジャ)
黄色っぽい	**amarillento(ta)***		アマリジェント(タ)
緑の	**verde**		ベルデ
青の	**azul**		アスル
青っぽい	**azulado(da)***		アスラード(ダ)
水色	**azul claro**	m	アスル クラーロ
紺色	**azul oscuro**	m	アスル オスクーロ
グレーの	**gris**		グリス
紫の	**morado(da)**		モラード(ダ)
茶色の	**marrón**		マロン

●色●

こげ茶色	**marrón oscuro**	m	マロン オスクーロ
ベージュの	**beige**		ベイス
金色の	**dorado(da)**＊		ドラード(ダ)
銀色の	**plateado(da)**＊		プラテアード(ダ)
スミレ色の	**violeta**		ビオレタ
ピンクの	**rosa**		ロサ
オレンジの	**naranja**		ナランハ
原色	**color primario**	m	コロール プリマリオ
明るい色	**color claro**	m	コロール クラーロ
暗い色	**color oscuro**	m	コロール オスクーロ
強い色	**color fuerte**	m	コロール フエルテ
柔らかい色	**color suave**	m	コロール スアベ
派手な色	**color llamativo**	m	コロール ジャマティーボ

ポイント

- 「何色ですか？」は、¿De qué color? です。
  ¿De qué color es el traje?
  デ ケ コロール エス エル トラヘ
  その背広は何色ですか？

＊は常に形容詞で使われますが、それ以外のblanco（白い）／negro（黒い）／rojo（赤い）などは、「白・黒・赤」のようにそのまま名詞としても使われます。

身近な言葉
形状・大きさ

●形 forma

日本語	スペイン語	性	読み
三角形	triángulo	m	トリアングロ
三角形の	triangular		トリアングラル
四角形	cuadrado	m	クアドラード
四角形の	cuadrado(da)		クアドラード(ダ)
長方形	rectángulo	m	レクタングロ
長方形の	rectangular		レクタングラル
台形	trapecio	m	トラペシオ
八角形	octógono	m	オクトゴノ
八角形の	octogonal		オクトゴナル
円	círculo	m	シルクロ
円形の	circular		シルクラル
楕円	óvalo	m	オバロ
楕円の	oval		オバル
円錐形	cono	m	コノ
円錐形の	cónico(ca)		コニコ(カ)
球	esfera	f	エスフェラ
球状の	esférico(ca)		エスフェリコ(カ)
立方体	cubo	m	クボ
立方体の	cúbico(ca)		クビコ(カ)
直線	línea recta	f	リネア レクタ
曲線	línea curva	f	リネア クルバ

88

● 形状・大きさ

●大きさ tamaño

大きい	**grande**	グランデ
小さい	**pequeño(ña)**	ペケーニョ(ニャ)
中くらい	**de tamaño medio**	デ タマーニョ メディオ
長い	**largo(ga)**	ラルゴ(ガ)
短い	**corto(ta)**	コルト(タ)
高い	**alto(ta)**	アルト(タ)
低い	**bajo(ja)**	バホ(ハ)
広い	**amplio(lia)**	アンプリオ(リア)
狭い	**estrecho(cha)**	エストレチョ(チャ)
太い、厚い	**grueso(sa)**	グルエソ(サ)
細い、薄い	**delgado(da)**	デルガード(ダ)

〈関連単語〉

縦、高さ	alto *m* アルト	横、幅	ancho *m* アンチョ
奥行	fondo *m* フォンド	面積	superficie *f* スペルフィシエ
容積、容量	capacidad *f* カパシダッ	重さ	peso *m* ペソ

● 形状は ①〈ser＋形容詞〉、②〈tener forma de...〉で表します。

①La mesa es rectangular.
　ラ　メサ　エス　レクタングラル
　そのテーブルは長方形だ。

②El plato tiene forma de hoja.
　エル　プラト　ティエネ　フォルマ　デ　オハ
　そのお皿は葉っぱの形をしています。

3章 ● 身近な言葉

身近な言葉
通貨

通貨、硬貨	**moneda**	f	モネダ
紙幣	**billete**	m	ビジェテ
円 (日本)	**yen**	m	ジェン
元 (中国)	**yuan**	m	ジュアン
ウォン (韓国)	**won**	m	ウォン
ドル	**dólar**	m	ドラル
ユーロ (EU)	**euro**	m	エウロ
ポンド(イギリス)	**libra**	f	リブラ
スイスフラン	**franco suizo**	m	フランコ スイソ
両替	**cambio**	m	カンビオ
両替所	**casa de cambio**	f	カサ デ カンビオ
両替する	**cambiar**		カンビアール
1万円をユーロにする	**cambiar diez mil yenes en euros**		カンビアール ディエス ミル ジェネス エン エウロス
手数料	**comisión**	f	コミシオン

●スペイン・中南米諸国の通貨

スペイン	**euro**	m	エウロ
メキシコ・コロンビア・アルゼンチン・ウルグアイ・チリ・キューバ・ドミニカ	**peso**	m	ペソ

● 通 貨

グアテマラ	**quetzal**	m	ケツァル
ホンジュラス	**lempira**	m	レンピラ
エルサルバドル・コスタリカ	**colón**	m	コロン
ニカラグア	**córdoba**	m	コルドバ
パナマ	**balboa**	m	バルボア
ベネズエラ	**bolívar**	m	ボリバル
エクアドル	**sucre**	m	スクレ
ブラジル	**real**	m	レアル
ペルー	**nuevo sol**	m	ヌエボ ソル
ボリビア	**boliviano**	m	ボリビアーノ
パラグアイ	**guaraní**	m	グアラニ

3章 ● 身近な言葉

コラム

スペインのユーロ

　スペインの通貨はペセタでしたが、EU諸国の通貨統一により、2001年1月からユーロになりました。ユーロ紙幣は5・10・20・50・100・200・500の7種類、硬貨は1ユーロと2ユーロ、そして1・2・5・10・20・50ユーロセント（céntimo）の8種類です。

　ユーロ硬貨の片面はユーロ圏共通ですが、もう一方の面は各国独自のデザインで、スペイン硬貨は1・2ユーロがフアン・カルロス国王、10・20・50ユーロセントが文豪セルバンテス、1・2・5ユーロセントがサンチャゴ・デ・コンポステーラ大聖堂です。

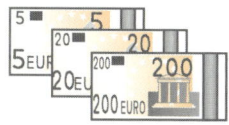

身近な言葉
公共施設

公共施設	centros públicos	m pl	セントロス プブリコス
県庁	gobierno prefectural	m	ゴビエルノ プレフェクトゥラル
東京都庁	Gobierno Metropolitano de Tokio	m	ゴビエルノ メトロポリターノ デ トキオ
市役所	ayuntamiento	m	アジュンタミエント
税務署	oficina de impuestos	f	オフィシーナ デ インプエストス
裁判所	juzgado/tribunal	m	フスガード/トリブナル
警察	policía	f	ポリシーア
交番	koban/puesto de policía	m	コバン/プエスト デ ポリシーア
消防署	parque de bomberos	m	パルケ デ ボンベーロス
郵便局	oficina de correos	f	オフィシーナ デ コレオス
電話局	central de teléfonos	f	セントラル デ テレフォノス
水道局	Servicio de Abastecimiento de Agua	m	セルビシオ デ アバステシミエント デ アグア
清掃局	Servicio de Limpieza	m	セルビシオ デ リンピエサ
電力会社	compañía eléctrica	f	コンパニーア エレクトリカ
ガス会社	compañía de gas	f	コンパニーア デ ガス
銀行	banco	m	バンコ
図書館	biblioteca	f	ビブリオテカ

● 公共施設 ●

体育館	**gimnasio**	m	ヒムナシオ
公民館	**centro comunitario**	m	セントロ コムニタリオ
美術館	**museo (de bellas artes)**	m	ムセオ（デ ベジャス アルテス）
博物館	**museo (de historia natural)**	m	ムセオ（デ イストリア ナトゥラル）
コンサートホール	**sala de conciertos**	f	サラ デ コンシエルトス
遊園地	**parque de atracciones**	m	パルケ デ アトラクシオネス
動物園	**zoo**	m	ソオ
植物園	**jardín botánico**	m	ハルディン ボタニコ
保育園	**guardería**	m	グアルデリーア
幼稚園	**jardín de infancia**	m	ハルディン デ インファンシア
学校	**escuela**	f	エスクエラ
大学	**universidad**	f	ウニベルシダッ
病院	**hospital**	m	オスピタル
保健所	**centro de salud pública**	m	セントロ デ サルッ ブブリカ
老人ホーム	**residencia de ancianos**	f	レシデンシア デ アンシアーノス

3章 ●身近な言葉

コラム

スペイン人の昼休み

スペイン人には、昼食を家に帰って家族でゆっくり食べ、ひと休みをしてから午後の仕事に取りかかるという習慣があります。郊外に家が増えている現在、その習慣は変わりつつありますが、今も公共施設や一般商店は午後2時過ぎから4時ごろまで昼休みです。

身近な言葉
スペイン語圏の国名・首都

スペイン	**España**	エスパーニャ
マドリード	**Madrid**	マドリッ
メキシコ*	**México**	メヒコ
グアテマラ*	**Guatemala**	グアテマラ
ホンジュラス	**Honduras**	オンドゥラス
テグシガルパ	**Tegucigalpa**	テグシガルパ
エルサルバドル	**El Salvador**	エル サルバドール
サンサルバドル	**San Salvador**	サン サルバドール
ニカラグア	**Nicaragua**	ニカラグア
マナグア	**Managua**	マナグア
コスタリカ	**Costa Rica**	コスタ リカ
サンホセ	**San José**	サン ホセ
パナマ*	**Panamá**	パナマ
ベネズエラ	**Venezuela**	ベネスエラ
カラカス	**Caracas**	カラカス
コロンビア	**Colombia**	コロンビア
ボゴタ	**Bogotá**	ボゴタ

● スペイン語圏の国名・首都

エクアドル	**Ecuador**	エクアドール
キト	**Quito**	キト
ペルー	**Perú**	ペル
リマ	**Lima**	リマ
ボリビア	**Bolivia**	ボリビア
ラパス	**La Paz**	ラ パス
パラグアイ	**Paraguay**	パラグアイ
アスンシオン	**Asunción**	アスンシオン
アルゼンチン	**Argentina**	アルヘンティーナ
ブエノス・アイレス	**Buenos Aires**	ブエノス アイレス
ウルグアイ	**Uruguay**	ウルグアイ
モンテビデオ	**Montevideo**	モンテビデオ
チリ	**Chile**	チレ
サンティアゴ	**Santiago**	サンティアゴ
キューバ	**Cuba**	クーバ
ハバナ	**La Habana**	ラ アバナ
ドミニカ共和国	**República Dominicana**	レプブリカ ドミニカーナ
サントドミンゴ	**Santo Domingo**	サント ドミンゴ

＊国名と首都名が同じ国

身近な言葉
世界の国名① アジア・オセアニア・中東・ロシア

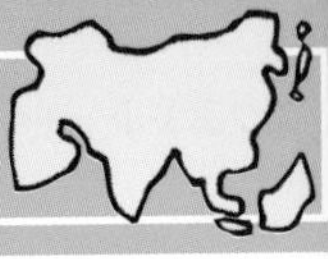

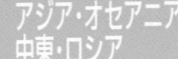

国名	nombre del país	m	ノンブレ デル パイス
世界	mundo	m	ムンド
アジア	Asia		アシア
日本	Japón		ハポン
韓国	Corea del Sur		コレア デル スル
北朝鮮	Corea del Norte		コレア デル ノルテ
中国	China		チナ
台湾	Taiwán		タイワン
モンゴル	Mongolia		モンゴリア
フィリピン	Filipinas		フィリピーナス
インドネシア	Indonesia		インドネシア
ベトナム	Vietnam		ビエトナム
カンボジア	Cambodia		カンボディア
タイ	Tailandia		タイランディア
マレーシア	Malasia		マラシア
シンガポール	Singapur		シンガプール
インド	India		インディア

● 世界の国名① アジア・オセアニア・中東・ロシア

ネパール	**Nepal**	ネパール
バングラデシュ	**Bangladés**	バングラデス
パキスタン	**Pakistán**	パキスタン
アフガニスタン	**Afganistán**	アフガニスタン
オセアニア	**Oceanía**	オセアニーア
オーストラリア	**Australia**	アウストラリア
ニュージーランド	**Nueva Zelanda**	ヌエバ セランダ
中東	**Medio Oriente**	メディオ オリエンテ
イラン	**Irán**	イラン
イラク	**Irak**	イラク
トルコ	**Turquía**	トゥルキーア
イスラエル	**Israel**	イスラエル
パレスチナ	**Palestina**	パレスティーナ
サウジアラビア	**Arabia Saudí**	アラビア サウディ
アラブ首長国連邦	**Emiratos Árabes Unidos**	エミラトス アラベス ウニードス
ロシア	**Rusia**	ルシア
ベラルーシ	**Bielorrusia**	ビエロルシア
ウクライナ	**Ucrania**	ウクラニア
カザフスタン	**Kazajistán**	カサヒスタン

3章 ● 身近な言葉

身近な言葉
世界の国名② アメリカ・ヨーロッパ・アフリカ

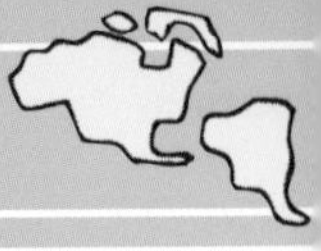

アメリカ*	**América**	アメリカ
カナダ	**Canadá**	カナダ
アメリカ合衆国	**Estados Unidos de América**	エスタードス ウニードス デ アメリカ
ブラジル	**Brasil**	ブラシル
プエルトリコ	**Puerto Rico**	プエルト リコ
東欧	**Europa del Este**	エウロパ デル エステ
ポーランド	**Polonia**	ポロニア
チェコ	**República Checa**	レプブリカ チェカ
スロバキア	**Eslovaquia**	エスロバキア
ハンガリー	**Hungría**	ウングリーア
ルーマニア	**Rumanía**	ルマニーア
北欧	**Europa del Norte**	エウロパ デル ノルテ
ノルウェー	**Noruega**	ノルエガ
スウェーデン	**Suecia**	スエシア
フィンランド	**Finlandia**	フィンランディア
デンマーク	**Dinamarca**	ディナマルカ
中欧・西欧	**Europa Central y Occidental**	エウロパ セントラル イ オクシデンタル

*スペイン語圏はp.94～p.95参照

● 世界の国名② アメリカ・ヨーロッパ・アフリカ ●

イギリス	**Reino Unido**	レイノ ウニード
アイルランド	**Irlanda**	イルランダ
オランダ	**Holanda**	オランダ
ベルギー	**Bélgica**	ベルヒカ
オーストリア	**Austria**	アウストリア
スイス	**Suiza**	スイサ
ドイツ	**Alemania**	アレマニア
フランス	**Francia**	フランシア
イタリア	**Italia**	イタリア
ギリシャ	**Grecia**	グレシア
ポルトガル	**Portugal**	ポルトゥガル
アフリカ	**África**	アフリカ
エジプト	**Egipto**	エヒプト
アルジェリア	**Argelia**	アルヘリア
モロッコ	**Marruecos**	マルエコス
エチオピア	**Etiopía**	エティオピーア
ソマリア	**Somalia**	ソマリア
コンゴ	**Congo**	コンゴ
南アフリカ共和国	**República Sudafricana**	レプブリカ スダフリカーナ

3章 ● 身近な言葉

身近な言葉
私は〜人です〈ser +〜人〉

●スペイン語圏

日本語	スペイン語	性	読み
スペイン人	español(la)	m/f	エスパニョール(ラ)
メキシコ人	mexicano(na)	m/f	メヒカーノ(ナ)
グアテマラ人	guatemalteco(ca)	m/f	グアテマルテーコ(カ)
ホンジュラス人	hondureño(ña)	m/f	オンドゥレーニョ(ニャ)
エルサルバドル人	salvadoreño(ña)	m/f	サルバドレーニョ(ニャ)
ニカラグア人	nicaragüense	m/f	ニカラグエンセ
コスタリカ人	costarricense	m/f	コスタリセンセ
パナマ人	panameño(ña)	m/f	パナメーニョ(ニャ)
ベネズエラ人	venezolano(na)	m/f	ベネソラーノ(ナ)
コロンビア人	colombiano(na)	m/f	コロンビアーノ(ナ)
エクアドル人	ecuatoriano(na)	m/f	エクアトリアーノ(ナ)
ペルー人	peruano(na)	m/f	ペルアーノ(ナ)
ボリビア人	boliviano(na)	m/f	ボリビアーノ(ナ)
パラグアイ人	paraguayo(ya)	m/f	パラグアージョ(ジャ)
アルゼンチン人	argentino(na)	m/f	アルヘンティーノ(ナ)
ウルグアイ人	uruguayo(ya)	m/f	ウルグアージョ(ジャ)
チリ人	chileno(na)	m/f	チレーノ(ナ)

● 私は〜人です〈ser+〜人〉●

キューバ人	cubano(na)	m / f	クバーノ(ナ)
ドミニカ人	dominicano(na)	m / f	ドミニカーノ(ナ)

●スペイン語圏以外　　「○○人」の男性形は「○○語」としても使う

日本人	japonés (japonesa)	m / f	ハポネス (ハポネサ)
中国人	chino(na)	m / f	チノ(ナ)
韓国人	coreano(na)	m / f	コレアーノ(ナ)
インド人	indio(dia)	m / f	インディオ(ディア)
カナダ人	canadiense	m / f	カナディエンセ
アメリカ人	estadounidense	m / f	エスタドウニデンセ
ブラジル人	brasileño(ña)	m / f	ブラシレーニョ(ニャ)
フランス人	francés (francesa)	m / f	フランセス (フランセサ)
ドイツ人	alemán (alemana)	m / f	アレマン (アレマナ)
イギリス人	inglés (inglesa)	m / f	イングレス (イングレサ)
ロシア人	ruso(sa)	m / f	ルーソ(サ)
ポルトガル人	portugués (portuguesa)	m / f	ポルトゥゲス (ポルトゥゲサ)
スイス人	suizo(za)	m / f	スイソ(サ)
スウェーデン人	sueco(ca)	m / f	スエコ(カ)
イタリア人	italiano(na)	m / f	イタリアーノ(ナ)
ポーランド人	polaco(ca)	m / f	ポラコ(カ)
オランダ人	holandés (holandesa)	m / f	オランデス (オランデサ)

身近な言葉
都市名① スペインの17州と有名都市

Barcelona

(スペインの)自治州	**comunidad autónoma**	*f*	コムニダッ アウトノマ
アンダルシア州	**Andalucía**		アンダルシーア
セビージャ	**Sevilla**		セビージャ
コルドバ	**Córdoba**		コルドバ
グラナダ	**Granada**		グラナダ
マラガ	**Málaga**		マラガ
アラゴン州	**Aragón**		アラゴン
サラゴサ	**Zaragoza**		サラゴサ
アストゥリアス州	**Asturias**		アストゥリアス
エストレマドゥラ州	**Extremadura**		エストレマドゥラ
カスティージャ・ラマンチャ州	**Castilla-La Mancha**		カスティージャ ラ マンチャ
トレド	**Toledo**		トレド
カスティージャ・レオン州	**Castilla y León**		カスティージャ イ レオン
セゴビア	**Segovia**		セゴビア
サラマンカ	**Salamanca**		サラマンカ
カタルーニャ州	**Cataluña**		カタルーニャ
バルセロナ	**Barcelona**		バルセローナ

● 都市名① スペインの17州と有名都市

カナリアス諸島州	**Islas Canarias**	イスラス カナリアス
ガリシア州	**Galicia**	ガリシア
サンチャゴ・デ・コンポステーラ	**Santiago de Compostela**	サンティアゴ デ コンポステラ
カンタブリア州	**Cantabria**	カンタブリア
サンタンデール	**Santander**	サンタンデール
ナバラ州	**Navarra**	ナバーラ
パンプローナ	**Pamplona**	パンプローナ
バスク州	**País Vasco**	パイス バスコ
ビルバオ	**Bilbao**	ビルバオ
サン・セバスティアン	**San Sebastián**	サン セバスティアン
バレアレス諸島州	**Islas Baleares**	イスラス バレアレス
バレンシア州	**Valencia**	バレンシア
アリカンテ	**Alicante**	アリカンテ
マドリード州	**Madrid**	マドリッ
ムルシア州	**Murcia**	ムルシア
ラ・リオハ州	**La Rioja**	ラ リオハ

ポイント

スペインの行政単位は、国→自治州→県→市町村となっています。スペイン全土で現在17州50県あります。

身近な言葉
都市名② アジア・オセアニア・中東・ロシア・東欧・北欧・アフリカ

●アジア・オセアニア　Asia y Oceanía

北京	**Pekín**	ペキン
上海	**Shanghai**	シャンハイ
香港	**Honk Kong**	ホンコン
平壌	**Pyongyang**	ピョンヤン
ソウル	**Seúl**	セウル
マニラ	**Manila**	マニラ
バンコク	**Bangkok**	バンコク
ハノイ	**Hanoi**	ハノイ
ミャンマー	**Myanmar**	ミャンマール
ニューデリー	**Nueva Delhi**	ヌエバ デリ
カルカッタ	**Calcuta**	カルクタ
シドニー	**Sydney**	シドニ
メルボルン	**Melbourne**	メルブルネ

●中東　Oriente Medio

アンカラ	**Ankara**	アンカラ
テヘラン	**Teherán**	テエラン
バグダッド	**Bagdad**	バグダッ
ダマスカス	**Damasco**	ダマスコ

● 都市名② アジア・オセアニア・中東・ロシア・東欧・北欧・アフリカ ●

ベイルート	**Beirut**	ベイルット
エルサレム	**Jerusalén**	ヘルサレン
ラバト	**Rabat**	ラバト
カイロ	**El Cairo**	エル カイロ

● ロシア・東欧・北欧　Rusia y Europa del Este y del Norte

モスクワ	**Moscú**	モスク
サンクトペテルブルグ	**San Petersburgo**	サン ペテルスブルゴ
ブカレスト	**Bucarest**	ブカレスト
ベオグラード	**Belgrado**	ベルグラード
ワルシャワ	**Varsovia**	ワルソビア
プラハ	**Praga**	プラガ
ブダペスト	**Budapest**	ブダペスト
オスロ	**Oslo**	オスロ
ストックホルム	**Estocolmo**	エストコルモ
ヘルシンキ	**Helsinki**	ヘルシンキ
コペンハーゲン	**Copenhague**	コペナーゲ

● アフリカ　África

ナイロビ	**Nairobi**	ナイロビ
ダカール	**Dakar**	ダカール
ヨハネスブルグ	**Johanesburgo**	ヨハネスブルゴ
ケープタウン	**Ciudad del Cabo**	シウダッ デル カボ

身近な言葉
都市名③ 西欧・中欧・アメリカ

●西欧・中欧 Europa Occidental y Central

ロンドン	**Londres**	ロンドレス
ケンブリッジ	**Cambridge**	ケンブリッジ
スコットランド	**Escocia**	エスコシア
ダブリン	**Dublín**	ドゥブリン
アムステルダム	**Amsterdam**	アムステルダム
ブリュッセル	**Bruselas**	ブルセラス
ベルリン	**Berlín**	ベルリン
ミュンヘン	**Múnich**	ムニク
フランクフルト	**Fráncfort**	フランクフォルト
ジュネーブ	**Ginebra**	ヒネブラ
ウィーン	**Viena**	ビエナ
パリ	**París**	パリス
マルセーユ	**Marsella**	マルセージャ
ローマ	**Roma**	ローマ
ナポリ	**Nápoles**	ナポレス
フィレンツェ	**Florencia**	フロレンシア
ベニス	**Venecia**	ベネシア

● 都市名③ 西欧・中欧・アメリカ

ミラノ	**Milán**	ミラン
アテネ	**Atenas**	アテナス
リスボン	**Lisboa**	リスボア

●アメリカ　América

オタワ	**Ottawa**	オタワ
モントリオール	**Montreal**	モントレアール
ワシントンD.C.	**Washington D.C.**	ワシントン デ セ
ニューヨーク	**Nueva York**	ヌエバ ヨルク
フィラデルフィア	**Filadelfia**	フィラデルフィア
ラスベガス	**Las Vegas**	ラス ベガス
シカゴ	**Chicago**	チカゴ
カリフォルニア	**California**	カリフォルニア
ロサンゼルス	**Los Ángeles**	ロス アンヘレス
サンフランシスコ	**San Francisco**	サン フランシスコ
テキサス	**Texas**	テハス
フロリダ	**Florida**	フロリダ
ハワイ	**Hawai**	ハワイ
ブラジリア	**Brasilia**	ブラシリア
サンパウロ	**Sao Paulo**	サオ パウロ
リオデジャネイロ	**Río de Janeiro**	リオ デ ハネイロ

3章　身近な言葉

身近な言葉
地域を表す言葉

地域	zona/área	f	ソナ／アレア
国	país	m	パイス
首都圏	zona metropolitana	f	ソナ メトロポリターナ
(スペインの)自治州	comunidad autónoma	f	コムニダッ アウトノマ
地方	región	f	レヒオン
(スペイン) 県	provincia	f	プロビンシア
(日本) 県・府	prefectura	f	プレフェクトゥラ
市	ciudad	f	シウダッ
町・村	pueblo	m	プエブロ
地区	barrio	m	バリオ
北極	Polo Norte	m	ポロ ノルテ
南極	Polo Sur	m	ポロ スル
南極大陸	Antártida	f	アンタルティダ
北半球	hemisferio norte	m	エミスフェリオ ノルテ
南半球	hemisferio sur	m	エミスフェリオ スル
寒帯	zona glacial	f	ソナ グラシアル
温帯	zona templada	f	ソナ テンプラーダ

● 地域を表す言葉 ●

熱帯	**zona tropical**	f	ソナ トロピカル
北アメリカ	**Norteamérica**	f	ノルテアメリカ
中央アメリカ	**Centroamérica**	f	セントロアメリカ
南アメリカ	**Sudamérica**	f	スダメリカ
中南米	**América Central y del Sur**	f	アメリカ セントラル イ デル スル
日本列島	**archipiélago japonés**	m	アルチピエラゴ ハポネス
イベリア半島	**Península Ibérica**	f	ペニンスラ イベリカ
日本海	**Mar del Japón**	m	マル デル ハポン
太平洋	**Océano Pacífico**	m	オセアノ パシフィコ
大西洋	**Océano Atlántico**	m	オセアノ アトランティコ
地中海	**Mar Mediterráneo**	m	マル メディテラネオ
カリブ海	**Mar Caribe**	m	マル カリベ
英仏海峡	**Canal de la Mancha**	m	カナル デ ラ マンチャ
カンタブリア海	**Mar Cantábrico**	m	マル カンタブリコ
ジブラルタル海峡	**Estrecho de Gibraltar**	m	エストレチョ デ ヒブラルタル

3章 ● 身近な言葉

〈関連単語〉

国境	frontera f フロンテラ	大陸	continente m コンティネンテ
経度	latitud f ラティトゥ	緯度	longitud f ロンヒトゥ
赤道	ecuador m エクアドール		

身近な言葉
からだ

からだ	**cuerpo**	m	クエルポ
頭	**cabeza**	f	カベサ
髪の毛	**pelo/cabello**	m	ペロ／カベージョ
顔	**cara**	f	カラ
ひたい	**frente**	f	フレンテ
目	**ojo**	m	オホ
まゆ毛	**ceja**	f	セハ
まつ毛	**pestaña**	f	ペスターニャ
鼻	**nariz**	f	ナリス
耳	**oreja**	f	オレハ
口	**boca**	f	ボカ
くちびる	**labio**	m	ラビオ
歯	**diente**	m	ディエンテ
口ひげ	**bigote**	m	ビゴテ
あご	**mandíbula**	f	マンディブラ
あごひげ	**barba**	f	バルバ
首	**cuello**	m	クエジョ

● からだ

のど	**garganta**	f	ガルガンタ
胴体部	**tronco**	m	トロンコ
肩	**hombro**	m	オンブロ
胸	**pecho**	m	ペチョ
腹	**vientre**	m	ビエントレ
腰、ウエスト	**cintura**	f	シントゥラ
背中	**espalda**	f	エスパルダ
尻	**trasero**	m	トラセーロ
手	**mano**	f	マノ
腕	**brazo**	m	ブラソ
ひじ	**codo**	m	コド
手首	**muñeca**	f	ムニェカ
手のひら	**palma**	f	パルマ
指	**dedo**	m	デド
つめ	**uña**	f	ウニャ
脚	**pierna**	f	ピエルナ
もも	**muslo**	m	ムスロ
ひざ	**rodilla**	f	ロディージャ
足（足首から下）	**pie**	m	ピエ

3章 ● 身近な言葉

内臓	**vísceras**	*f* *pl*	ビセラス
心臓	**corazón**	*m*	コラソン
肺	**pulmón**	*m*	プルモン
食道	**esófago**	*m*	エソファゴ
胃	**estómago**	*m*	エストマゴ
腸	**intestino**	*m*	インテスティーノ
盲腸	**apéndice**	*m*	アペンディセ
肝臓	**hígado**	*m*	イガド
腎臓	**riñón**	*m*	リニョン
すい臓	**páncreas**	*m*	パンクレアス
こうもん 肛門	**ano**	*m*	アノ
ぼうこう 膀胱	**vejiga urinaria**	*f*	ベヒガ ウリナリア

〈関連単語〉

肉	carne *f* カルネ	骨	hueso *m* ウエソ
血液	sangre *f* サングレ	神経	nervio *m* ネルビオ
親指	pulgar *m* プルガル	人差し指	dedo índice *m* デド インディセ
中指	dedo corazón *m* デド コラソン		
薬指	dedo anular *m* デド アヌラル		
小指	dedo menique *m* デド メニケ		

4章

日常生活

日常生活 [生活]
1日の行動

目覚める	despertarse*		デスペルタールセ
起きる	levantarse*		レバンタールセ
顔を洗う	lavarse* la cara		ラバールセ ラ カラ
歯を磨く	lavarse* los dientes		ラバールセ ロス ディエンテス
ひげをそる	afeitarse*		アフェイタールセ
髪をとかす	peinarse*		ペイナールセ
朝食	desayuno	*m*	デサジュノ
朝食をとる	desayunar		デサジュナール
新聞を読む	leer el periódico		レエール エル ペリオディコ
学校へ行く	ir a la escuela		イール ア ラ エスクエラ
買い物に行く	ir de compras		イール デ コンプラス
出勤する	ir al trabajo		イール アル トラバホ
勉強する	estudiar		エストゥディアール
働く	trabajar		トラバハール
昼食	comida	*f*	コミーダ
昼食をとる、食べる	comer		コメール
(水やアルコールを)飲む	beber		ベベール

*再帰動詞

● 1日の行動 ●

(コーヒーや紅茶を)飲む	**tomar**		トマール
昼寝する	**echarse la siesta**		エチャールセ ラ シエスタ
出かける	**salir**		サリール
散歩する	**pasear**		パセアール
遊ぶ	**jugar**		フガール
(だれかに) 会う	**ver a ○○**		ベール ア ○○
(だれかと)待ち合わせする	**quedar con...**		ケダール コン ～
午後のおやつ	**merienda**	*f*	メリエンダ
夕食	**cena**	*f*	セナ
夕食をとる	**cenar**		セナール
シャワーを浴びる	**ducharse***		ドゥチャールセ
風呂に入る	**bañarse***		バニャールセ
トイレ、洗面所	**cuarto de baño**	*m*	クアルト デ バーニョ
寝る	**acostarse***		アコスタールセ
眠る	**dormir**		ドルミール

4章 日常生活

ポイント

- 再帰動詞の基本用法 (p.24参照)
    Me levanto a las siete.　私は7時に起きます。

- 再帰動詞の命令形
    Lávate la cara.　顔を洗いなさい。

日常生活 [生活]
家事・育児

●家事　quehaceres

料理する	cocinar	コシナール
朝食 (昼食・夕食) のしたくをする	preparar el desayuno (la comida/ la cena)	プレパラール エル デサジュノ (ラ コミーダ/ラ セナ)
掃除する	limpiar	リンピアール
ごみを捨てる	tirar la basura	ティラール ラ バスーラ
洗濯する	lavar	ラバール
洗濯物を干す	tender la ropa	テンデール ラ ロパ
(食器を) 洗う	fregar	フレガール
(食器などを) ふく	secar	セカール
(散らばったものを) 片づける	recoger	レコヘール
買い物に行く	ir de compras	イール デ コンプラス
買い物をする	comprar	コンプラール
アイロンがけをする	planchar	プランチャール
縫いものをする	coser	コセール
(子どもや病人の) 世話をする	cuidar a ○○	クイダール ア ○○

●育児　cuidado de los niños

出産する	dar a luz		ダール ア ルス
生まれる	nacer		ナセール
赤ちゃん	bebé	*m*/*f*	ベベ

● 家事・育児 ●

赤ちゃんをあやす	hacer carantoñas al bebé		アセール カラントーニャス アル ベベ
(赤ちゃんが)泣く	llorar		ジョラール
(赤ちゃんが)笑う	reír		レイール
○○を抱っこする	llevar a ○○ en brazos		ジェバール ア ○○ エン ブラソス
授乳する	dar de mamar		ダール デ ママール
母乳	leche materna	f	レチェ マテルナ
ミルク	leche	f	レチェ
粉ミルク	leche en polvo	f	レチェ エン ポルボ
ほ乳びん	biberón	m	ビベロン
おむつ	pañal	m	パニャル
おむつをかえる	cambiar los pañales		カンビアール ロス パニャレス
おしっこ	pis	m	ピス
うんち	caca	f	カカ
よだれ	baba	f	ババ
よだれかけ	babero	m	ババロ
子守唄	nana	f	ナナ
しつけ	educación	f	エドゥカシオン
しつける	educar		エドゥカール
ベビーシッター	niñera	f	ニニェラ
ベビーカー	cochecito	m	コチェシート

4章 日常生活

日常生活 [衣]
衣 服

衣服	**ropa**	*f*	ロパ
(〜を) 着る	**ponerse...**		ポネールセ 〜
ワンピース	**vestido**	*m*	ベスティード
スカート	**falda**	*f*	ファルダ
ブラウス	**blusa**	*f*	ブルサ
セーター	**jersey**	*m*	ヘルセイ
カーディガン	**chaqueta de punto**	*f*	チャケタ デ プント
背広、スーツ	**traje**	*m*	トラヘ
上着	**chaqueta**	*f*	チャケタ
ベスト	**chaleco**	*m*	チャレコ
Yシャツ	**camisa**	*f*	カミサ
Tシャツ	**camiseta**	*f*	カミセタ
ポロシャツ	**polo**	*m*	ポロ
ズボン、パンツ	**pantalones**	*m pl*	パンタロネス
ジーンズ	**vaqueros**	*m pl*	バケーロス
ジャンパー	**cazadora**	*f*	カサドラ
ダウンジャケット	**cazadora de plumas**	*f*	カサドラ デ プルマス

● 衣 服 ●

オーバーコート	**abrigo**	*m*	アブリゴ
レインコート	**gabardina**	*f*	ガバルディナ
タキシード	**esmoquin**	*m*	エスモキン
正装する	**vestirse de gala**		ベスティールセ デ ガラ
喪服	**ropa de luto**	*f*	ロパ デ ルト
制服	**uniforme**	*m*	ウニフォルメ
水着	**bañador**	*m*	バニャドール
長袖	**manga larga**	*f*	マンガ ラルガ
半袖	**manga corta**	*f*	マンガ コルタ
ノースリーブ	**sin mangas**		シン マンガス
Vネック	**cuello de pico**	*m*	クエジョ デ ピコ
丸首	**cuello redondo**	*m*	クエジョ レドンド
タートルネック	**cuello vuelto**	*m*	クエジョ ブエルト

4章 ● 日常生活

〈関連単語〉

サイズ	talla *f* タジャ
ボタン	botón *m* ボトン
スナップ	automático *m* アウトマティコ
ファスナー	cremallera *f* クレマジェラ
ポケット	bolsillo *m* ボルシジョ

日常生活 [衣]
帽子・下着・履き物

つばのある帽子	**sombrero**	*m*	ソンブレロ
つばのない帽子	**gorro**	*m*	ゴロ
キャップ帽(野球帽)	**gorra**	*f*	ゴラ
ベレー帽	**boina**	*f*	ボイナ
下着	**ropa interior**	*f*	ロパ インテリオール
ランジェリー	**lencería**	*f*	レンセリーア
キャミソール	**camisola**	*f*	カミソラ
ペチコート	**enaguas**	*f pl*	エナグアス
スリップ	**combinación**	*f*	コンビナシオン
ブラジャー	**sujetador**	*m*	スヘタドール
ガードル	**faja**	*f*	ファハ
ショーツ	**braga**	*f*	ブラガ
ストッキング	**medias**	*f pl*	メディアス
タイツ	**mallas**	*f pl*	マジャス
靴下	**calcetines**	*m pl*	カルセティネス
肌着	**camiseta**	*f*	カミセタ
トランクス	**calzoncillos**	*m pl*	カルソンシージョス

● 帽子・下着・履き物 ●

ブリーフ	slip	m	スリップ
靴	zapatos	m pl	サパートス
ハイヒール	zapatos con tacón	m pl	サパートス コン タコン
サンダル	sandalias	f pl	サンダリアス
ビーチサンダル	sandalias para playa	f pl	サンダリアス パラ プラジャ
ブーツ	botas	f pl	ボタス
登山靴	botas de alpinista	f pl	ボタス デ アルピニスタ
レインシューズ	botas de goma	f pl	ボタス デ ゴマ
スニーカー	zapatillas de deporte	f pl	サパティージャス デ デポルテ
スリッパ	zapatillas	f pl	サパティージャス
靴を磨く	limpiar los zapatos		リンピアール ロス サパートス
靴磨き人	limpiabotas	m f	リンピアボタス
靴べら	calzador	m	カルサドール
靴を履く	ponerse los zapatos		ポネールセ ロス サパートス
靴を脱ぐ	quitarse los zapatos		キタールセ ロス サパートス

4章●日常生活

ポイント

● 靴は1足でも必ず左右セットなので、複数形です。

¿Puedo probarme las sandalias de color rojo?

赤いサンダルを履いてみていいですか？

日常生活 [衣]
小物① 身の回り品

身の回り品	**efectos personales**	m pl	エフェクトス ペルソナレス
ネクタイ	**corbata**	f	コルバータ
蝶ネクタイ	**pajarita**	f	パハリータ
ベルト	**cinturón**	m	シントゥロン
サスペンダー	**tirantes**	m pl	ティランテス
カフスボタン	**gemelos**	m pl	ヘメロス
タイバー	**alfiler de corbata**	m	アルフィレール デ コルバータ
タイタック	**pisacorbatas**	m	ピサコルバータス
ポケットチーフ	**pañuelo de adorno**	m	パニュエロ デ アドルノ
ハンカチ	**pañuelo**	m	パニュエロ
スカーフ	**pañuelo/fular**	m	パニュエロ／フラール
マフラー	**bufanda**	f	ブファンダ
ショール	**estola**	f	エストーラ
コンタクトレンズ	**lentillas**	f pl	レンティージャス
めがね	**gafas**	f pl	ガファス
サングラス	**gafas de sol**	f pl	ガファス デ ソル
めがねケース	**estuche de las gafas**	m	エストゥチェ デ ラス ガファス

● 小物① 身の回り品 ●

日本語	スペイン語	性	カタカナ
小物入れ（ポーチ）	**neceser**	m	ネセセール
手袋	**guantes**	m pl	グアンテス
傘	**paraguas**	m	パラグアス
日傘	**sombrilla**	f	ソンブリージャ
扇子	**abanico**	m	アバニコ
ステッキ	**bastón**	m	バストン
腕時計	**reloj de pulsera**	m	レロッ デ プルセーラ
万年筆	**estilográfica**	f	エスティログラフィカ
財布	**cartera**	f	カルテーラ
札入れ	**billetera**	f	ビジェテーラ
小銭入れ	**monedero**	m	モネデーロ
手帳	**agenda**	f	アヘンダ
キーホルダー	**llavero**	m	ジャベーロ
携帯電話	**teléfono móvil**	m	テレフォノ モビル
ハンドバッグ	**bolso**	m	ボルソ
ポシェット	**bolso pequeño**	m	ボルソ ペケーニョ
ショルダーバッグ	**bandolera**	f	バンドレーラ
リュックサック	**mochila**	f	モチラ
ブリーフケース（書類かばん）	**maletín**	m	マレティン

4章 ● 日常生活

日常生活 [衣]
小物② アクセサリー

日本語	スペイン語	性	カナ
アクセサリー	**accesorio**	m	アクセソリオ
イヤリング、ピアス	**pendientes**	m pl	ペンディエンテス
バレッタ	**pasador**	m	パサドール
ヘアピン	**horquilla**	f	オルキージャ
シニヨン	**moño**	m	モニョ
飾りぐし	**peineta**	f	ペイネータ
リボン	**lazo**	m	ラソ
チョーカー	**gargantilla**	f	ガルガンティージャ
ネックレス	**collar**	m	コジャール
チェーン（ネックレス）	**cadena**	f	カデナ
ペンダント	**colgante**	m	コルガンテ
ペンダントトップ	**dije**	m	ディヘ
ブローチ	**broche**	m	ブロチェ
コサージュ	**ramillete**	m	ラミジェーテ
腕輪	**brazalete**	m	ブラサレーテ
（鎖状）ブレスレット	**pulsera**	f	プルセーラ
（鎖状）アンクレット	**pulsera de tobillo**	f	プルセーラ デ トビージョ

124

● 小物② アクセサリー ●

指輪	**anillo**	m	アニージョ
宝石	**joya**	f	ホジャ
真珠	**perla**	f	ペルラ
金	**oro**	m	オロ
銀	**plata**	f	プラタ
プラチナ	**platino**	m	プラティーノ
ダイヤモンド	**diamante**	m	ディアマンテ
ルビー	**rubí**	m	ルビ
サファイア	**zafiro**	m	サフィーロ
エメラルド	**esmeralda**	f	エスメラルダ
アメジスト	**amatista**	f	アマティスタ
ガーネット	**granate**	m	グラナテ
トパーズ	**topacio**	m	トパシオ
オパール	**ópalo**	m	オパロ
トルコ石	**turquesa**	f	トゥルケサ
ラピスラズリ	**lapislázuli**	m	ラピスラスリ
珊瑚	**coral**	m	コラル
象牙	**marfil**	m	マルフィル
七宝	**esmalte**	m	エスマルテ

4章 ●日常生活

日常生活 [衣]
化粧・身じたくをする

化粧	**maquillaje**	*m*	マキジャヘ
化粧する	**maquillarse/ pintarse**		マキジャールセ／ ピンタールセ
化粧品	**cosméticos**	*m pl*	コスメティコス
日焼け止めクリーム	**crema de protección solar**	*f*	クレマ デ プロテクシオン ソラール
UVカット	**protección ultravioleta**	*f*	プロテクシオン ウルトラビオレータ
クレンジングクリーム	**crema desmaquilladora**	*f*	クレマ デスマキジャドーラ
保湿クリーム	**crema hidratante**	*f*	クレマ イドラタンテ
化粧水	**loción facial**	*f*	ロシオン ファシアル
乳液	**leche facial**	*f*	レチェ ファシアル
ファンデーション	**base**	*f*	バセ
パウダー	**polvo**	*m*	ポルボ
チークカラー	**colorete**	*m*	コロレーテ
リップクリーム	**crema de labios**	*f*	クレマ デ ラビオス
口紅	**pintalabios**	*m*	ピンタラビオス
アイブロウペンシル	**lápiz de cejas**	*m*	ラピス デ セハス
アイシャドウ	**sombra de ojos**	*f*	ソンブラ デ オホス
アイライナー	**delineador**	*m*	デリネアドール

● 化粧・身じたくをする ●

日本語	スペイン語	性	カナ
マスカラ	rímel	m	リメル
マニキュア	esmalte	m	エスマルテ
除光液	quitaesmalte	m	キタエスマルテ
つめ切り	cortaúñas	m	コルタウニャス
ハンドクリーム	crema de manos	f	クレマ デ マノス
綿棒	bastoncillo de algodón	m	バストンシージョ デ アルゴドン
ティッシュペーパー	kleenex	m	クリネクス
せっけん	jabón	m	ハボン
歯磨き粉	pasta de dientes	f	パスタ デ ディエンテス
歯ブラシ	cepillo de dientes	m	セピージョ デ ディエンテス
シェービングクリーム	espuma de afeitar	f	エスプーマ デ アフェイタール
アフターシェービングローション	loción afeitado	f	ロシオン アフェイタード
電気かみそり	maquinilla eléctrica	f	マキニージャ エレクトリカ
シャンプー	champú	m	チャンプ
トリートメント	suavizante para el cabello	m	スアビサンテ パラ エル カベージョ
くし	peine	m	ペイネ
整髪料、ワックス	fijador	m	フィハドール
香水	perfume	m	ペルフーメ
オーデコロン	agua de colonia	f	アグア デ コロニア

4章 ● 日常生活

日常生活 [食]
食事をする（レストランで）

飲食物	**comida y bebida**	f	コミーダ イ ベビーダ
食べ物	**alimento**	m	アリメント
食べる	**comer/tomar**		コメール／トマール
（水やアルコールを）飲む	**beber**		ベベール
（コーヒーや紅茶を）飲む	**tomar**		トマール
〜料理	**comida...**	f	コミーダ 〜
日本料理	**comida japonesa**	f	コミーダ ハポネサ
スペイン料理	**comida española**	f	コミーダ エスパニョーラ
予約	**reserva**	f	レセルバ
（レストランを）予約する	**reservar una mesa**		レセルバール ウナ メサ
禁煙席	**zona para no fumadores**	f	ソナ パラ ノ フマドーレス
喫煙席	**zona para fumadores**	f	ソナ パラ フマドーレス
メニュー	**menú/carta**	m/f	メヌ／カルタ
前菜	**entremeses**	m pl	エントレメセス
第1の皿 [1]	**primer plato**	m	プリメール プラト
第2の皿 [2]	**segundo plato**	m	セグンド プラト
デザート	**postre**	m	ポストレ

[1] スープや野菜料理　　[2] 肉や魚のメインディッシュ

● 食事をする（レストランで） ●

パン	**pan**	m	パン
果物	**fruta**	f	フルータ
飲み物	**bebida**	f	ベビーダ
ワインリスト	**carta de vinos**	f	カルタ デ ビノス
食前酒	**aperitivo**	m	アペリティーボ
（皿に盛った）料理	**plato**	m	プラト
おすすめ料理	**plato recomendado**	m	プラト レコメンダード
本日の定食	**menú del día**	m	メヌ デル ディア
おまかせコース	**degustación**	f	デグスタシオン
タパス（おつまみ）	**tapas**	f pl	タパス
ナプキン	**servilleta**	f	セルビジェータ
勘定	**cuenta**	f	クエンタ
チップ	**propina**	f	プロピーナ
領収書	**recibo**	m	レシーボ

― コラム ―

食事の前にかける言葉

スペイン語には、「いただきます」に相当する言葉がありません。ただし、食事をしている人、これからしようとしている人を目の前にしたら、¡Que aproveche! ケ アプロベチェ（ごゆっくり召し上がれ）と声をかけます。

日常生活[食]
味を表現する

●食べ物の味を表現する

味	sabor	m	サボール
おいしい	bueno(na)/rico(ca)		ブエノ(ナ)/リコ(カ)
味がない	soso(sa)		ソソ(サ)
甘い	dulce		ドゥルセ
ピリッとした	picante		ピカンテ
塩辛い	salado(da)		サラード(ダ)
味が濃い	fuerte		フエルテ
どろっとした	espeso(sa)		エスペソ(サ)
苦い	amargo(ga)		アマルゴ(ガ)
すっぱい	ácido(da)		アシド(ダ)
あっさりした、うすい	ligero(ra)		リヘーロ(ラ)
しつこい	pesado(da)		ペサード(ダ)
なめらかな	suave		スアーベ
素朴な	sencillo(lla)		センシージョ(ジャ)
洗練された	sofisticado(da)		ソフィスティカード(ダ)
独特の	típico(ca)		ティピコ(カ)
健康的な	sano(na)		サノ(ナ)

● 味を表現する

●ワインの味を表現する

日本語	スペイン語	性	カナ
ボディ（ワインのコク）	**cuerpo**	m	クエルポ
フルボディの*1	**con cuerpo**		コン クエルポ
ミディアムボディの*1	**de medio cuerpo**		デ メディオ クエルポ
レセルバ*2	**reserva**	f	レセルバ
クリアンサ*2	**crianza**	f	クリアンサ
香り	**aroma**	m	アロマ
かぐわしい（フルーティな）	**fragante**		フラガンテ
まろやかな	**redondo(da)**		レドンド(ダ)
熟成した	**maduro(ra)**		マドゥーロ(ラ)
熟成していない	**duro(ra)**		ドゥーロ(ラ)
若い	**fresco(ca)**		フレスコ(カ)
繊細な	**sutil**		スティル
バランスのよい	**armonioso**		アルモニオーソ
しっかりした	**firme**		フィルメ
アルコール度数	**grado de alcohol**	m	グラド デ アルコオル
原産地呼称	**denominación de origen**	f	デノミナシオン デ オリヘン

4章 ●日常生活

*1 ワインの「コク」は、アルコール分・醸造方法・熟成度によって違い、少ない順に「ライトボディ」「ミディアムボディ」「フルボディ」と表す。フルボディは渋みが多く、コクがある

*2 熟成期間によるワインの分類で、クリアンサは若く、レセルバのほうが熟成期間が長い

日常生活 [食]
飲食店・食料品店

日本語	スペイン語	性	読み
飲食店	casa de comidas	f	カサ デ コミーダス
レストラン	restaurante	m	レスタウランテ
食堂	comedor	m	コメドール
バル	bar	m	バル
カウンター	barra	f	バラ
カフェテリア	cafetería	f	カフェテリーア
テラス	terraza	f	テラサ
ビアホール	cervecería	f	セルベセリーア
居酒屋	mesón/taberna	m/f	メソン／タベルナ
チョコラーテ屋	chocolatería*1	f	チョコラテリーア
アイスクリーム屋	heladería	f	エラデリーア
オルチャータ屋	horchatería*2	f	オルチャテリーア
ピザ店	pizzería	f	ピセリーア
宅配ピザ	pizza a domicilio	f	ピサ ア ドミシリオ
ファーストフード	comida rápida	f	コミーダ ラピダ
テイクアウト	para llevar		パラ ジェバール
食料店	tienda de alimentos	f	ティエンダ デ アリメントス

● 飲食店・食料品店 ●

日本語	スペイン語	性	カナ
パン屋	**panadería**	f	パナデリーア
ケーキ屋	**pastelería**	f	パステレリーア
菓子店	**bombonería**	f	ボンボネリーア
八百屋	**verdulería**	f	ベルドゥレリーア
果物屋	**frutería**	f	フルテリーア
肉屋	**carnicería**	f	カルニセリーア
(ソーセージなどの)豚肉製品販売店	**charcutería**	f	チャルクテリーア
鶏肉店	**pollería**	f	ポジェリーア
魚屋	**pescadería**	f	ペスカデリーア
魚介類店	**marisquería**	f	マリスケリーア
卵店	**huevería**	f	ウエベリーア
チーズ店	**quesería**	f	ケセリーア
酒屋	**licorería**	f	リコレリーア

〈関連単語〉

シェフ	cocinero m コシネーロ	店主	dueño m ドゥエニョ
ウエイター	camarero m カマレーロ		
ウエイトレス	camarera f カマレーラ		
缶、缶詰	lata f ラタ		

*1 ココアを飲ませる店
*2 チュファスという植物の根から作る夏の飲み物を出す店

日常生活 [食]
料理名 ① おつまみ・スープ・サラダ・野菜料理

●おつまみ　tapas

日本語	スペイン語	性	読み
オリーブ	aceitunas	f pl	アセイトゥナス
スペイン風オムレツ	tortilla española	f	トルティージャ エスパニョーラ
ポテトフライ	patatas fritas	f pl	パタタス フリータス
ポテトのアリオリソース	patatas alioli	f pl	パタタス アリオリ
コロッケ	croqueta	f	クロケータ
ハム	jamón	m	ハモン
チョリソ	chorizo	m	チョリソ
モルシージャ（血詰めソーセージ）	morcilla	f	モルシージャ
マグロの塩漬け	mojama	f	モハマ
チーズ	queso	m	ケソ
ピンチョス	pincho	m	ピンチョ
エンパナーダ	empanada	f	エンパナーダ
パン・コン・トマテ	pan con tomate	m	パン コン トマテ

●スープ　sopas

日本語	スペイン語	性	読み
コンソメスープ	consomé	m	コンソメ
ポタージュ	potaje	m	ポタヘ
にんにくスープ	sopa de ajo	f	ソパ デ アホ
ガスパチョ	gazpacho	m	ガスパチョ

● 料理名① おつまみ・スープ・サラダ・野菜料理

魚介スープ	**sopa de mariscos**	f	ソパ デ マリスコス
みそ汁	**sopa de miso**	f	ソパ デ ミソ

● サラダ ensaladas

レタスサラダ	**ensalada de lechuga**	f	エンサラダ デ レチューガ
ポテトサラダ	**ensalada rusa**	f	エンサラダ ルサ
ミックスサラダ	**ensalada mixta**	f	エンサラダ ミクスタ
魚介の刻みサラダ	**salpicón de mariscos**	m	サルピコン デ マリスコス

● 野菜料理 platos de verduras

焼き野菜	**escalibada**	f	エスカリバーダ
マッシュルームのにんにく炒め	**champiñones al ajillo**	m pl	チャンピニオネス アル アヒージョ
ラマンチャ風野菜煮込み	**pisto manchego**	m	ピスト マンチェーゴ
なすの詰め物	**berenjenas rellenas**	f pl	ベレンヘナス レジェーナス
きゅうりの酢の物	**pepino en vinagre**	m	ペピーノ エン ビナグレ
ほうれんそうのごまあえ	**espinacas con salsa de sésamo**	f pl	エスピナカス コン サルサ デ セサモ

4章・日常生活

コラム

スペインのtapas

　ピンチョスは薄切りバゲットの上に肉や魚介、卵などをのせたひと口で食べられるおつまみ、エンパナーダはパイ皮に肉・魚・野菜を詰めて、オーブンで焼いたものです。パン・コン・トマテはパンにざく切りにしたトマトをなすりつけてオリーブ油と塩をかけたシンプルな食べ物で、カタルーニャ地方で朝食やおやつによく食べます。

日常生活［食］
料理名② メインディッシュ

●米料理　platos de arroz

日本語	スペイン語	性	カナ
パエリヤ	paella	f	パエジャ
イカスミのパエリヤ	arroz negro	m	アロス　ネグロ
パスタのパエリヤ	fideuá	f	フィデウア

●魚介料理　platos de pescado y mariscos

日本語	スペイン語	性	カナ
エビの鉄板焼き	gambas a la plancha	f pl	ガンバス　ア　ラ　プランチャ
エビの素揚げ	gambas fritas	f pl	ガンバス　フリータス
エビの衣揚げ	gambas rebozadas	f pl	ガンバス　レボサーダス
イカのリング揚げ	calamarcs fritos	m	カラマレス　フリートス
イワシの酢漬け	boquerones en vinagre	m pl	ボケロネス　エン　ビナグレ
ガリシア風タコ	pulpo a la gallega	m	プルポ　ア　ラ　ガジェーガ
シタビラメの甘酢漬け	escabeche de lenguado	m	エスカベチェ　デ　レングアド
イワシの串焼き	espeto de sardinas	m	エスペト　デ　サルディナス
クルマエビのマヨネーズソース	langostinos con mayonesa	m pl	ランゴスティノス　コン　マジョネサ
アサリの漁師風	almejas a la marinera	f pl	アルメハス　ア　ラ　マリネーラ
タラのピルピル	bacalao al pil pil	m	バカラオ　アル　ピル　ピル
タイの塩釜焼き	dorada a la sal	f	ドラーダ　ア　ラ　サル
煮魚	pescado cocido con salsa de soja	m	ペスカード　コシード　コン　サルサ　デ　ソハ

● 料理名② メインディッシュ ●

●肉料理　platos de carne

日本語	スペイン語	性	カナ
ビーフステーキ	bistec	m	ビステク
ローストビーフ	rosbif	m	ロスビフ
ローストチキン	pollo asado	m	ポジョ　アサード
肉だんご	albóndigas	f pl	アルボンディガス
マドリード風煮込み	cocido madrileño	m	コシード　マドリレーニョ
ガリシア風煮込み	caldo gallego	m	カルド　ガジェーゴ
子豚の丸焼き	cochinillo asado	m	コチニージョ　アサード
子羊のロースト	cordero asado	m	コルデロ　アサード
マドリード風牛の胃袋煮込み	callos a la madrileña	m pl	カジョス　ア　ラ　マドリレーニャ
子牛のカツレツ	escalope de ternera	m	エスカロペ　デ　テルネラ
カタルーニャ風ソーセージの煮込み	butifarra catalana	f	ブティファラ　カタラナ

コラム

さまざまなスペイン料理

　パエリヤは肉や魚介が入っているので、メイン料理として扱われます。最も有名なバレンシアのパエリヤ paella valenciana にはウサギ肉が入っており、魚介がたっぷり入ったシーフード・パエリヤ paella de mariscos も有名です。パスタのパエリヤはカタルーニャ地方でよく食べられます。

　bacalao al pil pil は、タラをオリーブ油で煮たバスク地方の代表料理で、タラのゼラチン質でオリーブ油が白濁するまでじっくりと煮ます。ピルピルとは、ピチピチと油がはねる様子を表現したものです。

日常生活 [食]
調理法

レシピ	receta	*f*	レセタ
洗う	lavar		ラバール
皮をむく	pelar		ペラール
切る	cortar		コルタール
薄切りにする	cortar en lonchas		コルタール エン ロンチャス
刻む	picar		ピカール
すりおろした	rallado(da)		ラジャード(ダ)
こねる	amasar		アマサール
混ぜる	mezclar		メスクラール
強く混ぜる、泡立てる	batir		バティール
ひっくり返す	dar la vuelta		ダール ラ ブエルタ
味をつける	sazonar		サソナール
適量・お好みで	al gusto		アル グスト
冷やす	enfriar		エンフリアール
温める	calentar		カレンタール
生の	crudo(da)		クルード(ダ)
蒸した	al vapor		アル バポール

● 調理法 ●

煮炊きした	cocido(da)/ guisado(da)	コシード(ダ)／ ギサード(ダ)
とろ火で煮た	estofado(da)	エストファード(ダ)
ローストした	asado(da)	アサード(ダ)
フライパンで焼いた	salteado(da)	サルテアード(ダ)
揚げた	frito(ta)	フリート(タ)
燻製にした	ahumado(da)	アウマード(ダ)
詰め物にした	relleno(na)	レジェーノ(ナ)
にんにく風味の	al ajillo	アル アヒージョ
鉄板焼きにした	a la plancha	ア ラ プランチャ
網焼きの	a la parrilla	ア ラ パリージャ
オーブンで焼いた	al horno	アル オルノ
炭焼きした	a la brasa	ア ラ ブラサ
レア (肉の焼き具合)	poco hecho(cha)	ポコ エチョ(チャ)
ミディアム (肉の焼き具合)	medio hecho(cha)	メディオ エチョ(チャ)
ウェルダン (肉の焼き具合)	muy hecho(cha)	ムイ エチョ(チャ)
弱火で	a fuego lento	ア フエゴ レント
強火で	a fuego fuerte	ア フエゴ フエルテ
酢漬けにした	en vinagre	エン ビナグレ
甘酢漬け	escabeche	エスカベチェ

4章 ● 日常生活

日常生活 [食]
野　菜

野菜	**verdura**	f	ベルドゥラ
有機の	**orgánico(ca)**		オルガニコ(カ)
じゃがいも	**patata**	f	パタータ
さつまいも	**batata**	f	バタータ
たまねぎ	**cebolla**	f	セボージャ
トマト	**tomate**	m	トマテ
きゅうり	**pepino**	m	ペピーノ
にんじん	**zanahoria**	f	サナオリア
ビート	**remolacha**	f	レモラーチャ
レタス	**lechuga**	f	レチューガ
キャベツ	**repollo**	m	レポージョ
エンダイブ	**endibia**	f	エンディビア
ブロッコリー	**brócoli**	m	ブロコリ
カリフラワー	**coliflor**	f	コリフロール
アスパラガス	**espárrago**	m	エスパラゴ
ほうれんそう	**espinaca**	f	エスピナカ
ピーマン	**pimiento**	m	ピミエント

● 野 菜 ●

赤ピーマン	**pimiento rojo**	m	ピミエント ロホ
唐辛子	**pimiento picante**	m	ピミエント ピカンテ
なす	**berenjena**	f	ベレンヘナ
かぼちゃ	**calabaza**	f	カラバサ
ズッキーニ	**calabacín**	m	カラバシン
大根	**nabo**	m	ナボ
ラディッシュ	**rábano**	m	ラバノ
とうもろこし	**maíz**	m	マイース
セロリ	**apio**	m	アピオ
白菜	**col de China**	f	コル デ チナ
きのこ	**seta**	f	セタ
マッシュルーム	**champiñón**	m	チャンピニオン
トリュフ	**trufa**	f	トルファ
アボカド	**aguacate**	m	アグアカテ
アーティチョーク	**alcachofa**	f	アルカチョファ
にんにく	**ajo**	m	アホ
ねぎ	**puerro**	m	プエロ
エシャロット	**chalote**	m	チャローテ
パセリ	**perejil**	m	ペレヒル

4章 ● 日常生活

日常生活 [食]
肉

肉	carne	f	カルネ
牛肉	carne de ternera	f	カルネ デ テルネラ
サーロイン	solomillo	m	ソロミージョ
ヒレ	lomo	m	ロモ
リブロース	costilla	f	コスティージャ
テール	cola	f	コラ
舌、タン	lengua	f	レングア
レバー	hígado	m	イガド
豚肉	carne de cerdo	f	カルネ デ セルド
子豚肉	cochinillo	m	コチニージョ
ロース	chuleta	f	チュレータ
ひき肉	carne picada	f	カルネ ピカーダ
鶏肉	pollo	m	ポジョ
手羽	ala	f	アラ
モモ	muslo	m	ムスロ
胸	pechuga	f	ペチューガ
モツ	menudillo	m	メヌディジョ

● 肉 ●

子羊肉	**cordero**	m	コルデーロ
ウサギ	**conejo**	m	コネホ
シカ	**ciervo**	m	シエルボ
ウズラ	**perdiz**	m	ペルディス
シチメンチョウ	**pavo**	m	パボ
ハム	**jamón**	m	ハモン
腸詰（総称）	**embutido**	m	エンブティード
ソーセージ	**salchicha**	f	サルチチャ
チョリソ	**chorizo**	m	チョリソ

4章 ● 日常生活

〈関連単語〉

切り身	filete *m* フィレテ
輪切り	rodaja *f* ロダハ
ぶつ切りの一片	trozo *m* トロソ
ぶつ切りにする	cortar en trozos コルタール エン トロソス
薄切りにする	cortar en lonchas コルタール エン ロンチャス

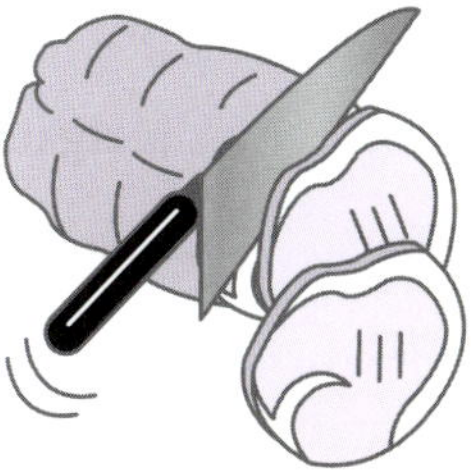

143

日常生活 [食]
魚介類

日本語	スペイン語	性	カナ
（食用の）魚※	**pescado**	m	ペスカード
魚介類	**marisco**	m	マリスコ
アジ	**jurel**	m	フレル
アンコウ	**rape**	m	ラペ
イワシ	**sardina**	f	サルディナ
カタクチイワシ	**boquerón**	m	ボケロン
カツオ	**bonito**	m	ボニート
カレイ	**rodaballo**	m	ロダバージョ
クロダイ	**dorada**	f	ドラーダ
サバ	**caballa**	f	カバージャ
タイ	**besugo**	m	ベスーゴ
タラ	**bacalao**	m	バカラオ
メカジキ	**pez espada**	m	ペス エスパーダ
ヒラメ	**lenguado**	m	レングアード
スズキ	**lubina**	f	ルビーナ
マグロ	**atún**	m	アトゥン

※泳いでいる魚はpezという（p.272参照）

● 魚介類 ●

日本語	スペイン語	性	読み
メルルーサ (タラに似た魚)	**merluza**	f	メルルーサ
銀ムツ	**mero**	m	メロ
タコ	**pulpo**	m	プルポ
ヤリイカ	**calamar**	m	カラマール
大正エビ	**camarón**	m	カマロン
ロブスター	**langosta**	f	ランゴスタ
カニ	**cangrejo**	m	カングレホ
(アサリなどの)二枚貝	**almeja**	f	アルメハ
アワビ	**oreja de mar**	f	オレハ デ マル
ウニ	**erizo de mar**	m	エリソ デ マル
ムール貝	**mejillón**	m	メヒジョン
カキ	**ostra**	f	オストラ
ホタテ貝	**vieira**	f	ビエイラ

4章 ●日常生活

〈関連単語〉

白身魚	pescado blanco m ペスカード ブランコ
青魚	pescado azul m ペスカード アスル
冷凍でない	fresco(ca) フレスコ (カ)
冷凍の	congelado(da) コンヘラード (ダ)
うろこを落とす	escamar エスカマール

日常生活[食]
豆・卵・乳製品

豆類	**legumbre**	f	レグンブレ
インゲン豆	**judía/alubia**	f	フディア／アルビア
レンズ豆	**lenteja**	f	レンテハ
ひよこ豆	**garbanzo**	m	ガルバンソ
グリーンピース	**guisante**	m	ギサンテ
大豆	**soja**	f	ソハ
そら豆	**haba**	f	アバ
カカオ豆	**cacao**	m	カカオ
豆乳	**leche de soja**	f	レチェ デ ソハ
卵	**huevo**	m	ウエボ
1ダース	**una docena**	f	ウナ ドセナ
半ダース	**media docena**	f	メディア ドセナ
黄身	**yema**	f	ジェマ
白身	**clara**	f	クラーラ
卵のから	**cascarón**	m	カスカロン
魚の卵	**huevas**	f pl	ウエバス
乳製品	**producto lácteo**	m	プロドゥクト ラクテオ

146

● 豆・卵・乳製品 ●

牛乳	**leche**	f	レチェ
生クリーム	**nata**	f	ナタ
バター	**mantequilla**	f	マンテキージャ
マーガリン	**margarina**	f	マルガリーナ
チーズ	**queso**	m	ケソ
アイスクリーム	**helado**	m	エラード
ヨーグルト	**yogur**	m	ジョグール
ナチュラルヨーグルト	**yogur natural**	m	ジョグール ナトゥラル
無糖	**sin azúcar**		シン アスカル
加糖	**con azúcar**		コン アスカル
プリン	**flan**	m	フラン

4章 日常生活

〈関連単語〉

牛のチーズ	queso de vaca m ケソ デ バカ
羊のチーズ	queso de oveja m ケソ デ オベハ
ヤギのチーズ	queso de cabra m ケソ デ カブラ
ハードチーズ	queso duro m ケソ ドゥロ
ソフトチーズ	queso blando m ケソ ブランコ
スモークチーズ	queso ahumado m ケソ アウマード
すりおろしチーズ	queso rallado m ケソ ラジャード

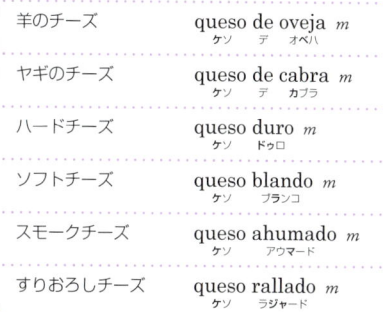

日常生活 [食]
果　物

りんご	**manzana**	f	マンサーナ
なし	**pera japonesa**	f	ペラ ハポネサ
洋なし	**pera**	f	ペラ
かりん	**membrillo**	m	メンブリージョ
びわ	**níspero**	m	ニスペロ
オレンジ	**naranja**	f	ナランハ
みかん	**mandarina**	f	マンダリーナ
グレープフルーツ	**pomelo**	m	ポメロ
レモン	**limón**	m	リモン
ライム	**lima**	f	リマ
桃	**melocotón**	m	メロコトン
メロン	**melón**	m	メロン
プラム、梅	**ciruela**	f	シルエラ
あんず	**albaricoque**	m	アルバリコケ
さくらんぼ	**cereza**	f	セレサ
ぶどう	**uva**	f	ウバ
ブルーベリー	**arándano**	m	アランダノ

果物

ラズベリー	**mora**	f	モラ
いちご	**fresa**	f	フレサ
ざくろ	**granada**	f	グラナダ
いちじく	**higo**	m	イゴ
バナナ	**plátano**	m	プラタノ
パイナップル	**piña**	f	ピニャ
ココナッツ	**coco**	m	ココ
マンゴー	**mango**	m	マンゴ
パパイヤ	**papaya**	f	パパジャ
パッションフルーツ	**maracuyá**	f	マラクジャ
キウイフルーツ	**kiwi**	m	キウィ
柿	**caqui**	m	カキ
チェリモヤ	**chirimoya**	f	チリモジャ
すいか	**sandía**	f	サンディア
栗	**castaña**	f	カスタニャ
くるみ	**nuez**	f	ヌエス
(果物の) 皮	**piel**	f	ピエル
(果物の) 種	**hueso**	m	ウエソ
(果実の) から	**cáscara**	f	カスカラ

4章 日常生活

日常生活 [食]
パン・菓子・デザート

パン	**pan**	*m*	パン
バゲット	**barra/pistola**	*f*	バラ／ピストラ
食パン	**pan de molde**	*m*	パン デ モルデ
トースト	**tostada**	*f*	トスターダ
ジャム、マーマレード	**mermelada**	*f*	メルメラーダ
ボカディジョ（スペイン風サンドイッチ）	**bocadillo**	*m*	ボカディジョ
クロワッサン	**cruasán**	*m*	クルアサン
マドレーヌ	**magdalena**	*f*	マグダレナ
カステラ	**bizcocho**	*m*	ビスコチョ
ドーナツ	**rosquilla**	*f*	ロスキージャ
チュロス	**churro**	*m*	チューロ
ビスケット	**galleta**	*f*	ガジェタ
キャラメル	**caramelo**	*m*	カラメロ
ガム	**chicle**	*m*	チクレ
チョコレート	**chocolate**	*m*	チョコラーテ
ボンボン	**bombones**	*m pl*	ボンボネス
ゼリー	**gelatina**	*f*	ヘラティナ

● パン・菓子・デザート ●

トゥロン	**turrón**	m	トゥロン
マジパン	**mazapán**	m	マサパン
ポルボロン	**polvorón**	m	ポルボロン
アイスクリーム	**helado**	m	エラード
シャーベット	**sorbete**	m	ソルベテ
ケーキ（総称）	**pastel**	m	パステル
ホールケーキ	**tarta**	f	タルタ
リング状パウンドケーキ	**roscón**	m	ロスコン
パイ	**torta**	f	トルタ
焼きりんご	**manzana asada**	f	マンサナ アサーダ
プリン	**flan**	m	フラン
カスタードクリーム	**natillas**	f pl	ナティジャス
カタルーニャ風カスタード	**crema catalana**	f	クレマ カタラナ
アロス・コン・レチェ（ごはんのミルク煮）	**arroz con leche**	m	アロス コン レチェ

コラム

クリスマスのお菓子

　トゥロン・マジパン・ポルボロンは、クリスマスの伝統的なお菓子です。トゥロンには、アーモンドを蜂蜜とメレンゲで固めたハードタイプと、アーモンドの粉と卵黄を練ったソフトタイプがあります。アーモンドの粉を練ったマジパンはあんこのような食感で、小麦粉・砂糖・バターでできたポルボロンは、食べるとほろほろと崩れます。

4章● 日常生活

日常生活 [食]
飲み物

飲み物	**bebida**	f	ベビーダ
水	**agua**	f	アグア
ガス入りの水	**agua con gas**	f	アグア コン ガス
ガスなしの水	**agua sin gas**	f	アグア シン ガス
炭酸水	**gaseosa**	f	ガセオサ
ミルク	**leche**	f	レチェ
コーヒー	**café**	m	カフェ
カフェオレ	**café con leche**	m	カフェ コン レチェ
紅茶	**té**	m	テ
ハーブティー	**infusión**	f	インフシオン
チョコレート飲料	**chocolate**	m	チョコラーテ
ジュース	**zumo**	m	スモ
オレンジジュース	**zumo de naranja**	m	スモ デ ナランハ
レモネード	**limonada**	f	リモナーダ
オルチャータ*	**horchata**	f	オルチャータ
りんご酒	**sidra**	f	シドラ
生ビール	**caña**	f	カーニャ

＊ p.132参照

● 飲み物 ●

日本語	スペイン語	性	読み
ビール	**cerveza**	f	セルベサ
ワイン	**vino**	m	ビノ
赤ワイン	**vino tinto**	m	ビノ ティント
白ワイン	**vino blanco**	m	ビノ ブランコ
ロゼワイン	**vino rosado**	m	ビノ ロサード
ハウスワイン	**vino de la casa**	m	ビノ デ ラ カサ
サングリア	**sangría**	f	サングリーア
発泡ワイン	**vino espumante**	m	ビノ エスプマンテ
シャンパン	**champán**	m	チャンパン
カバ	**cava**	m	カバ
シェリー酒	**jerez**	m	ヘレス
蒸留酒	**aguardiente**	m	アグアルディエンテ
ラム酒	**ron**	m	ロン
ウイスキー	**whisky**	m	ウィスキ
カクテル	**cóctel**	m	コクテル

〈関連単語〉

水割りで	con agua	コン アグア
ロックで	con hielo	コン イエロ
ストレートで	solo	ソロ

4章 ● 日常生活

日常生活[食]
調味料・香辛料

調味料	**condimento**	m	コンディメント
砂糖	**azúcar**	m	アスカル
砂糖入れ	**azucarero**	m	アスカレーロ
塩	**sal**	f	サル
塩入れ	**salero**	m	サレーロ
こしょう	**pimienta**	f	ピミエンタ
油	**aceite**	m	アセイテ
オリーブ油	**aceite de oliva**	m	アセイテ デ オリーバ
ごま	**sésamo**	m	セサモ
ごま油	**aceite de sésamo**	m	アセイテ デ セサモ
ソース	**salsa**	f	サルサ
しょうゆ	**salsa de soja**	f	サルサ デ ソハ
みそ	**pasta de soja**	f	パスタ デ ソハ
マスタード	**mostaza**	f	モスタサ
香辛料	**especia**	f	エスペシア
白こしょう	**pimienta blanca**	f	ピミエンタ ブランカ
黒こしょう	**pimienta negra**	f	ピミエンタ ネグラ

● 調味料・香辛料 ●

酢	**vinagre**	*m*	ビナグレ
サフラン	**azafrán**	*m*	アサフラン
にんにく	**ajo**	*m*	アホ
(にんにく)1かけ	**diente de ajo**	*m*	ディエンテ デ アホ
(にんにく)1玉	**cabeza de ajos**	*f*	カベサ デ アホス
しょうが	**jengibre**	*m*	ヘンヒブレ
唐辛子	**pimiento picante**	*m*	ピミエント ピカンテ
オレガノ	**orégano**	*m*	オレガノ
シナモン	**canela**	*f*	カネラ
バジル	**albahaca**	*f*	アルバアカ
ローリエ	**laurel**	*m*	ラウレル
ローズマリー	**romero**	*m*	ロメーロ
ハッカ	**menta**	*f*	メンタ
バニラ	**vainilla**	*f*	バイニージャ
セージ	**salvia**	*f*	サルビア
タイム	**tomillo**	*m*	トミージョ
ディル	**eneldo**	*m*	エネルド
コリアンダー	**cilantro**	*m*	シラントロ
ナツメグ	**nuez moscada**	*f*	ヌエス モスカーダ

4章 日常生活

日常生活［食］
食器・調理器具

食器	**vajilla**	*f*	バヒージャ
皿	**plato**	*m*	プラト
大皿	**fuente**	*f*	フエンテ
小皿	**platillo**	*m*	プラティジョ
スープ皿	**plato sopero**	*m*	プラト ソペロ
スプーン	**cuchara**	*f*	クチャーラ
フォーク	**tenedor**	*m*	テネドール
ナイフ	**cuchillo**	*m*	クチージョ
コップ	**vaso**	*m*	バソ
（ビール用）細身のコップ	**caña**	*f*	カーニャ
グラス	**copa**	*f*	コパ
シャンパングラス	**copa de champán**	*f*	コパ デ チャンパン
コーヒー（紅茶）茶わん	**taza**	*f*	タサ
水差し	**jarra**	*f*	ハラ
調理器具	**cacharro**	*m*	カチャーロ
鉢、ボウル	**bol**	*m*	ボル
両手なべ	**cacerola**	*f*	カセローラ

● 食器・調理器具 ●

片手なべ	**caldero**	m	カルデーロ
深なべ	**olla**	f	オジャ
土なべ	**cazuela**	f	カスエラ
パエリヤなべ	**paellera**	f	パエジェラ
圧力なべ	**olla a presión**	f	オジャ ア プレシオン
フライパン	**sartén**	f	サルテン
やかん	**tetera**	f	テテーラ
ざる	**cedazo**	m	セダソ
(なべなどの) ふた	**tapa/tapadera**	f	タパ/タパデラ
おたま	**cucharón/cazo**	m	クチャロン/カソ
フライ返し	**paleta**	f	パレタ
皮むき	**pelador**	m	ペラドール
缶切り	**abrelatas**	m	アブレラタス
栓抜き	**abrebotellas**	m	アブレボテージャス
ワインオープナー	**sacacorchos**	m	サカコルチョス
おろしがね	**rallador**	m	ラジャドール
まな板	**tabla de cocina**	f	タブラ デ コシーナ
コンロ	**cocina**	f	コシーナ
(台所の) 流し	**fregadero**	m	フレガデーロ

4章 ● 日常生活

日常生活 [住]
家の種類

建物、ビル	**edificio**	m	エディフィシオ
住居	**vivienda**	f	ビビエンダ
家	**casa**	f	カサ
ピソ	**piso**	m	ピソ
小型ピソ	**apartamento**	m	アパルタメント
ワンルーム	**estudio**	m	エストゥディオ
庭つき一軒家	**chalé**	m	チャレ
テラスハウス	**casa adosada**	f	カサ アドサーダ
コンドミニアム	**condominio**	m	コンドミニオ
別荘	**casa de campo**	f	カサ デ カンポ
農家	**casa de labranza**	f	カサ デ ラブランサ
邸宅	**mansión**	f	マンシオン
(首相などの)官邸	**residencia oficial**	f	レシデンシア オフィシアル
宮殿	**palacio**	m	パラシオ
城	**castillo**	m	カスティジョ
学生寮	**colegio mayor**	m	コレヒオ マジョール
老人ホーム	**residencia de ancianos**	f	レシデンシア デ アンシアーノス

158

● 家の種類

持ち家	**casa propia**	f	カサ プロピア
借家	**casa alquilada**	f	カサ アルキラーダ
平屋	**casa de una sola planta**	f	カサ デ ウナ ソラ プランタ
～階建て	**casa de... pisos**	f	カサ デ ～ ピソス
木造（石造）住宅	**casa de madera (de piedra)**	f	カサ デ マデラ（デ ピエドラ）
耐震の	**antisísmico(ca)**		アンティシスミコ(カ)
家具つきの	**amueblado(da)**		アムエブラード(ダ)
掘っ立て小屋	**chabola**	f	チャボラ
高層ビル	**rascacielos**	m	ラスカシエロス

コラム

スペイン人の住まい

都市部では、スペイン人はたいてい集合住宅の中の一区画であるpiso（ピソ）に住んでいます。不動産広告ではdormitorio ドルミトリオ（寝室）の数のほかに、exterior（通りに面したピソ）か、interior（中庭に面したピソ）かが表示されます。たとえば、Piso de dos dormitorios, exterior.（通りに面した2寝室のピソ）などとなります。

estudioはワンルーム形式のピソのことで、chaléは郊外やリゾート地にある一軒家です。リゾート地で多いのが、ピソのリゾートバージョンのcondominioと、2階建ての棟続きの住宅であるcasa adosadaです。

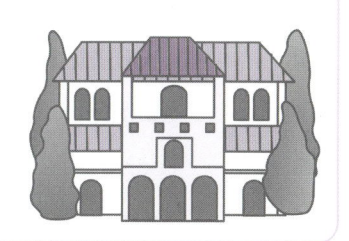

日常生活 [住]
家

フェンス	**valla**	*f*	バジャ
門	**puerta**	*f*	プエルタ
庭	**jardín**	*m*	ハルディン
芝生	**césped**	*m*	セスペッ
屋根	**tejado**	*m*	テハード
屋上	**azotea**	*f*	アソテア
煙突	**chimenea**	*f*	チメネア
ガレージ	**garaje**	*m*	ガラヘ
郵便受け	**buzón**	*m*	ブソン
外灯	**luz exterior**	*f*	ルス エステリオール
入口	**entrada**	*f*	エントラーダ
扉	**puerta**	*f*	プエルタ
玄関（外側）	**portal**	*m*	ポルタル
玄関（内側）	**recibidor**	*m*	レシビドール
廊下	**pasillo**	*m*	パシージョ
天井	**techo**	*m*	テチョ
壁	**pared**	*f*	パレッ

床	**suelo**	m	スエロ
柱	**pilar**	m	ピラール
階段	**escalera**	f	エスカレーラ
(階段の) 手すり	**pasamano**	m	パサマノ
踊り場	**rellano**	m	レジャーノ
エレベーター	**ascensor**	m	アセンソール
1階	**planta baja**	f	プランタ バハ
2階	**primer piso**	m	プリメール ピソ
中二階	**entresuelo**	m	エントレスエロ
地下室	**sótano**	m	ソタノ
窓	**ventana**	f	ベンターナ
天窓	**tragaluz**	m	トラガルス
よろい戸	**persiana**	f	ペルシアーナ
中庭	**patio**	m	パティオ
ベランダ	**balcón**	m	バルコン

〈関連単語〉

ドアノブ	tirador m ティラドール
呼び鈴	timbre m ティンブレ
インターホン	interfono m インテルフォノ

日常生活 [住]
部屋とその内部

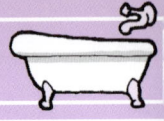

部屋	cuarto/habitación	m/f	クアルト／アビタシオン
居間	sala de estar	f	サラ デ エスタール
台所	cocina	f	コシーナ
ダイニング	comedor	m	コメドール
寝室	dormitorio	m	ドルミトリオ
書斎	despacho	m	デスパチョ
物置	trastero	m	トラステロ
クローゼット	guardarropa	m	グアルダロパ
(居住用)屋根裏部屋	buhardilla	f	ブアルディジャ
(物置用)屋根裏部屋	desván	m	デスバン
トイレ	servicio	m	セルビシオ
便器	inodoro	m	イノドロ
便座	taza de inodoro	m	タサ デ イノドロ
排水管	tubo	m	トゥボ
浴室	cuarto de baño	m	クアルト デ バーニョ
浴槽	bañera	f	バニェラ
シャワー	ducha	f	ドゥチャ

● 部屋とその内部 ●

洗面台	**lavabo**	m	ラバーボ
タオルハンガー	**toallero**	m	トアジェロ
鏡	**espejo**	m	エスペホ
(台所の)流し	**fregadero**	m	フレガデーロ
水道の蛇口	**grifo**	m	グリフォ
蛍光灯	**lámpara fluorescente**	f	ランパラ フルオレスセンテ
電球	**bombilla**	f	ボンビジャ
スイッチ	**interruptor**	m	インテルプトール
コンセント	**enchufe**	m	エンチュフェ
ヒューズ	**fusible**	m	フシーブレ
(ガスや電気の)メーター	**contador**	m	コンタドール
体重計	**báscula**	f	バスクラ

4章●日常生活

〈関連単語〉

ドライバー	destornillador m デストルニジャドール
ねじ釘	tornillo m トルニージョ
かなづち	martillo m マルティジョ
釘	clavo m クラボ
釘抜き	desclavador m デスクラバドール
懐中電灯	linterna f リンテルナ

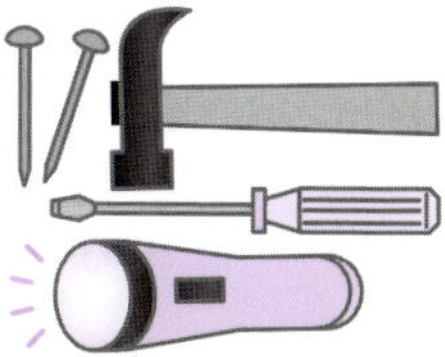

日常生活 [住]
家具・インテリア

家具	**mueble**	m	ムエブレ
組立式の	**desmontable**		デスモンタブレ
コーナー家具	**rinconera**	f	リンコネーラ
食卓、テーブル	**mesa**	f	メサ
食器戸棚	**aparador**	m	アパラドール
椅子	**silla**	f	シジャ
ソファー	**sofá**	m	ソファ
ひじ掛け椅子	**sillón**	m	シジョン
ロッキングチェア	**mecedora**	f	メセドーラ
ガラスの飾り棚	**vitrina**	f	ビトリーナ
棚、本棚	**estante**	m	エスタンテ
戸棚、ロッカー	**armario**	m	アルマリオ
洋服ダンス	**ropero**	m	ロペロ
チェスト	**cómoda**	f	コモダ
引き出し式の整理だんす	**cajonera**	f	カホネラ
引き出し	**cajón**	m	カホン
書き物机	**escritorio**	m	エスクリトリオ

● 家具・インテリア ●

日本語	スペイン語	性	カタカナ
靴箱	zapatero	m	サパテロ
傘立て	paragüero	m	パラグェロ
コート掛け	perchero	m	ペルチェロ
くずかご	papelera	f	パペレラ
インテリア	decoración de interiores	f	デコラシオン デ インテリオーレス
カーテン	cortina	f	コルティナ
ブラインド	persiana veneciana	f	ペルシアーナ ベネシアーナ
ロールスクリーン	persiana enrollable	f	ペルシアーナ エンロジャブレ
カーペット	alfombra	f	アルフォンブラ
(敷き込み)カーペット	moqueta	f	モケタ
壁掛け	tapiz	m	タピス
クッション	cojín	m	コヒン
シャンデリア	araña	f	アラーニャ
ランプ	lámpara	f	ランパラ
陶器	cerámica	f	セラミカ
置き時計	reloj	m	レロッ
(額入り) 絵画	cuadro	m	クアドロ
花びん	florero	m	フロレーロ
灰皿	cenicero	m	セニセロ

4章 ● 日常生活

日常生活 [住]
寝具

寝具	ropa de cama	f	ロパ デ カマ
ナイトテーブル	mesilla	f	メシージャ
ベッド	cama	f	カマ
シングルベッド	cama individual	f	カマ インディビドゥアル
ダブルベッド	cama de matrimonio	f	カマ デ マトリモニオ
ソファーベッド	sofá cama	m	ソファ カマ
ベビーベッド	cuna	f	クーナ
ベッドの頭板	cabecera	f	カベセラ
マットレスを置く台	somier	m	ソミエル
マットレス	colchón de muelles	m	コルチョン デ ムエジェス
ふとん	futón	m	フトン
シーツ	sábana	f	サバナ
掛けぶとん	edredón	m	エドレドン
ベッドカバー	colcha	f	コルチャ
毛布	manta	f	マンタ
ベッドパッド	funda de colchón	f	フンダ デ コルチョン
長枕	cabezal	m	カベサル

● 寝 具 ●

枕	**almohada**	f	アルモアダ
枕カバー	**funda de almohada**	f	フンダ デ アルモアダ
蚊帳(かや)	**mosquitero**	m	モスキテーロ
目覚まし時計	**despertador**	m	デスペルタドール
バスローブ	**albornoz**	m	アルボルノス
パジャマ	**pijama**	m	ピハマ
ネグリジェ	**camisón**	m	カミソン
ガウン	**bata**	f	バタ
ナイトキャップ	**gorro de dormir**	m	ゴロ デ ドルミール
湯たんぽ	**calentador**	m	カレンタドール

〈関連単語〉

うつぶせに	boca abajo ボカ アバホ
上向きに	boca arriba ボカ アリーバ
寝返りをうつ	darse la vuelta ダールセ ラ ブエルタ
いびき	ronquidos m, pl ロンキードス
いびきをかく	roncar ロンカール
夢	sueño m スエニョ
アロマキャンドル	vela aromática f ベラ アロマティカ
香	incienso m インシエンソ

4章 ● 日常生活

日常生活 [住]
家電製品

家電製品	electrodoméstico	m	エレクトロドメスティコ
掃除機	aspirador	m	アスピラドール
洗濯機	lavadora	f	ラバドーラ
洗濯乾燥機	lavasecadora	f	ラバセカドーラ
乾燥機	secadora	f	セカドーラ
テレビ	televisor/televisión	m/f	テレビソール／テレビシオン
ラジオ	radio	f	ラディオ
ビデオデッキ	vídeo	m	ビデオ
ビデオカメラ	videocámara	f	ビデオカマラ
デジタルカメラ	cámara digital	f	カマラ ディヒタル
AV機器	aparatos audiovisuales	m pl	アパラートス アウディオビスアレス
暖房器具	calefacción	f	カレファクシオン
ストーブ	estufa	f	エストゥファ
エアコン	aire acondicionado	m	アイレ アコンディシオナード
扇風機	ventilador	m	ベンティラドール
加湿器	humidificador	m	ウミディフィカドール
除湿機	extractor de humedad	m	エストラクトール デ ウメダッ

● 家電製品 ●

日本語	スペイン語	性	読み
空気清浄機	**depurador**	m	デプラドール
冷蔵庫	**frigorífico/nevera**	m/f	フリゴリフィコ/ネベラ
炊飯器	**olla arrocera**	f	オジャ アロセラ
コンロ	**cocina**	f	コシーナ
電磁(IH)調理器	**cocina de vitrocerámica**	f	コシーナ デ ビトロセラミカ
電子レンジ	**microondas**	m	ミクロオンダス
オーブン	**horno**	m	オルノ
食器洗い機	**lavavajillas**	m	ラババヒージャス
浄水器	**purificador de agua**	m	プリフィカドール デ アグア
ミキサー	**batidora**	f	バティドーラ
ジューサー	**licuadora**	f	リクアドーラ
ヘアドライヤー	**secador**	m	セカドール
アイロン	**plancha**	f	プランチャ

〈関連単語〉

リモコン	mando a distancia m	マンド ア ディスタンシア
電池	pila f	ピラ
バッテリー	batería f	バテリーア
電圧	tensión f	テンシオン
ボルト	voltio m	ボルティオ

4章 ● 日常生活

日常生活 [住]
掃除

掃除機	**aspirador**	m	アスピラドール
掃除機をかける	**pasar el aspirador**		パサール エル アスピラドール
ほうき	**escoba**	f	エスコバ
ちりとり	**recogedor**	m	レコヘドール
羽ぼうき	**plumero**	m	プルメーロ
モップ	**fregona**	f	フレゴナ
バケツ	**cubo**	m	クボ
ゴム手袋	**guantes de goma**	m pl	グアンテス デ ゴマ
ホース	**manguera**	f	マンゲラ
芝刈り機	**cortacésped**	m	コルタセスペッ
足台(スツール)	**taburete**	m	タブレテ
脚立	**escalerilla**	f	エスカレリージャ
雑巾	**bayeta**	f	バジェタ
漂白剤	**lejía**	f	レヒーア
洗剤（粉末）	**detergente**	m	デテルヘンテ
食器洗い用洗剤	**lavavajillas**	m	ラババヒージャス
食器洗い用スポンジ	**estropajo**	m	エストロパホ

170

● 掃 除 ●

スポンジ	**esponja**	f	エスポンハ
スプレー	**pulverizador**	m	プルベリサドール
液体の	**líquido(da)**		リキド
固形の	**sólido(da)**		ソリド(ダ)
粉末の	**en polvo**		エン ポルボ
カビ	**moho**	m	モオ
抗菌の	**antibacteriano(na)**		アンティバクテリアーノ(ナ)
漂白	**blanqueo**	m	ブランケオ
漂白する	**blanquear**		ブランケアール
しみ、汚れ	**mancha**	f	マンチャ
ごみ	**basura**	f	バスーラ
汚れた	**sucio(a)**		スシオ(ア)
ワックス	**cera**	f	セラ
床にワックスをかける	**encerar**		エンセラール
(ほうきなどで)はく	**barrer**		バレール
ふく	**limpiar**		リンピアール
(車などを)洗う	**lavar**		ラバール
(ブラシで)磨く	**cepillar**		セピジャール
(なべ・かまを)磨く	**sacar brillo a...**		サカール ブリジョア ～

4章 ● 日常生活

日常生活 [住]
転居・引っ越し

転居する	mudarse		ムダールセ
転居先	nueva dirección	f	ヌエバ ディレクシオン
不動産屋	inmobiliaria	f	インモビリアリア
物件	inmueble	m	インムエブレ
不動産広告	anuncio de inmuebles	m	アヌンシオ デ インムエブレス
所有主	propietario(ria)	m/f	プロピエタリオ(リア)
賃貸人	alquilador(ra)	m/f	アルキラドール(ラ)
賃貸料	precio de alquiler	m	プレシオ デ アルキレール
広さ	superficie	f	スペルフィシエ
ガス代	gas	m	ガス
光熱費	luz	f	ルス
水道代	agua	f	アグア
契約書	contrato	m	コントラート
契約する	contratar		コントラタール
契約期間	duración del contrato	m	ドゥラシオン デル コントラート
保証金	fianza	f	フィアンサ
日付	fecha	f	フェチャ

● 転居・引っ越し ●

サイン	**firma**	f	フィルマ
サインする	**firmar**		フィルマール
住所	**domicilio**	m	ドミシリオ
転居届	**declaración de cambio de domicilio**	f	デクララシオン デ カンビオ デ ドミシリオ
住民登録する	**empadronar**		エンパドロナール
住民票	**certificado de residencia**	m	セルフィティカード デ レシデンシア
隣人	**vecino(na)**	m (f)	ベシーノ(ナ)
住民自治会	**comunidad de vecinos**	f	コムニダッ デ ベシーノス
引っ越し	**mudanza**	f	ムダンサ
ダンボール箱	**caja de cartón**	f	カハ デ カルトン
ガムテープ	**cinta adhesiva**	f	シンタ アデシーバ
ひも	**cordón**	m	コルドン
荷物	**paquete**	m	パケーテ
梱包する	**empaquetar**		エンパケタール
荷物を送る	**enviar paquetes**		エンビアール パケーテス
船便で	**por barco**		ポル バルコ
航空便で	**por avión**		ポル アビオン
宅配便	**mensajería**	f	メンサヘリーア
引っ越し業者	**empresa de mudanzas**	f	エンプレサ デ ムダンサス

4章 ● 日常生活

日常生活 [学ぶ]
学校①

学校	**escuela**	f	エスク**エ**ラ
公立の	**público(ca)**		**プ**ブリコ(カ)
私立の	**privado(da)**		プリ**バ**ード(ダ)
国立の	**estatal**		エスタ**タ**ル
幼稚園	**jardín de infancia**	m	ハル**ディ**ン デ インファ**ン**シア
保育園	**guardería**	f	グアルデ**リ**ーア
小学校	**escuela primaria**	f	エスク**エ**ラ プリ**マ**リア
中学校	**escuela secundaria**	f	エスク**エ**ラ セクン**ダ**リア
高等学校	**escuela secundaria superior**	f	エスク**エ**ラ セクン**ダ**リア スペリ**オ**ール
大学	**universidad**	f	ウニベルシ**ダ**ッ
大学院	**posgrado**	m	ポス**グ**ラード
語学学校	**academia de idiomas**	f	アカ**デ**ミア デ イディ**オ**マス
教育	**enseñanza**	f	エンセ**ニャ**ンサ
義務教育	**enseñanza obligatoria**	f	エンセ**ニャ**ンサ オブリガ**ト**リア
保護者	**padres**	m pl	**パ**ドレス
(先生に対して) 生徒	**alumno(na)**	m (f)	ア**ル**ムノ(ナ)
学生	**estudiante**	m f	エストゥディ**ア**ンテ

● 学校①

同級生	compañero(ra)	m/f	コンパニェロ(ラ)
大学院生	posgraduado(da)	m/f	ポスグラドゥアード(ダ)
校長	director(ra)	m/f	ディレクトール(ラ)
学長	rector(ra)	m/f	レクトール(ラ)
幼稚園・小学校の教師	maestro(ra)	m/f	マエストロ(ラ)
科目別の教師	profesor(ra)	m/f	プロフェソール(ラ)
担任	tutor(ra)	m/f	トゥトール(ラ)
学部	facultad	f	ファクルタッ
学科	departamento	m	デパルタメント
科目	asignatura	f	アシグナトゥーラ
専攻	especialidad	f	エスペシアリダッ
ゼミ	seminario	m	セミナリオ
論文	tesis	f	テシス
単位	crédito	m	クレディト
卒業論文	tesina	f	テシーナ

コラム

スペインの教育事情

スペインの義務教育は6歳から16歳までの10年間で、最初の6年間が日本の小学校に、12歳からの4年間が中学校に相当します。16歳からの2年間をbachilleratoと呼び、日本の高等学校に相当します。公立の高等学校は、特にinstitutoと呼ばれます。

日常生活 [学ぶ]
学校②

入学	entrada/ingreso	f/m	エントラーダ／イングレソ
入学する	entrar		エントラール
卒業	graduación	f	グラドゥアシオン
～を卒業する	graduarse en...		グラドゥアールセ エン ～
卒業証書	certificado de graduación	m	セルティフィカード デ グラドゥアシオン
資格	título	m	ティトゥロ
学士	licenciado(da)	m/f	リセンシアード(ダ)
修士	máster	m	マステル
博士	doctorado(da)	m/f	ドクトラード(ダ)
教科書	libro de texto	m	リブロ デ テクスト
教材	material didáctico	m	マテリアル ディダクティコ
試験	examen	m	エクサメン
成績	nota	f	ノタ
優	sobresaliente	m	ソブレサリエンテ
良	notable	m	ノターブレ
可	aprobado	m	アプロバード
入学願書	solicitud de admisión	f	ソリシトゥ デ アドミシオン

● 学校②

入学試験	examen de ingreso	m	エクサメン デ イングレソ
合格する	aprobar		アプロバール
入学手続きをする	matricularse		マトリクラールセ
授業	clase	f	クラセ
宿題	tarea/ deberes	f m,pl	タレア/ デベーレス
放課後	después de la clase		デスプエス デ ラ クラセ
クラブ	club	m	クルブ
休み時間	hora de recreo	f	オラ デ レクレオ
夏休み	vacaciones de verano	f pl	バカシオネス デ ベラーノ
勉強する	estudiar		エストゥディアール
ノートをとる	tomar notas		トマール ノタス
研究する	investigar		インベスティガール
落第する	suspender		ススペンデール
留年する	repetir curso		レペティール クルソ
教室	aula	f	アウラ
黒板	pizarra	f	ピサーラ
職員室	sala de profesores	f	サラ デ プロフェソーレス
講堂	aula magna	f	アウラ マグナ
体育館	gimnasio	m	ヒムナシオ

4章 ● 日常生活

日常生活 [学ぶ]
学科・教科

●小学校の教科

日本語	スペイン語	性	読み
算数	aritmética	f	アリトメティカ
国語	lengua	f	レングァ
理科	ciencias	f pl	シエンシアス
社会	sociedad	f	ソシエダッ
美術	bellas artes	f pl	ベジャス アルテス
音楽	música	f	ムシカ
体育	educación física	f	エドゥカシオン フィシカ

●専門的な学科

日本語	スペイン語	性	読み
自然科学	ciencias naturales	f pl	シエンシアス ナトゥラレス
数学	matemáticas	f pl	マテマティカス
物理学	física	f	フィシカ
化学	química	f	キミカ
生物学	biología	f	ビオロヒーア
医学	medicina	f	メディシーナ
薬学	farmacia	f	ファルマシア
工学	ingeniería	f	インヘニエリーア
建築学	arquitectura	f	アルキテクトゥーラ
天文学	astronomía	f	アストロノミーア

● 学科・教科 ●

地理	**geografía**	f	ヘオグラフィーア
社会科学	**ciencias sociales**	f pl	シエンシアス ソシアレス
法律学	**derecho**	m	デレーチョ
政治学	**ciencias políticas**	f pl	シエンシアス ポリティカス
経済学	**económicas**	f pl	エコノミカス
国際関係学	**relaciones internacionales**	f pl	レラシオネス インテルナシオナレス
経営学	**ciencias empresariales**	f pl	シエンシアス エンプレサリアレス
商学	**ciencias comerciales**	f pl	シエンシアス コメルシアレス
社会学	**sociología**	f	ソシオロヒーア
人類学	**antropología**	f	アントロポロヒーア
考古学	**arqueología**	f	アルケオロヒーア
情報科学	**informática**	f	インフォルマティカ
人文科学	**ciencias humanas**	f pl	シエンシアス ウマーナス
リベラルアーツ	**artes liberales**	m pl	アルテス リベラレス
史学	**historia**	f	イストリア
哲学	**filosofía**	f	フィロソフィーア
倫理	**ética**	f	エティカ
文学	**literatura**	f	リテラトゥーラ
言語学	**lingüística**	f	リングイスティカ
教育学	**pedagogía**	f	ペダゴヒーア

4章 ● 日常生活

日常生活 [働く]
オフィス用品・文具

電話	**teléfono**	m	テレフォノ
ファックス	**fax**	m	ファクス
パソコン	**ordenador**	m	オルデナドール
プリンター	**impresora**	f	インプレソーラ
スキャナー	**escáner**	m	エスカネル
コピー機	**fotocopiadora**	f	フォトコピアドーラ
コピー用紙	**papel para copiar**	m	パペル パラ コピアール
シュレッダー	**destructor de papel**	m	デストルクトール デ パペル
くずかご	**papelera**	f	パペレラ
机	**escritorio**	f	エスクリトリオ
引き出し	**cajón**	m	カホン
辞書	**diccionario**	m	ディクシオナリオ
百科辞典	**enciclopedia**	f	エンシクロペディア
書類かばん	**maletín**	m	マレティン
鉛筆	**lápiz**	m	ラピス
鉛筆削り	**sacapuntas**	m	サカプンタス
ボールペン	**bolígrafo**	m	ボリグラフォ

180

● オフィス用品・文具 ●

日本語	スペイン語	性	カナ
フェルトペン	rotulador	m	ロトゥラドール
ノート	cuaderno	m	クアデルノ
クリアファイル	carpeta transparente	f	カルペタ トランスパレンテ
消しゴム	goma	f	ゴマ
はさみ	tijeras	f pl	ティヘラス
のり	pegamento	m	ペガメント
ホチキス	grapadora	f	グラパドーラ
パンチ（穴あけ器）	perforadora	f	ペルフォラドーラ
計算機	calculadora	f	カルクラドーラ
クリップ	clip	m	クリップ
セロテープ	cinta adhesiva	f	シンタ アデシーバ
修正テープ	cinta para corrección	f	シンタ パラ コレクシオン
画びょう	chincheta	f	チンチェタ
定規	regla	f	レグラ
地球儀	globo terráqueo	m	グローボ テラケオ
便せん	papel de cartas	m	パペル デ カルタス
封筒	sobre	m	ソブレ
切手	sello	m	セジョ
付せん	nota de quita y pon	f	ノタ デ キタ イ ポン

4章 ● 日常生活

日常生活 [働く]
パソコン

日本語	スペイン語	性	カナ
パソコン	ordenador	m	オルデナドール
OS	sistema operativo	m	システマ オペラティボ
ハードディスク	disco duro	m	ディスコ ドゥロ
ソフト	software	m	ソフウェア
画面	pantalla	f	パンタージャ
キーボード	teclado	m	テクラード
USBメモリ	memoria USB	f	メモリア ウ エセ ベー
CD-ROM	CD ROM	m	セ デ ロム
マウス	ratón	m	ラトン
右（左）ボタン	botón derecho (izquierdo)	m	ボトン デレーチョ（イスキエルド）
（ダブル）クリックする	hacer (doble) clic		アセール（ドブレ）クリック
スクロールする	desplazar		デスプラサール
ドラッグする	arrastrar		アラストラール
カーソル	cursor	m	クルソール
カーソルを置く	apuntar		アプンタール
ウインドウ	ventana	f	ベンタナ
ファイル（文書）	archivo	m	アルチーボ

182

● パソコン ●

日本語	スペイン語	性	読み
フォルダ	carpeta	f	カルペタ
アイコン	icono	m	イコノ
編集	edición	f	エディシオン
表示	ver		ベール
書式	formato	m	フォルマート
ツール	herramienta	f	エラミエンタ
ツールバー	barra de herramientas	f	バラ デ エラミエンタス
ヘルプ	ayuda	f	アジュダ
データ	datos	m pl	ダトス
インストールする	instalar		インスタラール
保存する	reservar		レセルバール
コピーする	copiar		コピアール
切り取る	cortar		コルタール
貼りつける	pegar		ペガール
印刷する	imprimir		インプリミール
スタートボタン	botón de inicio	m	ボトン デ イニシオ
電源を切る	apagar		アパガール
ユーザー名	nombre de usuario	m	ノンブレ デ ウスアリオ
パスワード	contraseña/clave	f	コントラセーニャ／クラーベ

4章 ● 日常生活

日常生活 [働く]
インターネットとメール

日本語	スペイン語	性	読み
インターネット	internet	f	インテルネッ
ブラウザ	navegador	m	ナベガドール
検索エンジン	buscador	m	ブスカドール
プロバイダ	proveedor	m	プロベエドール
ホームページ	página web	f	パヒナ ウェブ
SNS(ソーシャルネットワークサービス)	Servicio de Red Social	m	セルビシオ デ レッ ソシアル
ダウンロードする	descargar		デスカルガール
リンク	enlace	m	エンラセ
検索する	buscar		ブスカール
お気に入り	favoritos	m pl	ファボリートス
接続する	conectar		コネクタール
画像	imagen	f	イマヘン
同意する	aceptar		アセプタール
キャンセルする	cancelar		カンセラール
選択する	seleccionar		セレクシオナール
更新	actualización	f	アクトゥアリサシオン
電子メール	correo electrónico	m	コレオ エレクトロニコ

184

● インターネットとメール ●

迷惑メール	**correo basura**	m	コレオ バスーラ
ウイルス	**virus informáticos**	m pl	ビルス インフォルマティコス
アドレス	**dirección**	f	ディレクシオン
@ (アットマーク)	**arroba**	f	アローバ
メッセージ	**mensaje**	m	メンサヘ
送信する	**enviar**		エンビアール
返信する	**responder**		レスポンデール
転送する	**reenviar**		レエンビアール
受信する	**recibir**		レシビール
削除する	**eliminar**		エリミナール
添付する	**adjuntar**		アドフンタール
アドレス帳	**libreta de direcciones**	f	リブレタ デ ディレクシオネス
受信トレイ	**bandeja de entrada**	f	バンデハ デ エントラーダ
送信トレイ	**bandeja de salida**	f	バンデハ デ サリーダ
送信者	**remitente**	m	レミテンテ
あて先	**para**		パラ
件名	**asunto**	m	アスント
CC	**CC (Con Copia)**		コン コピア
BCC	**CCO (Con Copia Oculta)**		コン コピア オクルタ

4章●日常生活

日常生活 [働く]
通勤・仕事

出勤する	ir al trabajo		イール アル トラバホ
電車で	en tren		エン トレン
地下鉄で	en metro		エン メトロ
車で	en coche		エン コチェ
自転車で	en bicicleta		エン ビシクレータ
渋滞	atasco	m	アタスコ
ラッシュアワー	horas punta	f pl	オラス プンタ
事故	accidente	m	アクシデンテ
電車の遅れ	retraso del tren	m	レトラソ デル トレン
定期券	pase	m	パセ
仕事	trabajo	m	トラバホ
在宅勤務	teletrabajo	m	テレトラバホ
在宅勤務者	teletrabajador(ra)	m (f)	テレトラバハドール(ラ)
作業、業務	tarea	f	タレア
ルーチンワーク	trabajo rutinario	m	トラバホ ルティナリオ
ビジネス	negocios	m pl	ネゴシオス
働き口	puesto de trabajo	m	プエスト デ トラバホ

● 通勤・仕事 ●

オフィス	**oficina**	f	オフィシーナ
仕事を探す	**buscar trabajo**		ブスカール トラバホ
就職する	**obtener un puesto de trabajo**		オブテネール ウン プエスト デ トラバホ
仕事を辞める	**dejar el trabajo**		デハール エル トラバホ
失業する	**perder el trabajo**		ペルデール エル トラバホ
失業中である	**estar sin trabajo**		エスタール シン トラバホ
失業者	**paro**	m/f	パロ
解雇	**despedido**	m	デスペディード
退職	**retiro**	m	レティーロ
辞任	**dimisión**	f	ディミシオン
定年退職	**jubilación**	f	フビラシオン
定年退職者	**jubilado(da)**	m/(f)	フビラード(ダ)
早期定年退職	**prejubilación**	f	プレフビラシオン

〈関連表現〉

お仕事は何ですか?

¿A qué se dedica Ud.?
ア ケ セ デディカ ウステッ

¿Cuál es su trabajo?
クアル エス ス トラバホ

弁護士です。

Soy abogado(da).
ソイ アボガド (ダ)

4章 ● 日常生活

日常生活 [働く]
会社・社員

会社	compañía/empresa	f	コンパニア／エンプレサ
株式会社	sociedad anónima ⟨S.A.⟩	f	ソシエダッ アノニマ
有限会社	sociedad limitada ⟨S.L.⟩	f	ソシエダッ リミターダ
本社	casa matriz	f	カサ マトリス
支社、支店	sucursal	f	スクルサル
子会社	filial	f	フィリアル
部	departamento	m	デパルタメント
課	sección	f	セクシオン
チーム	equipo	m	エキーポ
社長	presidente(ta)	m/f	プレシデンテ(タ)
代表取締役社長	director(ra) general	m/f	ディレクトール(ラ) ヘネラル
部長、課長	director(ra)	m/f	ディレクトール(ラ)
上司	jefe(fa)	m/f	ヘフェ(ファ)
部下	subordinado(da)	m/f	スボルディナード(ダ)
同僚	compañero(ra)	m/f	コンパニェーロ(ラ)
同じ役職の人	colega	m/f	コレーガ
会社員	empleado(da)	m/f	エンプレアード(ダ)

● 会社・社員 ●

雇う	**emplear**		エンプレアール
転勤	**traslado**	*m*	トラスラード
転勤する	**ser trasladado(da)**		セール トラスラダード(ダ)
出張	**viaje de negocios**	*m*	ビアヘ デ ネゴシオス
出張費	**gastos de viaje**	*m pl*	ガストス デ ビアヘ
出張手当	**dietas**	*f pl*	ディエタス
会議	**reunión**	*f*	レウニオン
会議に出席する	**asistir a una reunión**		アシスティール ア ウナ レウニオン
顧客	**cliente**	*m (f)*	クリエンテ
アポイントメント	**cita**	*f*	シタ
顧客を訪問する	**visitar al cliente**		ビシタール アル クリエンテ
名刺	**tarjeta**	*f*	タルヘタ
名刺を交換する	**intercambiar tarjetas**		インテルカンビアール タルヘタス

〈関連表現〉

- ● 転勤した職場での自己紹介

  Soy ○○, trasladado(da) de la sucursal de Osaka.
  ソイ　　　トラスラダード(ダ)　　デ ラ スクルサル　デ　オサカ

  大阪支店から転勤してきた○○です。

- ● 訪問先の受付で

  Tengo una cita con el Sr. ○○.
  テンゴ　ウナ　シタ　コン エル セニョール

  私は○○氏とのアポイントメントがあります。

日常生活［働く］
労働条件・労使関係

企業主	**empresario(a)**	m (f)	エンプレサリオ(ア)
労働者	**trabajador(ra)**	m (f)	トラバハドール(ラ)
労働条件	**condiciones laborales**	f pl	コンディシオネス ラボラレス
正社員	**trabajador(ra) fijo(ja)**	m (f)	トラバハドール(ラ) フィホ(ハ)
臨時社員	**trabajador(ra) temporal**	m (f)	トラバハドール(ラ) テンポラル
パートタイマー	**trabajador(ra) por horas**	m (f)	トラバハドール(ラ) ポル オラス
パートで、パートの	**a tiempo parcial**		ア ティエンポ パルシアル
交代制勤務	**trabajo en turnos**	m	トラバホ エン トゥルノス
勤務時間	**horas de trabajo**	f pl	オラス デ トラバホ
残業時間	**horas extras**	f pl	オラス エクストラス
休日	**día de descanso**	m	ディア デ デスカンソ
休暇	**vacaciones**	f pl	バカシオネス
休暇を願い出る	**pedir permiso**		ペディール ペルミソ
給料	**salario**	m	サラリオ
最低賃金	**salario mínimo**	m	サラリオ ミニモ
ボーナス	**bonificaciones**	f pl	ボニフィカシオネス
給与支払い	**pago de salario**	m	パゴ デ サラリオ

● 労働条件・労使関係 ●

日本語	スペイン語	性	カナ
年金	**pensión**	f	ペンシオン
保険	**seguro**	m	セグーロ
手当	**prestación**	f	プレスタシオン
退職金	**prestación por jubilación**	f	プレスタシオン ポル フビラシオン
出産手当	**prestación por maternidad**	f	プレスタシオン ポル マテルニダッ
出産休暇	baja de maternidad	f	バハ デ マテルニダッ
育児休暇	**permiso para el cuidado del bebé**	m	ペルミソ パラ エル クイダード デル ベベ
有給休暇	**vacaciones pagadas**	f, pl	バカシオネス パガーダス
男女平等	**igualdad entre hombres y mujeres**	f	イグアルダッ エントレ オンブレス イ ムヘーレス
労働争議	**conflicto laboral**	m	コンフリクト ラボラル
組合	**sindicato**	m	シンディカート
ストライキ	**huelga**	f	ウエルガ
ゼネスト	**huelga general**	f	ウエルガ ヘネラル
交渉する	**negociar**		ネゴシアール
要求する	**exigir**		エクシヒール
解雇する	**despedir**		デスペディール
合意	**acuerdo**	m	アクエルド
合意に達する	**llegar a un acuerdo**		ジェガール ア ウン アクエルド
労使協定	acuerdo entre empresarios y trabajadores	m	アクエルド エントレ エンプレサリオス イ トラバハドーレス

4章 ● 日常生活

コラム

会議に参加するときの表現

仕事などで会議 reunión に参加する場合には、自分の意見を論理的に話さなければなりません。結論を先に述べ、その理由を整理し、最後に結論を確認します。(「賛成と反対」は p.53)

● 意見と理由を述べる

私は〜だと思います。なぜなら〜　　Creo que..., porque...
　　　　　　　　　　　　　　　　　クレオ　ケ　　　ポルケ

私には〜のように思えます。なぜなら〜　Me parece que..., porque...
　　　　　　　　　　　　　　　　　　メ　パレセ　　ケ　　　ポルケ

● 理由や根拠を説明する

最初に〜、次に〜、最後に〜　Primero..., segundo..., y finalmente...
　　　　　　　　　　　　　プリメーロ　　　セグンド　　イ　フィナルメンテ

(スペインフェアの広告の色をどうするか、という設定で) 私は赤と黄色の組み合わせがいちばんよいと思います。なぜなら、まず赤は情熱を表します。2番目に赤と黄色のコントラストは目立ちます。最後にスペインの国旗の色だからです。

Creo que la combinación del color rojo y el amarillo es la
クレオ　ケ　ラ　コンビナシオン　デル　コロール　ロホ　イ　エル　アマリジョ　エス　ラ
mejor. Primero, porque el rojo transmite pasión. Segundo,
メホール　プリメーロ　ポルケ　エル　ロホ　トランスミテ　パシオン　　セグンド
porque el contraste de los dos colores llama la atención.
ポルケ　エル　コントラステ　デ　ロス　ドス　コローレス　ジャマ　ラ　アテンシオン
Finalmente porque son los colores de la bandera nacional
フィナルメンテ　　　　ポルケ　ソン　ロス　コローレス　デ　ラ　バンデラ　ナシオナル
de España.
デ　エスパーニャ

● ほかの言葉で言い換える

つまり　　　es decir
　　　　　エス　デシール

締め切りは2週間後、つまり5月15日です。
La fecha tope es dentro de dos semanas,
ラ　フェチャ　トペ　エス　デントロ　デ　ドス　セマーナス
es decir, el 15 de mayo.
エス　デシール　エル　キンセ　デ　マジョ

● 発言の許可を求める

発言していいですか？　¿Puedo decir algo?
　　　　　　　　　　プエド　デシール　アルゴ

192

5章

行動・趣味
・文化

行動・趣味・文化
飛行機で

空港	aeropuerto	m	アエロプエルト
飛行機	avión	m	アビオン
(飛行機の) 便	vuelo	m	ブエロ
国際便	vuelo internacional	m	ブエロ インテルナシオナル
国内便	vuelo nacional	m	ブエロ ナシオナル
〜行きの便	vuelo con destino a...	m	ブエロ コン デスティノ ア 〜
トランジット	tránsito	m	トランシト
案内所	información	f	インフォルマシオン
チェックインする	registrar		レヒストラール
カウンター	mostrador	m	モストラドール
機内持ち込み手荷物	equipaje de mano	m	エキパヘ デ マノ
セキュリティチェック	control de seguridad	m	コントロール デ セグリダッ
出入国審査(パスポート審査)	control de pasaporte	m	コントロール デ パサポルテ
税関	aduana	f	アドゥアナ
免税店	tienda libre de impuestos	f	ティエンダ リブレ デ インプエストス
搭乗ゲート	puerta de embarque	f	プエルタ デ エンバルケ
搭乗券	tarjeta de embarque	f	タルヘタ デ エンバルケ

194

日本語	スペイン語	性	カナ
座席	asiento	m	アシエント
窓側	asiento de ventana	m	アシエント デ ベンタナ
通路側	asiento de pasillo	m	アシエント デ パシージョ
非常口	salida de emergencia	f	サリーダ デ エメルヘンシア
救命胴衣	chaleco salvavidas	m	チャレコ サルバビダス
安全ベルト	cinturón de seguridad	m	シントゥロン デ セグリダッ
毛布	manta	f	マンタ
イヤホン	auricular	m	アウリクラール
テレビ画面	pantalla de televisión	f	パンタージャ デ テレビシオン
トイレ	servicio	m	セルビシオ
使用中	ocupado		オクパード
空き	libre		リブレ
機長	capitán	m	カピタン
客室乗務員	azafato(ta)	m/(f)	アサファト(タ)
乗客	pasajero(ra)	m/(f)	パサヘロ(ラ)

〈関連表現〉

申告すべきものをお持ちですか？
¿Tiene algo que declarar?
ティエネ アルゴ ケ デクララール

はい、あります。 Sí, tengo algunas cosas.
シィ テンゴ アルグーナス コサス

いいえ、ありません。 No, no tengo nada.
ノー ノ テンゴ ナダ

行動・趣味・文化
電車で

日本語	スペイン語	性	読み
駅	estación	f	エスタシオン
時刻表	horario	m	オラリオ
切符売り場	taquilla	f	タキージャ
乗車券	billete	m	ビジェテ
往復乗車券	billete de ida y vuelta	m	ビジェテ デ イーダ イ ブエルタ
往復割引	descuento de ida y vuelta	m	デスクエント デ イーダ イ ブエルタ
自動券売機	expendedor de billetes	m	エスペンデドール デ ビジェテス
コインロッカー	consigna	f	コンシグナ
改札口	control de billetes	m	コントロル デ ビジェテス
プラットホーム	andén	m	アンデン
電車、列車	tren	m	トレン
長距離列車	tren interurbano	m	トレン インテルウルバーノ
近郊列車	tren de cercanías	m	トレン デ セルカニーアス
新幹線 (スペイン)	Alta Velocidad Española 〈AVE〉	m	アルタ ベロシダッ エスパニョーラ 〈アベ〉
新幹線 (日本)	Tren Bala	m	トレン バラ
特急列車	tren expreso	m	トレン エスプレソ
普通列車	tren ómnibus	m	トレン オムニブス

● 電車で

〜行きの列車	tren con destino a...	m	トレン コン デスティノ ア 〜
乗り換え駅	estación de transbordo	f	エスタシオン デ トランスボルド
寝台車	coche cama	m	コチェ カマ
寝台	litera	f	リテーラ
車両	coche/vagón	m	コチェ／バゴン
食堂車	coche comedor	m	コチェ コメドール
1等車(スペイン)	clase preferente		クラセ プレフェレンテ
グリーン車(日本)	vagón de primera clase		バゴン デ プリメーラ クラセ
コンパートメント	compartimento	m	コンパルティメント
座席	asiento	m	アシエント
指定席	asiento reservado	m	アシエント レセルバード
自由席	asiento no reservado	m	アシエント ノ レセルバード
網棚	rejilla	f	レヒージャ
車掌	revisor(ra)	m(f)	レビソール(ラ)
運転手	conductor(ra)	m(f)	コンドゥクトール(ラ)

5章 行動・趣味・文化

《関連表現》

〜までどのくらいかかりますか？
¿Cuánto tiempo se tarda en llegar a...?
クアント ティエンポ セ タルダ エン ジェガール ア

(切符を見せて) 私の席はどこですか？
¿Dónde está mi asiento?
ドンデ エスタ ミ アシエント

行動・趣味・文化
バス・タクシーで

●バス　autobús

日本語	スペイン語	性	読み
長距離バス	autobús interurbano	m	アウトブス インテルウルバーノ
観光バス	autocar	m	アウトカル
マイクロバス	microbús	m	ミクロブス
巡回バス	autobús circular	m	アウトブス シルクラール
バスターミナル	estación de autobuses	f	エスタシオン デ アウトブセス
停留所	parada de autobús	f	パラーダ デ アウトブス
路線	línea	f	リネア
バス路線図	plano de autobuses	m	プラノ デ アウトブセス
バス料金	tarifa de autobuses	f	タリファ デ アウトブセス
乗車券	billete	m	ビジェテ
回数券	bono	m	ボノ
座席	asiento	m	アシエント
つり革	correa	f	コレア
運転手	conductor(ra)	m(f)	コンドゥクトール(ラ)
バス(タクシー)で行く	ir en autobús (taxi)		イール エン アウトブス (タクシ)
このバスは～へ行きますか？	¿Este autobús va a...?		エステ アウトブス バ ア～
～へ着いたら教えてもらえますか？	¿Podría avisarme cuando lleguemos a...?		ポドリーア アビサールメ クアンド ジェゲモス ア ～

●タクシー　taxi

日本語	スペイン語	性	カナ
無線タクシー	**radiotaxi**	m	ラディオタクシ
タクシー乗り場	**parada de taxis**	f	パラーダ デ タクシス
空車	**libre**		リブレ
メーター	**taxímetro**	m	タクシメトロ
休日料金	**tarifa de día festivo**	f	タリファ デ ディア フェスティボ
深夜料金	**tarifa nocturna**	f	タリファ ノクトゥルナ
待機料金	**tarifa de espera**	f	タリファ デ エスペラ
つり銭	**vuelta**	f	ブエルタ
タクシー運転手	**taxista**	m/f	タクシスタ
タクシーを拾う	**tomar un taxi**		トマール ウン タクシ
タクシーを呼ぶ	**llamar un taxi**		ジャマール ウン タクシ

〈関連表現〉 タクシーの運転手に

～へ行ってください。
　A..., por favor.
　　ア　　ポル ファボール

～までいくらかかりますか？
　¿Cuánto cuesta hasta...
　　クアント　クエスタ　アスタ

まっすぐ行ってください。
　Vaya todo recto, por favor.
　　バジャ トード レクト　ポル ファボール

右折（左折）してください。
　Gire a la derecha (izquierda), por favor.
　　ヒレ ア ラ デレチャ　イスキエルダ　　ポル ファボール

このあたりで停めてください。
　Pare por aquí, por favor.
　　パレ　ポル　アキ　　ポル ファボール

5章　行動・趣味・文化

行動・趣味・文化
車 で

日本語	スペイン語	性	読み
車	coche	m	コチェ
レンタカー	coche de alquiler	m	コチェ デ アルキレール
運転する	conducir		コンドゥシール
追い越す	adelantar		アデランタール
Uターンする	dar la vuelta		ダール ラ ブエルタ
ドライブする	pasear en coche		パセアール エン コチェ
車線	carril	m	カリル
追い越し車線	carril de adelantamiento	m	カリル デ アデランタミエント
幹線道路	carretera	f	カレテラ
国道	carretera nacional	f	カレテラ ナシオナル
高速道路（無料）	autovía	f	アウトビア
高速道路（有料）	autopista	f	アウトピスタ
入口	entrada	f	エントラーダ
出口	salida	f	サリーダ
インターチェンジ	empalme de carreteras	m	エンパルメ デ カレテラス
サービスエリア	área de servicio	f	アレア デ セルビシオ
有料道路料金	peaje	m	ペアヘ

● 車 で ●

ガソリンスタンド	estación de servicio	f	エスタシオン デ セルビシオ
ガソリン	gasolina	f	ガソリナ
満タンにしてください	Llene el depósito.		ジェネ エル デポシト
一方通行の	de dirección única		デ ディレクシオン ウニカ
(標識で)右折(左折)禁止	Prohibido girar a la derecha (izquierda)		プロイビード ヒラール ア ラ デレーチャ(イスキエルダ)
制限速度	velocidad máxima	f	ベロシダッ マクシマ
座席	asiento	m	アシエント
後部座席	asiento trasero	m	アシエント トラセーロ
パンク	pinchazo	m	ピンチャソ
駐車する	aparcar		アパルカール
駐車場	aparcamiento	m	アパルカミエント
運転免許証	carné de conducir	m	カルネ デ コンドゥシール
渋滞	atasco	m	アタスコ

5章 ● 行動・趣味・文化

〈関連単語〉

ハンドル	volante m	ボランテ
ブレーキ	freno m	フレノ
バックミラー	retrovisor m	レトロビソール
ワイパー	limpiaparabrisas m	リンピアパラブリサス
タイヤ	neumático m	ネウマティコ

行動・趣味・文化
乗り物

乗り物	**vehículo**	m	ベイクロ
飛行機	**avión**	m	アビオン
ビジネスジェット	**aerotaxi**	m	アエロタクシ
ヘリコプター	**helicóptero**	m	エリコプテロ
飛行船	**aeronave**	f	アエロナベ
宇宙船	**nave espacial**	f	ナベ エスパシアル
船	**barco/buque**	m	バルコ／ブケ
大型客船	**transatlántico**	m	トランスアトランティコ
フェリー	**ferry**	m	フェリー
ヨット	**yate**	m	ジャテ
ボート	**bote**	m	ボテ
電車	**tren**	m	トレン
地下鉄	**metro**	m	メトロ
バス	**autobús**	m	アウトブス
モノレール	**monorraíl**	m	モノライル
路面電車	**tranvía**	m	トランビーア
ロープウェー、ケーブルカー	**teleférico**	m	テレフェリコ

● 乗り物 ●

乗用車	**coche**	m	コチェ
スポーツカー	**coche deportivo**	m	コチェ デポルティーボ
バイク	**motocicleta**	f	モトシクレタ
ワゴン車	**furgón**	m	フルゴン
フレックス車*	**coche flex-fuel**	m	コチェ フレクス フエル
ハイブリッドカー	**coche híbrido**	m	コチェ イブリド
エコカー	**coche ecológico**	m	コチェ エコロヒコ
トラック	**camión**	m	カミオン
四輪駆動車	**todoterreno**	m	トドテレーノ
トラクター	**tractor**	m	トラクトール
自転車	**bicicleta**	f	ビシクレタ
三輪車	**triciclo**	m	トリシクロ
ベビーカー	**cochecito**	m	コチェシート

5章・行動 趣味 文化

〈関連単語〉　＊ガソリンとエタノールの混合燃料で走る車

燃料	combustible m コンブスティブレ
ディーゼル	diesel m ディセル
ガソリン	gasolina f ガソリナ
燃費	consumo de combustible m コンスモ デ コンブスティブレ
燃費がよい車	coche de bajo consumo m コチェ デ バホ コンスモ

行動・趣味・文化
銀行・郵便局で

窓口	**ventanilla**	f	ベンタニージャ
出納窓口	**cajero**	m	カヘーロ
銀行	**banco**	m	バンコ
現金自動預け払い機	**cajero automático**	m	カヘーロ アウトマティコ
通帳	**libreta**	f	リブレタ
普通預金	**cuenta de ahorro**	f	クエンタ デ アオロ
当座預金	**cuenta corriente**	f	クエンタ コリエンテ
口座番号	**número de cuenta**	m	ヌメロ デ クエンタ
小切手	**cheque**	m	チェケ
銀行振り込み	**transferencia bancaria**	f	トランスフェレンシア バンカリア
振り込みをする	**hacer una transferencia**		アセール ウナ トランスフェレンシア
入金する	**ingresar**		イングレサール
引き出す	**sacar**		サカール
両替する	**cambiar**		カンビアール
ユーロに両替してください	**Cambie en euros, por favor.**		カンビエ エン エウロス ポル ファボール
小銭に替えてください	**¿Podría darme cambios?**		ポドリーア ダールメ カンビオス
郵便局	**oficina de correos**	f	オフィシーナ デ コレオス

● 銀行・郵便局で ●

日本語	スペイン語	性	カナ
郵便	**correo**	m	コレオ
速達郵便	**correo rápido**	m	コレオ ラピド
書留郵便	**correo certificado**	m	コレオ セルティフィカード
航空（船）便	**correo aéreo (marítimo)**	m	コレオ アエレオ (マリティモ)
送る	**enviar**		エンビアール
手紙	**carta**	f	カルタ
はがき	**tarjeta postal**	f	タルヘタ ポスタル
小包	**paquete**	m	パケーテ
印刷物	**impresos**	m pl	インプレソス
差出人	**remitente**	m f	レミテンテ
受取人、あて名人	**destinatario(ria)**	m (f)	デスティナタリオ(リア)
住所	**dirección**	f	ディレクシオン
切手	**sello**	m	セジョ
印紙	**timbre**	m	ティンブレ
消印	**matasellos**	m	マタセジョス
郵便振り込み	**giro postal**	m	ヒロ ポスタル
郵便番号	**código postal 〈CP〉**	m	コディゴ ポスタル
郵便ポスト	**buzón**	m	ブソン
私書箱	**apartado de correos**	m	アパルタード デ コレオス

5章 ● 行動・趣味・文化

行動・趣味・文化
街を歩く

日本語	スペイン語	性	カナ
大通り	avenida	f	アベニーダ
遊歩道つき大通り	paseo	m	パセオ
通り	calle	f	カジェ
歩道	acera	f	アセラ
車道	calzada	f	カルサーダ
歩行者	peatón(peatona)	m (f)	ペアトン(ペアトナ)
交差点	cruce	m	クルセ
信号	semáforo	m	セマフォロ
横断歩道	paso de peatones	m	パソ デ ペアトネス
地下道	paso subterráneo	m	パソ スブテラネオ
歩道橋	puente peatonal	m	プエンテ ペアトナル
角	esquina	f	エスキナ
公園	parque	m	パルケ
橋	puente	m	プエンテ
川	río	m	リオ
坂	cuesta	f	クエスタ
ロータリー	glorieta	f	グロリエタ

● 街を歩く ●

噴水	**fuente**	f	フエンテ
像	**estatua**	f	エスタトゥア
モニュメント	**monumento**	m	モヌメント
地下鉄出入口	**boca de metro**	f	ボカ デ メトロ
〜の向かいに	**en frente de...**		エン フレンテ デ 〜
〜の前に	**delante de...**		デランテ デ 〜
〜の後ろに	**detrás de...**		デトラス デ 〜
右側に	**a la derecha**		ア ラ デレーチャ
左側に	**a la izquierda**		ア ラ イスキエルダ
突き当たり	**al fondo**		アル フォンド
中心街	**centro**	m	セントロ
旧市街	**casco antiguo**	m	カスコ アンティグオ
地図	**mapa**	m	マパ
市街図	**plano**	m	プラノ
地下鉄路線図	**plano del metro**	m	プラノ デル メトロ

ポイント

　人と待ち合わせるときは、en frente de... とdelante de... を間違えないようにしましょう。En frente del cine.は「映画館の（通りをはさんだ）向かい」、Delante del cine. は「映画館の前」です。

行動・趣味・文化
店の名前

店	**tienda**	f	ティエンダ
花屋	**floristería**	f	フロリステリーア
化粧品店、香水店	**perfumería/tienda de cosméticos**	f	ペルフメリーア／ティエンダ デ コスメティコス
書店	**librería**	f	リブレリーア
文具店	**papelería**	f	パペレリーア
めがね店	**óptica**	f	オプティカ
帽子店	**sombrerería**	f	ソンブレレリーア
宝石店	**joyería**	f	ホジェリーア
装身具店	**bisutería**	f	ビステリーア
ブティック	**boutique**	f	ブティク
衣料品店	**tienda de ropa**	f	ティエンダ デ ロパ
紳士服店	**tienda de ropa de caballero**	f	ティエンダ デ ロパ デ カバジェロ
紳士服仕立屋	**sastrería**	f	サストレリーア
ランジェリー店	**lencería**	f	レンセリーア
皮革製品店	**peletería**	f	ペレテリーア
靴店	**zapatería**	f	サパテリーア
かばん店	**tienda de bolsos**	f	ティエンダ デ ボルソス

● 店の名前 ●

日本語	スペイン語	性	カナ
（食器・雑貨など）家庭用品店	tienda de artículos del hogar	f	ティエンダ デ アルティクロス デル オガール
寝具店	colchonería	f	コルチョネリーア
（洗剤・大工道具など）雑貨屋	droguería	f	ドロゲリーア
金物屋	ferretería	f	フェレテリーア
おもちゃ屋	juguetería	f	フゲテリーア
CDショップ	tienda de discos	f	ティエンダ デ ディスコス
薬局	farmacia	f	ファルマシア
クリーニング屋	tintorería	f	ティントレリーア
美容院	peluquería	f	ペルケリーア
理髪店	barbería	f	バルベリーア
旅行代理店	agencia de viajes	f	アヘンシア デ ビアヘス
不動産屋	inmobiliaria	f	インモビリアリア
たばこ屋	estanco	m	エスタンコ
キオスク	quiosco	m	キオスコ
市場	mercado	m	メルカード
スーパーマーケット	supermercado	m	スペルメルカード
コンビニ	tienda de 24 horas	f	ティエンダ デ ベンティクアトロ オラス
デパート	grandes almacenes	m pl	グランデス アルマセネス
ショッピングセンター	centro comercial	m	セントロ コメルシアル

5章 ●行動・趣味・文化

行動・趣味・文化
ショッピング①

日本語	スペイン語	性	読み
買い物	compra	f	コンプラ
買う	comprar		コンプラール
ショーウインドー	escaparate	m	エスカパラーテ
陳列台	mostrador	m	モストラドール
カート	carrito	m	カリート
(スーパーの)かご	cesta	f	セスタ
販売員	dependiente(ta)	m/f	デペンディエンテ(タ)
レジ	caja	f	カハ
レジ係	cajero(ra)	m/f	カヘーロ(ラ)
値段	precio	m	プレシオ
付加価値税	impuesto al valor añadido〈IVA〉	m	インプエスト アル バロール アニャディード〈イバ〉
領収書	recibo	m	レシーボ
値引き	descuento	m	デスクエント
セール	rebaja	f	レバハ
お買い得品	oferta	f	オフェルタ
値札	etiqueta	f	エティケータ
現金	efectivo	m	エフェクティボ

クレジットカード	**tarjeta de crédito**	f	タルヘタ デ クレディト
(物品の)大きさ、サイズ	**tamaño**	m	タマーニョ
ブランド	**marca**	f	マルカ
アウトレット	**tienda outlet**	f	ティエンダ アウトレット
100円(1ユーロ)ショップ	**tienda de todo a cien yenes (a un euro)**	f	ティエンダ デ トード ア シエン ジェネス (ア ウン エウロ)
オンラインショップ	**tienda online**	f	ティエンダ オンライン
ネットショッピング	**compras en internet**	f pl	コンプラス エン インテルネッ
配送費	**gastos de envío**	m pl	ガストス デ エンビーオ
お客様サポート(サービス)センター	**atención al cliente**	f	アテンシオン アル クリエンテ

《関連表現》

だれが列の最後ですか？	¿Quién es el último? キエン エス エル ウルティモ
すみません、お願いします。	Oiga, por favor. オイガ ポル ファボール
レジはどこですか？	¿Dónde está la caja? ドンデ エスタ ラ カハ
いくらですか？	¿Cuánto cuesta? クアント クエスタ
カードを使えますか？	¿Puedo usar tarjeta? プエド ウサール タルヘタ
ここにサインしてください。	Firme aquí, por favor. フィルメ アキ ポル ファボール
これを見せてください。	¿Puede enseñarme esto? プエデ エンセニャールメ エスト
壊れているようです。	Parece que está roto(ta). パレセ ケ エスタ ロト(タ)
払い戻しをしてもらえますか？	
	¿Pueden devolverme el dinero? プエデン デボルベールメ エル ディネロ

行動・趣味・文化
ショッピング② 衣類

素材	**material**	*m*	マテリアル
この素材は何ですか？	**¿De qué material es?**		デ ケ マテリアル エス
綿	**algodón**	*m*	アルゴドン
ウール	**lana**	*f*	ラナ
絹	**seda**	*f*	セダ
麻	**lino**	*m*	リノ
自然素材	**materiales naturales**	*m* *pl*	マテリアレス ナトゥラレス
毛皮	**piel**	*f*	ピエル
皮革	**cuero**	*m*	クエロ
裏皮（バックスキン）	**ante**	*m*	アンテ
合成皮革	**piel sintética**	*f*	ピエル シンテティカ
アクリル	**acrílico**	*m*	アクリリコ
レーヨン	**rayón**	*m*	ラジョン
ナイロン	**nilón/nailon**	*m*	ニロン／ナイロン
プリント柄の	**estampado(da)**		エスタンパード（ダ）
水玉模様の	**de lunares**		デ ルナーレス
無地の	**sin dibujo**		シン ディブホ

● ショッピング② 衣類 ●

ニットの	**de punto**		デ プント
流行の	**de moda**		デ モダ
(衣類・靴の)サイズ	**talla**	*f*	タジャ
マネキン	**maniquí**	*m*	マニキ

〈関連表現〉

試着してもいいですか？　¿Puedo probármelo(la)?
プエド　プロバールメロ (ラ)

私にぴったりです。　Es mi talla.
エス　ミ　タジャ

もっと大きいのはありますか？　¿Tienen uno(una) más grande?
ティエネン　ウノ　(ウナ)　マス　グランデ

もっと小さいのはありますか？

¿Tienen uno(una) más pequeño(ña)?
ティエネン　ウノ　(ウナ)　マス　ペケーニョ (ニャ)

もっと安いのがほしいのですが。

Quisiera uno(una) más barato(ta).
キシエラ　ウノ　(ウナ)　マス　バラート (タ)

色違いはありますか？　¿Tienen otro color?
ティエネン　オトロ　コロール

短くしてもらえますか？　¿Pueden acortarlo(la)?
プエデン　アコルタールロ (ラ)

とてもよくお似合いです。　Le queda muy bien.
レ　ケダ　ムイ　ビエン

気に入りました。　Me gusta.
メ　グスタ

これにします。　Me lo(la) llevo.*
メ　ロ (ラ)　ジェボ

別のものと取り替えたいのですが。

Quisiera cambiarlo(la) por otro(ra).
キシエラ　カンビアールロ (ラ)　ポル　オトロ (ラ)

＊指しているものが女性名詞 falda（スカート）なら la または una/otra のように女性形を、男性名詞 cinturón（ベルト）なら lo または uno/otro のように男性形を使います。zapatos（靴）のように複数の場合は Me los llevo.（これにします）です。

5章 ● 行動・趣味・文化

行動・趣味・文化
美容・エステ

日本語	スペイン語	性	カナ
エステサロン	salón de belleza	m	サロン デ ベジェサ
エステティシャン	esteticista	m/f	エステティシスタ
エステ	estética	f	エステティカ
フェイシャルエステ	estética facial	f	エステティカ ファシアル
ボディエステ	estética corporal	f	エステティカ コルポラル
治療	tratamiento	m	トラタミエント
レーザー	láser	m	ラセル
レーザー治療	tratamiento con láser	m	トラタミエント コン ラセル
赤外線レーザー	láser infrarrojo	m	ラセル インフラロホ
レーザーピーリング	láser facial	m	ラセル ファシアル
美顔	limpieza facial	f	リンピエサ ファシアル
脱毛	depilación	f	デピラシオン
永久脱毛	depilación definitiva	f	デピラシオン デフィニティーバ
ワックス脱毛	depilación con cera	f	デピラシオン コン セラ
レーザー脱毛	depilación láser	f	デピラシオン ラセル
アンチエイジング（若返りの）	antienvejecimiento		アンティエンベヘシミエント
マッサージ	masaje	m	マサヘ

● 美容・エステ ●

ボディマッサージ	masaje corporal	m	マサヘ コルポラル
マニキュア	manicura	f	マニクラ
ペディキュア	pedicura	f	ペディクラ
ボディ	cuerpo	m	クエルポ
バスト	busto	m	ブスト
ウエスト	cintura	f	シントゥラ
ヒップ	cadera	f	カデラ
腹部	abdomen	m	アブドメン
皮膚	piel	f	ピエル
にきび	acné	m	アクネ
シミ	mancha	f	マンチャ
シワ	arrugas	f pl	アルーガス
シワを取る	quitar las arrugas		キタール ラス アルーガス
ダイエット	dieta	f	ディエタ
ほくろ	lunar	f	ルナール
パック	mascarilla	f	マスカリージャ
パックをする	ponerse una mascarilla		ポネールセ ウナ マスカリージャ
コラーゲン	colágeno	m	コラヘノ
アロマテラピー	aromaterapia	f	アロマテラピア

5章 ● 行動・趣味・文化

行動・趣味・文化
美容院・理髪店

●美容院　peluquería

日本語	スペイン語	性	読み
美容師	peluquero(ra)	m / f	ペルケーロ(ラ)
髪の毛	cabello/pelo	m	カベージョ／ペロ
前髪	flequillo	m	フレキージョ
白髪	canas	f pl	カナス
ストレートヘア	pelo liso	m	ペロ リソ
ウェーブヘア	pelo ondulado	m	ペロ オンドゥラード
縮れ毛	pelo rizado	m	ペロ リサード
毛先	puntas	f pl	プンタス
切る	cortar		コルタール
シャンプー	lavado	m	ラバード
カット	corte	m	コルテ
セット	peinado	m	ペイナード
ブロー	peinado al viento	m	ペイナード アル ビエント
パーマ	permanente	f	ペルマネンテ
ヘアカラー	tinte de cabello	m	ティンテ デ カベージョ
トリートメントする	acondicionar el pelo		アコンディシオナール エル ペロ
整髪料、ワックス	fijador	m	フィハドール

216

● 美容院・理髪店

ブラシ	**cepillo**	m	セピージョ
ヘアピン	**horquilla**	f	オルキージャ
くし	**peine**	m	ペイネ
かつら	**peluca**	f	ペルーカ
ヘアピース	**peluquín**	m	ペルキン

●理髪店 barbería

理髪師	**barbero**	m	バルベーロ
口ひげ	**bigote**	m	ビゴテ
あごひげ	**barba**	f	バルバ
ほおひげ	**patillas**	f pl	パティージャス
ひげをそる	**afeitar**		アフェイタール
ひげそり用かみそり	**navaja de barbero**	f	ナバハ デ バルベロ

〈関連表現〉

パーマをかけてください。
　　Hágame la permanente.
　　アガメ　ラ　ペルマネンテ

(写真を見せて) こんなふうにしてください。
　　Déjemelo así.
　　デヘメロ　アシィ

いつものスタイルにしてください。
　　Hágame el peinado de siempre.
　　アガメ　エル　ペイナード　デ　シエンプレ

このままで少し短くしてください。　Sólo cortar un poquito.
　　　　　　　　　　　　　　　　　ソロ　コルタール　ウン　ポキート

髪を黒く染めてください。　Tíñame el cabello de negro.
　　　　　　　　　　　　　ティニャメ　エル　カベージョ　デ　ネグロ

あごひげを整えてください。　Arrégleme la barba.
　　　　　　　　　　　　　　アレグレメ　ラ　バルバ

行動・趣味・文化
レジャー施設

日本語	スペイン語	性	カナ
レジャー	ocio	m	オシオ
レジャーセンター	centro recreativo	m	セントロ レクレアティボ
ホテル	hotel	m	オテル
温泉	aguas termales	f pl	アグアス テルマレス
温泉場	balneario	m	バルネアリオ
露天風呂	baño al aire libre	m	バーニョ アル アイレ リブレ
スパ	spa	f	スパ
テーマパーク	parque temático	m	パルケ テマティコ
遊園地	parque de atracciones	m	パルケ デ アトラクシオネス
動物園	zoo	m	ソオ
サファリパーク	parque de animales	m	パルケ デ アニマレス
牧場	granja	f	グランハ
公園	parque	m	パルケ
自然公園	parque natural	m	パルケ ナトゥラル
植物園	jardín botánico	m	ハルディン ボタニコ
庭園	jardín	m	ハルディン
スキー場	estación de esquí	f	エスタシオン デ エスキ

● レジャー施設 ●

日本語	スペイン語	性	読み
ゲレンデ	pista de esquí	f	ピスタ デ エスキ
スケート場	pista de patinaje	f	ピスタ デ パティナヘ
テニスコート	pista de tenis	f	ピスタ デ テニス
ゴルフ場	campo de golf	m	カンポ デ ゴルフ
キャンプ場	camping	m	カンピング
ボウリング場	bolera	f	ボレラ
フィットネスクラブ	gimnasio	m	ヒムナシオ
ビーチ	playa	f	プラジャ
プール	piscina	f	ピスシーナ
温水プール	piscina climatizada	f	ピスシーナ クリマティサーダ
水族館	acuario	m	アクアリオ
プラネタリウム	planetario	m	プラネタリオ
ゲームセンター	sala de juegos	f	サラ デ フエゴス
ビリヤード	billares	m pl	ビジャレス
カジノ	casino	m	カシノ
パチンコ	pachinko	m	パチンコ
カラオケ	karaoke	m	カラオケ
映画館	cine	m	シネ
シネコン	multicines	m pl	ムルティシネス

5章 行動・趣味・文化

行動・趣味・文化
アウトドア

日本語	スペイン語	性	読み
登山	montañismo	m	モンタニィスモ
ハイキング	caminata/senderismo	f/m	カミナタ／センデリスモ
ウオーキング	walking	m	ウオルキン
バードウオッチング	observación de aves	f	オブセルバシオン デ アベス
釣り	pesca	f	ペスカ
海水浴	ir a la playa		イール ア ラ プラジャ
サーフィン	surf	m	サーフ
シュノーケリング	esnórquel	m	エスノルケル
スキューバダイビング	buceo	m	ブセオ
スキー	esquí	m	エスキ
スケート	patinaje	m	パティナヘ
スノーボード	snowboard	m	エスノウボウド
パラグライダー	parapente	m	パラペンテ
キャンプ	camping	m	カンピン
テント	tienda de campaña	f	ティエンダ デ カンパーニャ
ロープ	soga	f	ソガ
ハンマー	martillo	m	マルティジョ

● アウトドア ●

日本語	スペイン語	性	読み
スコップ	pala	f	パラ
斧	hacha	f	アチャ
マット	colchón	m	コルチョン
空気入れ	inflador/ bomba de aire	m / f	インフラドール／ボンバ デ アイレ
寝袋	saco de dormir	m	サコ デ ドルミール
リュックサック	mochila	f	モチラ
クーラーボックス	nevera	f	ネベラ
水筒	cantimplora	f	カンティンプロラ
コンロ	cocina	f	コシーナ
ガスボンベ	bombona de gas	f	ボンボナ デ ガス
ライター	encendedor	m	エンセンデドール
飯ごう	olla portátil	f	オジャ ポルタティル
キャンプ用食器・調理器具	utensilios de camping	m pl	ウテンシリオス デ カンピング
スプーン・フォーク一式	cubertería	f	クベルテリーア
アーミーナイフ	navaja suiza	f	ナバハ スイサ
懐中電灯	linterna de pilas	f	リンテルナ デ ピラス
ランプ	lámpara	f	ランパラ
キャンプファイヤー	hoguera de campamento	f	オゲラ デ カンパメント
バーベキュー	barbacoa	f	バルバコア

5章 ● 行動・趣味・文化

行動・趣味・文化
スポーツ① 全般

日本語	スペイン語	性	読み
スポーツ	deporte	m	デポルテ
選手（球技）	jugador(ra)	m/f	フガドール(ラ)
選手（陸上）	atleta	m/f	アトレータ
控えの選手	reserva	m/f	レセルバ
コーチ、監督	entrenador(ra)	m/f	エントレナドール(ラ)
審判	árbitro(ra)	m/f	アルビトロ(ラ)
チーム	equipo	m	エキーポ
国の選抜チーム	selección	f	セレクシオン
野球日本代表チーム	selección japonesa de béisbol	f	セレクシオン ハポネサ デ ベイスボル
スタジアム	estadio	m	エスタディオ
グラウンド	terreno de juego	m	テレーノ デ フエゴ
試合（球技）	partido	m	パルティード
試合（格闘技）	combate	m	コンバテ
トーナメント戦	torneo	m	トルネオ
リーグ戦	liga	f	リーガ
コンペ	competición	f	コンペティシオン
予選	eliminatoria	f	エリミナトリア

● スポーツ① 全般 ●

予選を通過する	pasar la eliminatoria		パサール ラ エリミナトリア
決勝	final	f	フィナル
決勝出場者	finalista	m f	フィナリスタ
準決勝	semifinal	f	セミフィナル
準決勝出場者	semifinalista	m f	セミフィナリスタ
選手権	campeonato	m	カンペオナト
選手権保持者、優勝者	campeón (campeona)	m (f)	カンペオン (カンペオナ)
勝つ	ganar		ガナール
勝者	ganador(ra)	m (f)	ガナドール(ラ)
負ける	perder		ペルデール
敗者	perdedor(ra)	m (f)	ペルデドール(ラ)
引き分け	empate	m	エンパテ
新記録	récord	m	レコルド
世界新記録	récord mundial	m	レコルド ムンディアル
記録保持者	plusmarquista	m f	プルスマルキスタ
実況放送	transmisión en directo	f	トランスミシオン エン ディレクト
(金・銀・銅)メダル	medalla (de oro/de plata/de bronce)	f	メダジャ (デ オロ/デ プラタ/デ ブロンセ)
トロフィー	trofeo	m	トロフェオ
ドーピング	dopaje	m	ドパヘ

5章 ● 行動 趣味 文化

行動・趣味・文化
スポーツ② 球技

ボール	**pelota**（小、大） **balón**（大）	f m	ペロータ バロン
球技選手	**jugador(ra)**	m (f)	フガドール(ラ)
バレーボール	**voleibol**	m	ボレイボル
バスケットボール	**baloncesto**	m	バロンセスト
ラグビー	**rugby**	m	ルグビ
ハンドボール	**balonmano**	m	バロンマノ
フットサル	**futsal**	m	フッサル
テニス	**tenis**	m	テニス
テニス選手	**tenista**	m f	テニスタ
テニスコート	**pista de tenis**	f	ピスタ デ テニス
卓球	**tenis de mesa**	m	テニス デ メサ
ゴルフ	**golf**	m	ゴルフ
ゴルファー	**golfista**	m f	ゴルフィスタ
ゴルフ場	**campo de golf**	m	カンポ デ ゴルフ
ソフトボール	**sófbol**	m	ソフボル
野球	**béisbol**	m	ベイスボル
打者	**bateador(ra)**	m (f)	バテアドール(ラ)

● スポーツ② 球技 ●

日本語	スペイン語	性	読み
ピッチャー	lanzador(ra)	m/f	ランサドール(ラ)
キャッチャー	receptor(ra)	m/f	レセプトール(ラ)
ベース	base	f	バセ
投げる	lanzar		ランサール
打つ	pegar		ペガール
ホームラン	jonrón	m	ホンロン
三振	ponche	m	ポンチェ
サッカー	fútbol	m	フッボル
サッカー選手	futbolista	m/f	フッボリスタ
ゴールキーパー	portero(ra)	m/f	ポルテーロ(ラ)
フォワード	delantero(ra)	m/f	デランテーロ(ラ)
ディフェンス	defensa	m/f	デフェンサ
ミッドフィルダー	centrocampista	m/f	セントロカンピスタ
ゴール	gol	m	ゴル
シュート	tiro	m	ティロ
オフサイド	fuera de juego	m	フエラ デ フエゴ
ヘディング	cabezazo	m	カベサソ
パス	pase	m	パセ
レッド(イエロー)カード	tarjeta roja (amarilla)	f	タルヘタ ロハ (アマリージャ)

5章 ● 行動・趣味・文化

行動・趣味・文化
スポーツ③ 陸上・水泳・その他

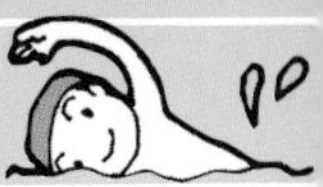

陸上	**atletismo**	m	アトレティスモ
陸上選手	**atleta**	m/f	アトレータ
トラック	**pista**	f	ピスタ
コース	**calle**	f	カジェ
ゴール	**meta**	f	メタ
レース	**carrera**	f	カレラ
100メートル走	**100 metros lisos**		シエン メトロス リソス
100メートルハードル	**100 metros vallas**		シエン メトロス バジャス
マラソン	**maratón**	m	マラトン
体操	**gimnasia artística**	f	ヒムナシア アルティスティカ
新体操	**gimnasia rítmica**	f	ヒムナシア リトミカ
高跳び	**salto de altura**	m	サルト デ アルトゥラ
棒高跳び	**salto de pértiga**	m	サルト デ ペルティガ
砲丸投げ	**lanzamiento de peso**	m	ランサミエント デ ペソ
水泳	**natación**	f	ナタシオン
水泳選手	**nadador(ra)**	m(f)	ナダドール(ラ)
100メートル自由形	**100 metros libres**		シエン メトロス リブレス

226

● スポーツ③ 陸上・水泳・その他 ●

100メートル平泳ぎ	**100 metros braza**		シエン メトロス ブラサ
100メートル背泳ぎ	**100 metros espalda**		シエン メトロス エスパルダ
100メートルバタフライ	**100 metros mariposa**		シエン メトロス マリポサ
400メートルメドレー	**4×100 estilos**		クアトロ ポル シエン エスティーロス
シンクロナイズドスイミング	**natación sincronizada**	*f*	ナタシオン シンクロニサーダ
飛び込み	**salto de trampolín**	*m*	サルト デ トランポリン

●その他

スキー	**esquí**	*m*	エスキ
スケート	**patinaje**	*m*	パティナヘ
フィギュアスケート	**patinaje artístico**	*m*	パティナヘ アルティスティコ
ホッケー	**hockey**	*m*	ホケイ
カヌー	**piragüismo**	*m*	ピラグィスモ
セーリング	**vela**	*f*	ベラ
フェンシング	**esgrima**	*f*	エスグリーマ
アーチェリー	**tiro con arco**	*m*	ティロ コン アルコ
自転車競技	**ciclismo**	*m*	シクリスモ
馬術	**hípica**	*f*	イピカ
レスリング	**lucha**	*f*	ルチャ
ボクシング	**boxeo**	*m*	ボクセオ

行動・趣味・文化
旅行① 出発まで

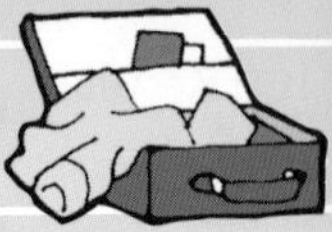

日本語	スペイン語	性	カナ
旅行代理店	**agencia de viajes**	f	アヘンシア デ ビアヘス
情報、インフォメーション	**información**	f	インフォルマシオン
予約する	**reservar**		レセルバール
予算	**presupuesto**	m	プレスプエスト
(航空機の)チケット	**billete(de avión)**	m	ビジェテ(デ アビオン)
(航空機の)チケットを予約する	**reservar un billete(de avión)**	f	レセルバール ウン ビジェテ(デ アビオン)
ファーストクラス	**clase preferente**	f	クラセ プレフェレンテ
ビジネスクラス	**clase business**	f	クラセ ビスネス
エコノミークラス	**clase turística**	f	クラセ トゥリスティカ
キャンセルする	**anular**		アヌラール
満席	**completo**		コンプレート
出発時刻	**hora de salida**	f	オラ デ サリーダ
到着時刻	**hora de llegada**	f	オラ デ ジェガーダ
直行便	**vuelo directo**	m	ブエロ ディレクト
フライトナンバー	**número de vuelo**	m	ヌメロ デ ブエロ
航空会社	**aerolínea**	f	アエロリネア
確認する	**confirmar**		コンフィルマール

● 旅行① 出発まで ●

パックツアー	**viaje en grupo**	m	ビアヘ エン グルーポ
添乗員	**acompañante**	m / f	アコンパニャンテ
旅程	**itinerario**	m	イティネラリオ
宿泊場所	**alojamiento**	m	アロハミエント
ホテル	**hotel**	m	オテル
昼食つき宿泊料	**media pensión**		メディア ペンシオン
スーツケース	**maleta**	f	マレータ
ガイドブック	**guía**	f	ギア
地図	**mapa**	m	マパ
トラベラーズチェック	**cheque de viaje**	m	チェケ デ ビアヘ
両替	**cambio**	m	カンビオ
保険	**seguro**	m	セグーロ

5章 ● 行動・趣味・文化

〈関連単語〉パスポートにある単語

パスポート	pasaporte m パサポルテ
生年月日	fecha de nacimiento f フェチャ デ ナシミエント
署名	firma f フィルマ
姓	apellido m アペジード
名	nombre m ノンブレ
国籍	nacionalidad f ナシオナリダッ

行動・趣味・文化
旅行② 宿泊

日本語	スペイン語	性	読み
ホテル	hotel	m	オテル
オスタル	hostal	m	オスタル
ペンション	pensión	f	ペンシオン
パラドール	parador	m	パラドール
星	estrella	f	エストレージャ
3つ星のホテル	hotel de tres estrellas	m	オテル デ トレス エストレージャス
泊まる	alojarse		アロハールセ
予約してあります	Tengo reserva.		テンゴ レセルバ
部屋	habitación	f	アビタシオン
シングルの	individual		インディビドゥアル
ダブルの	doble de matrimonio		ドブレ デ マトリモニオ
ツインの	doble		ドブレ
浴槽つき	con baño		コン バーニョ
シャワーつき	con ducha		コン ドゥチャ
朝食つき	con desayuno		コン デサジュノ
ルームサービス	servicio a la habitación	m	セルビシオ ア ラ アビタシオン
フロント	recepción	f	レセプシオン

● 旅行② 宿泊 ●

ロビー	**vestíbulo**	m	ベスティブロ
ポーター	**mozo(za) de equipajes**	m (f)	モソ(サ) デ エキパヘス
チップ	**propina**	f	プロピーナ
非常口	**salida de emergencia**	f	サリーダ デ エメルヘンシア
ミニバー	**minibar**	m	ミニバル
セーフティボックス	**caja fuerte**	f	カハ フエルテ
テレビ	**televisor/ televisión**	m f	テレビソール／テレビシオン
リモコン	**mando a distancia**	m	マンド ア ディスタンシア
エアコン	**aire acondicionado**	m	アイレ アコンディシオナード
インターネット接続	**conexión a internet**	f	コネクシオン ア インテルネッ
トイレットペーパー	**papel higiénico**	m	パペル イヒエニコ
タオル	**toalla**	f	トアジャ
ドライヤー	**secador**	m	セカドール

コラム

スペインの宿泊施設

　スペインの宿泊施設は、星の数が多いほど高級です。ホテルは建物全体が、オスタルやペンションは建物の一部のフロアだけが、宿泊用に使われます。パラドールはホテルと同格の国営宿泊施設で、多くは昔の城や修道院を改造したものです。

　ホテルでのチップは、ポーターにはスーツケース1個につき1ユーロ、ベッドメイキングには1室1ユーロが目安です。

行動・趣味・文化
旅行③ 観光

日本語	スペイン語	性	読み
観光	turismo	m	トゥリスモ
観光事務所	oficina de turismo	f	オフィシナ デ トゥリスモ
オプションツアー	excursión opcional	f	エスクルシオン オプシオナル
市内ツアー	recorrido por la ciudad	m	レコリード ポル ラ シウダッ
バスツアー	viaje en autobús	m	ビアヘ エン アウトブス
観光ガイド	guía turístico(ca)	m/f	ギア トゥリスティコ(カ)
パンフレット	folleto	m	フォジェト
地図	mapa	m	マパ
入場券売り場	taquilla	f	タキージャ
入場券売り場はどこですか？	¿Dónde está la taquilla?		ドンデ エスタ ラ タキージャ
入場料	entrada	f	エントラーダ
入場無料	entrada libre	f	エントラーダ リブレ
入場料はいくらですか？	¿Cuánto cuesta la entrada?		クアント クエスタ ラ エントラーダ
開館時間、営業時間	horario	m	オラリオ
休館日	descanso	m	デスカンソ
オーディオガイド	audioguía	f	アウディオギア
コインロッカー	consigna	f	コンシグナ

● 旅行③ 観光 ●

日本語	スペイン語	性	カナ
美術館、博物館	museo	m	ムセオ
展覧会	exposición	f	エスポシシオン
展示室	sala de exposiciones	f	サラ デ エスポシシオネス
入口	entrada	f	エントラーダ
出口	salida	f	サリーダ
モニュメント	monumento	m	モヌメント
建築物	arquitectura	f	アルキテクトゥラ
旧市街	casco antiguo	m	カスコ アンティグオ
中心街	centro	m	セントロ
買い物	compra	f	コンプラ
デジタルカメラ	cámara digital	f	カマラ ディヒタル
写真	fotografía	f	フォトグラフィーア
写真を撮る	sacar fotos		サカール フォトス
写真を撮ってください	¿Puede sacarme una foto?		プエデ サカールメ ウナ フォト
写真を撮ってもいいですか？	¿Puedo sacar fotos?		プエド サカール フォトス
(標識で)撮影禁止	Prohibido sacar fotos		プロイビード サカール フォトス
(標識で)フラッシュ禁止	Prohibido flash		プロイビード フラッシュ
バリアフリー	libre de barreras		リブレ デ バレーラス
車椅子	silla de ruedas	f	シジャ デ ルエダス

5章 ● 行動・趣味・文化

行動・趣味・文化
旅行④ ナイトライフ（フラメンコなど）

日本語	スペイン語	性	カナ
バル	bar	m	バル
ディスコ	discoteca	f	ディスコテカ
クラブ	club	m	クルブ
キャバレー	cabaré	m	カバレ
ショー	espectáculo	m	エスペクタクロ
ジャズ	jazz	m	ジャス
コンサート	concierto	m	コンシエルト
ライブ	en vivo		エン ビーボ
野外で	al aire libre		アル アイレ リブレ
ワンドリンクつき	con consumición		コン コンスミシオン
カクテル	cóctel	m	コクテル
ジントニック	gin tonic	m	ジン トニク
ジンフィズ	gin limón	m	ジン リモン
クバリブレ	cubalibre	m	クーバリブレ
モヒート	mojito	m	モヒート
ダイキリ	daiquiri	m	ダイキリ
マティーニ	martini	m	マルティーニ

234

● 旅行④ ナイトライフ（フラメンコなど）●

マルガリータ	**margarita**	*m*	マルガリータ
フラメンコ	**flamenco**	*m*	フラメンコ
タブラオ	**tablao**	*m*	タブラオ
アーティスト	**artista**	*m* / *f*	アルティスタ
フラメンコの歌	**cante**	*m*	カンテ
フラメンコの歌い手	**cantaor(ra)**	*m* (*f*)	カンタオール（ラ）
フラメンコの踊り	**baile**	*m*	バイレ
フラメンコの踊り手	**bailaor(ra)**	*m* (*f*)	バイラオール（ラ）
ギター	**guitarra**	*f*	ギターラ
ギタリスト	**guitarrista / tocaor(ra)**	*m,f* / *m(f)*	ギタリスタ／トカオール（ラ）
サパテアード*	**zapateado**	*m*	サパテアード
手拍子	**palmas**	*f pl*	パルマス
かけ声	**jaleo**	*m*	ハレオ
カスタネット	**palillos**	*m pl*	パリージョス

＊足を踏み鳴らすこと

コラム

本場のフラメンコ

　フラメンコのショーを見せる店を、タブラオといいます。大きな板（tabla）の上で行われるので、この名前がつきました。タブラオは夜9時ごろに開きますが、メインのスターが出るのは夜中過ぎ。本場の最高のフラメンコを見たい方は、睡眠を十分とって、体力をつけてから出かけてください。

5章 ● 行動・趣味・文化

行動・趣味・文化
旅行⑤ おみやげ

旅のおみやげ	souvenir	m	スベニール
プレゼント	regalo	m	レガロ
プレゼント用に包んでください	¿Puede envolverlo(la) para regalar?		プエデ エンボルベールロ(ラ) パラ レガラール
これを別々に包んでください	¿Puede envolverlos(las) separados(das)?		プエデ エンボルベールロス(ラス) セパラードス(ダス)
陶器	cerámica	f	セラミカ
磁器	porcelana	f	ポルセラーナ
タイル	azulejo	m	アスレホ
寄木細工 (グラナダみやげ)	taracea	f	タラセア
象嵌細工 (トレドみやげ)	damasquinado	m	ダマスキナード
フラメンコギター	guitarra flamenca	f	ギターラ フラメンカ
扇子	abanico	m	アバニコ
カスタネット	castañuelas/ palillos	f,pl m,pl	カスタニュエラス／ パリージョス
皮革製品	artículos de cuero	m pl	アルティクロス デ クエロ
人形	muñeca	f	ムニェカ
絵はがき	tarjeta postal	f	タルヘタ ポスタル
キーホルダー	llavero	m	ジャベーロ
スペイン式トランプ	naipes	m pl	ナイペス

236

● 旅行⑤ おみやげ ●

闘牛ポスター	cartel de corridas de toros	m	カルテル デ コリーダス デ トロス
Tシャツ	camiseta	f	カミセタ
スカーフ	pañuelo	m	パニュエロ
ハンドバッグ	bolso	f	ボルソ
パエリヤなべ	paellera	f	パエジェラ
ハム	jamón	m	ハモン
オリーブ油	aceite de oliva	m	アセイテ デ オリーバ
サフラン	azafrán	m	アサフラン
シェリー酒	jerez	m	ヘレス
ワイン	vino	m	ビノ
カバ（発泡ワイン）	cava	m	カバ
ワインオープナー	sacacorchos	m	サカコルチョス
蚤の市	rastro	m	ラストロ
青空市	mercadillo	m	メルカディージョ
骨董品	antigüedades	f pl	アンティグエダデス
酒	sake	m	サケ
せんべい	galleta de arroz	f	ガジェタ デ アロス
和菓子	dulces japoneses	m pl	ドゥルセス ハポネセス
手ぬぐい	toalla japonesa	f	トアジャ ハポネサ

5章 ● 行動・趣味・文化

行動・趣味・文化
伝統（祭りと闘牛）

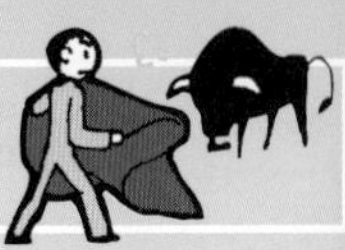

闘牛	**corrida de toros**	f	コリーダ デ トロス
闘牛場	**plaza de toros**	f	プラサ デ トロス
日向席	**sol**		ソル
日陰席	**sombra**		ソンブラ
日向・日陰席	**sol y sombra**		ソル イ ソンブラ
雄牛	**toro**	m	トロ
馬	**caballo**	m	カバージョ
闘牛士	**torero(ra)**	m/f	トレーロ(ラ)
マタドール（正闘牛士）	**matador(ra)**	m/f	マタドール(ラ)
ムレータ（赤い布）	**muleta**	f	ムレタ
カポーテ（大型マント）	**capote**	m	カポーテ
ピカドール（やり突き士）	**picador(ra)**	m/f	ピカドール(ラ)
バンデリジェーロ（もり突き士）	**banderillero(ra)**	m/f	バンデリジェーロ(ラ)
闘牛士の衣装	**traje de luces**	m	トラヘ デ ルセス
パソドブレ※	**pasodoble**	m	パソドブレ
ポスター	**cartel**	m	カルテル
若牛闘牛	**novillada**	f	ノビジャーダ

※闘牛で演奏される2拍子の軽快な曲

● 伝統（祭りと闘牛） ●

日本語	スペイン語	性	読み
騎馬闘牛	**rejoneo**	m	レホネオ
伝統	**tradición**	f	トラディシオン
祭り	**fiesta**	f	フィエスタ
フェスティバル	**festival**	m	フェスティバル
セレモニー	**ceremonia**	f	セレモニア
見世物	**espectáculo**	m	エスペクタクロ
民族衣装	**traje regional**	m	トラヘ レヒオナル
民族舞踊	**danza folclórica**	f	ダンサ フォルクロリカ
仮設小屋	**caseta**	f	カセータ
食べ物屋台	**chiringuito**	m	チリンギート
ちょうちん	**farolillo**	m	ファロリージョ
花火	**fuegos artificiales**	m pl	フエゴス アルティフィシアレス
楽団	**banda de música**	f	バンダ デ ムシカ
(宗教的な)行進	**procesión**	f	プロセシオン
パレード、騎馬行列	**cabalgata**	f	カバルガタ
神への奉納	**ofrenda**	f	オフレンダ
神輿（みこし）	**santuario portátil**	m	サントゥアリオ ポルタティル
山車（だし）	**carroza**	f	カローサ
神楽（かぐら）	**música y danza sagradas sintoístas**		ムシカ イ ダンサ サグラダス シントイスタス

5章 ● 行動 趣味 文化

行動・趣味・文化
映画

日本語	スペイン語	性	読み
映画	película	f	ペリクラ
アニメ	dibujos animados	m pl	ディブホス アニマードス
アクション	película de acción	f	ペリクラ デ アクシオン
コメディ	comedia	f	コメディア
スリラー	thriller	m	スリレル
ミステリー	película de misterio	f	ペリクラ デ ミステリオ
ホラー	película de terror	f	ペリクラ デ テロール
ファンタジー	película de fantasía	f	ペリクラ デ ファンタシーア
SF	película de ciencia ficción	f	ペリクラ デ シエンシア フィクシオン
長編	largometraje	m	ラルゴメトラヘ
短編	cortometraje	m	コルトメトラヘ
撮影	rodaje	m	ロダヘ
フィルム	film	m	フィルム
字幕	subtítulo	m	スブティトゥロ
吹き替え	doblaje	m	ドブラヘ
リメイク	remake	m	リメイク
監督	director(ra)	m (f)	ディレクトール(ラ)

240

● 映 画 ●

脚本	**guión**	m	ギオン
脚本家	**guionista**	m / f	ギオニスタ
主役	**protagonista**	m / f	プロタゴニスタ
ヒロイン	**heroína**	f	エロイーナ
スター	**estrella**	f	エストレージャ
男優	**actor**	m	アクトール
女優	**actriz**	f	アクトリス
助演男(女)優	**actor(actriz) secundario(ria)**	m (f)	アクトール(アクトリス) セクンダリオ(リア)
映画館	**cine**	m	シネ
シネコン	**multicines**	m pl	ムルティシネス
チケット売り場	**taquilla**	f	タキージャ
ロビー	**vestíbulo / entrada**	m / f	ベスティブロ／ エントラーダ
スクリーン	**pantalla**	f	パンタージャ
座席	**asiento**	m	アシエント
列	**fila**	f	フィラ
番号	**número**	m	ヌメロ
上映回	**sesión**	f	セシオン
最終の上映回	**última sesión**	f	ウルティマ　セシオン
封切り、ロードショー	**estreno**	m	エストレーノ

5章 ● 行動・趣味・文化

行動・趣味・文化
音楽

日本語	スペイン語	性	カナ
音楽	**música**	f	ムシカ
音楽家	**músico(ca)**	m/f	ムシコ(カ)
作曲	**composición**	f	コンポシシオン
作曲家	**compositor(ra)**	m/f	コンポシトール(ラ)
コンサート	**concierto**	m	コンシエルト
オーケストラ	**orquesta**	f	オルケスタ
指揮者	**director(ra)**	m/f	ディレクトール(ラ)
曲	**pieza**	f	ピエサ
歌	**canción**	f	カンシオン
歌手	**cantante**	m/f	カンタンテ
合唱	**coro**	m	コロ
ソリスト	**solista**	m/f	ソリスタ
ソプラノ	**soprano**	m/f	ソプラノ
アルト	**contralto**	m/f	コントラルト
テノール	**tenor**	m	テノール
バリトン	**barítono**	m	バリトノ
クラシック(ポピュラー)音楽	**música clásica (pop)**	f	ムシカ クラシカ (ポップ)

242

● 音 楽 ●

交響曲	**sinfonía**	f	シンフォニーア
協奏曲	**concierto**	m	コンシエルト
国歌	**himno nacional**	m	イムノ ナシオナル
メロディー	**melodía**	f	メロディア
演奏する	**interpretar**		インテルプレタール
楽器	**instrumento musical**	m	インストゥルメント ムシカル
管楽器	**instrumento de viento**	m	インストゥルメント デ ビエント
弦楽器	**instrumento de cuerda**	m	インストゥルメント デ クエルダ
打楽器	**instrumento de percusión**	m	インストゥルメント デ ペルクシオン
二重奏	**dúo**	m	デュオ
三重奏	**trío**	m	トリオ
四重奏	**cuarteto**	m	クアルテート
五重奏	**quinteto**	m	キンテート

〈関連単語〉

ピアノ	piano m ピアノ	バイオリン	violín m ビオリン
ビオラ	viola f ビオラ	チェロ	violoncelo m ビオロンセロ
ハープ	arpa f アルパ	フルート	flauta f フラウタ
トランペット	trompeta f トロンペタ		
太鼓	tambor m タンボール		

5章 ● 行動・趣味・文化

行動・趣味・文化
演 劇

演劇	**teatro**	m	テアトロ
ドラマ	**drama**	m	ドラマ
喜劇	**comedia**	f	コメディア
悲劇	**tragedia**	f	トラヘディア
悲喜劇	**tragicomedia**	f	トラヒコメディア
オペラ	**ópera**	f	オペラ
オペレッタ	**opereta**	f	オペレタ
サルスエラ	**zarzuela**	f	サルスエラ
ミュージカル	**musical**	m	ムシカル
パントマイム	**pantomima**	f	パントミマ
バレエ	**ballet**	m	バレッ
リハーサル	**ensayo**	m	エンサジョ
照明	**iluminación**	f	イルミナシオン
演劇作家	**dramaturgo(ga)**	m (f)	ドラマトゥルゴ(ガ)
舞台監督	**director(ra) de escena**	m (f)	ディレクトール(ラ) デ エスセーナ
振り付け	**coreografía**	f	コレオグラフィーア
配役	**reparto**	m	レパルト

244

● 演劇 ●

役	**papel**	m	パペル
劇場	**teatro**	m	テアトロ
クローク	**guardarropa**	m	グアルダロパ
1階席	**butaca**	f	ブタカ
ボックス席	**palco**	m	パルコ
天井桟敷(さじき)	**paraíso**	m	パライソ
緞帳(どんちょう)	**telón**	m	テロン
舞台	**escenario**	m	エスセナリオ
花道	**pasillo elevado**	m	パシージョ エレバード
オーケストラボックス	**foso de orquesta**	m	フォソ デ オルケスタ
幕間	**intermedio**	m	インテルメディオ
楽屋	**camerino**	m	カメリーノ
観客	**espectador(ra)**	m/(f)	エスペクタドール(ラ)
カーテンコール	**llamada al escenario**	f	ジャマーダ アル エスセナリオ
マチネ	**matinée**	f	マティネ

コラム

スペインの音楽劇サルスエラ

サルスエラはスペイン風のオペレッタで、寸劇や幕間劇に音楽が入った音楽劇です。17世紀に国王フェリペ4世がサルスエラ宮殿で楽しんだことが、名称の由来です。

5章 ● 行動・趣味・文化

行動・趣味・文化
文学

文学	**literatura**	f	リテラトゥーラ
古典文学	**literatura clásica**	f	リテラトゥーラ クラシカ
現代文学	**literatura contemporánea**	f	リテラトゥーラ コンテンポラネア
作品	**obra**	f	オブラ
著者	**autor(ra)**	m/f	アウトール(ラ)
作家	**escritor(ra)**	m/f	エスクリトール(ラ)
翻訳者	**traductor(ra)**	m/f	トラドゥクトール(ラ)
翻訳書	**traducción**	f	トラドゥクシオン
ジャンル	**género**	m	ヘネロ
フィクション	**ficción**	f	フィクシオン
詩	**poema**	m	ポエマ
詩人	**poeta(poetisa)**	m/f	ポエタ(ポエティサ)
小説	**novela**	f	ノベラ
小説家	**novelista**	m/f	ノベリスタ
物語	**narrativa**	f	ナラティーバ
評論	**crítica**	f	クリティカ
評論家	**crítico(ca)**	m/f	クリティコ(カ)

● 文学 ●

随筆、エッセイ	**ensayo**	m	エンサジョ
随筆家	**ensayista**	m / f	エンサジスタ
伝記	**biografía**	f	ビオグラフィーア
神話	**mitología**	f	ミトロヒーア
寓話	**fábula**	f	ファブラ
伝説	**leyenda**	f	レジェンダ
エピソード	**episodio**	m	エピソディオ
童話	**cuento infantil**	m	クエント インファンティル
絵本	**libro ilustrado**	m	リブロ イルストラード
さし絵	**ilustración**	f	イルストラシオン
ペンネーム	**seudónimo**	m	セウドニモ
あらすじ	**argumento**	m	アルグメント
プロローグ	**prólogo**	m	プロロゴ
エピローグ	**epílogo**	m	エピロゴ
著作権	**derechos de autor**	m	デレーチョス デ アウトール

〈関連単語〉

全集	colección f コレクシオン
文庫本	libro de bolsillo m リブロ デ ボルシージョ
短編集	cuentos m,pl クエントス

5章 ● 行動・趣味・文化

行動・趣味・文化
美術

日本語	スペイン語	性	読み
芸術	**arte**	*m*	アルテ
美術	**bellas artes**	*f pl*	ベジャス アルテス
現代アート	**arte contemporáneo**	*m*	アルテ コンテンポラネオ
造形芸術	**artes plásticas**	*f pl*	アルテス プラスティカス
映像芸術	**artes audiovisuales**	*f pl*	アルテス アウディオビスアレス
美術館	**museo**	*m*	ムセオ
ギャラリー	**galería**	*f*	ガレリーア
アトリエ	**taller/estudio**	*m*	タジェル／エストゥディオ
展覧会	**exposición**	*f*	エスポシシオン
作品	**obra**	*f*	オブラ
巨匠	**maestro(ra)**	*m/(f)*	マエストロ(ラ)
絵画	**pintura**	*f*	ピントゥラ
画家	**pintor(ra)**	*m/(f)*	ピントール(ラ)
油絵	**óleo**	*m*	オレオ
水彩画	**acuarela**	*f*	アクアレラ
フレスコ画	**pintura al fresco**	*f*	ピントゥラ アル フレスコ
壁画	**pintura mural**	*f*	ピントゥラ ムラル

● 美 術 ●

肖像画	**retrato**	m	レトラト
風景画	**paisaje**	m	パイサへ
静物画	**bodegón**	m	ボデゴン
風刺画	**caricatura**	f	カリカトゥラ
印象派	**impresionismo**	m	インプレシオニスモ
キュービズム	**cubismo**	m	クビスモ
野獣派	**fauvismo**	m	ファウビスモ
風俗派	**costumbrismo**	m	コストゥンブリスモ
キャンバス	**lienzo**	m	リエンソ
色調	**tono**	m	トノ
デッサン、下絵	**dibujo/boceto**	m	ディブホ／ボセト
版画	**grabado**	m	グラバード
エッチング	**aguafuerte**	m	アグアフエルテ
シルクスクリーン	**serigrafía**	f	セリグラフィーア
額縁	**marco**	m	マルコ
彫刻	**escultura**	f	エスクルトゥラ
彫刻家	**escultor(ra)**	m (f)	エスクルトール(ラ)
像	**estatua**	f	エスタトゥア
胸像	**busto**	m	ブスト

行動・趣味・文化
アニメ・漫画

日本語	スペイン語	性	読み
アニメ	dibujos animados/animación	m,pl / f	ディブホス アニマードス/アニマシオン
漫画	manga	m	マンガ
コミック	cómic	m	コミック
漫画雑誌	tebeo	m	テベオ
原画	dibujo original	m	ディブホ オリヒナル
吹き出し	globo/bocadillo	m	グロボ/ボカディジョ
漫画のひとコマ	viñeta	f	ビニェタ
シリーズ	serie	f	セリエ
ストーリー	historia	f	イストリア
キャラクター(登場人物)	personaje	m	ペルソナヘ
ヒーロー	héroe	m	エロエ
ヒロイン	heroína	f	エロイーナ
吹き替え	doblaje	m	ドブラヘ
声優	doblador(ra)	m (f)	ドブラドール(ラ)
テーマ	tema	m	テマ
恋愛	amor	m	アモール
暴力	violencia	f	ビオレンシア

● アニメ・漫画 ●

セックス	**sexo**	*m*	セクソ
友情	**amistad**	*f*	アミスタッ
敵	**enemigo(ga)**	*m* / *(f)*	エネミゴ(ゲ)
少年愛	**amor entre chicos**	*m*	アモール エントレ チコス
美少年	**chico guapo**	*m*	チコ グアポ
変身	**transfiguración**	*f*	トランスフィグラシオン
ロボット	**robot**	*m*	ロボット
ギャグ	**gag**	*m*	ガグ
鉄腕アトム	**Astroboy**		アストロボイ
アルプスの少女ハイジ	**Heidi**		ヘイディ
ドラえもん	**Doraemon**		ドラエモン
クレヨンしんちゃん	**Shin chan**		シン チャン
ポケットモンスター	**Poquémon**		ポケモン
ドラゴンボールZ	**Dragonball Z**		ドラゴンボル セタ
美少女戦士セーラームーン	**Sailor Moon**		セイロル ムン
もののけ姫	**La Princesa Mononoke**		ラ プリンセサ モノノケ
風の谷のナウシカ	**Nausicaa del Valle del Viento**		ナウシカ デル バジェ デル ビエント
千と千尋の神隠し	**El viaje de Chihiro**		エル ビアヘ デ チヒロ
崖の上のポニョ	**Ponyo en el Acantilado**		ポニョ エン エル アカンティラード

5章 ● 行動・趣味・文化

> 行動・趣味・文化

歴史上の人物

アリストテレス (ギリシア)	**Aristóteles**	アリストテレス
アレキサンダー大王 (ギリシア)	**Alejandro Magno**	アレハンドロ マグノ
イサベル女王 (スペイン)	**Isabel la Católica**	イサベル ラ カトリカ
エカテリナ女帝 (ロシア)	**Catalina II la Grande**	カタリナ セグンダ ラ グランデ
エリザベス1世 (イギリス)	**Isabel I de Inglaterra**	イサベル プリメーラ デ イングラテラ
カエサル (ローマ)	**César**	セサル
ガリレオ・ガリレイ (イタリア)	**Galileo Galilei**	ガリレオ ガリレイ
ガンジー (インド)	**Gandhi**	ガンディ
クレオパトラ (エジプト)	**Cleopatra**	クレオパトラ
ゲバラ (アルゼンチン)	**Che Guevara**	チェ ゲバラ
孔子 (中国)	**Confucio**	コンフシオ
コペルニクス (ポーランド)	**Copérnico**	コペルニコ
コロンブス	**Cristóbal Colón**	クリストバル コロン
ザビエル (スペイン)	**San Francisco Javier**	サン フランシスコ ハビエル
ジャンヌ・ダルク (フランス)	**Juana de Arco**	フアナ デ アルコ
ソクラテス (ギリシア)	**Sócrates**	ソクラテス
トロツキー (ロシア)	**Trotsky**	トロツキ

● 歴史上の人物 ●

ノーベル (スウェーデン)	**Nobel**	ノベル
ピタゴラス (ギリシア)	**Pitágoras**	ピタゴラス
プラトン (ギリシア)	**Platón**	プラトン
フランコ将軍 (スペイン)	**General Franco**	ヘネラル フランコ
フリードリヒ 大王 (ドイツ)	**Federico II el Grande**	フェデリコ セグンド エル グランデ
マルクス (ドイツ)	**Karl Marx**	カール マルクス
マゼラン (ポルトガル)	**Magallanes**	マガジャネス
マリー・アントワ ネット (フランス)	**María Antonieta de Habsburgo Lorena**	マリーア アントニエタ デ ハプスブルゴ ロレナ
孟子 (中国)	**Mencio**	メンシオ
毛沢東 (中国)	**Mao Tse-tung （Mao Zhe Dong）**	マオ ツェトゥン (マオ セ ドング)
ルイ14世 (フランス)	**Luis XIV, el Rey Sol**	ルイス カトルセ エル レイ ソル
ルター (ドイツ)	**Lutero**	ルテロ
レーニン (ロシア)	**Lenin**	レニン
レオナルド・ダ・ ビンチ (イタリア)	**Leonardo da Vinci**	レオナルド ダ ビンチ
老子 (中国)	**Lao Tse**	ラオ ツェ

《関連単語》

哲学者	filósofo(fa) *m(f)* フィロソフォ (ファ)
国王	rey *m* レイ
女王	reina *f* レイナ

5章 ● 行動・趣味・文化

行動・趣味・文化

名作とその作者① 世界

●文学

赤ずきん	**Caperucita roja** 〈**Perrault**〉
風とともに去りぬ	**Lo que el viento se llevó** 〈**Mitchell**〉
悲しみよこんにちは	**Buenos días, tristeza** 〈**Sagan**〉
クリスマス・キャロル	**Cuento de Navidad** 〈**Dickens**〉
グリム童話集	**Cuentos de Grimm** 〈**Los hermanos Grimm**〉
幸福な王子	**El príncipe feliz** 〈**Wilde**〉
桜の園	**El jardín de los cerezos** 〈**Chejov**〉
三銃士	**Los tres mosqueteros** 〈**A. Dumas**〉
白雪姫	**Blancanieves** 〈**Los hermanos Grimm**〉
誰がために鐘は鳴る	**Por quién doblan las campanas** 〈**Hemingway**〉
チャタレー夫人の恋人	**El amante de Lady Chatterley** 〈**Lawrence**〉
罪と罰	**Crimen y castigo** 〈**Dostoievski**〉
人形の家	**Casa de muñecas** 〈**Ibsen**〉
眠りの森の美女	**La bella durmiente del bosque** 〈**Perrault**〉
百年の孤独	**Cien años de soledad** 〈**García Márquez**〉
変身	**La metamorfosis** 〈**Kafka**〉
星の王子さま	**El principito** 〈**Saint-Exupéry**〉

名作とその作者① 世界

みにくいアヒルの子	El patito feo 〈Andersen〉
レ・ミゼラブル	Los miserables 〈Hugo〉

●美術

快楽の園	El jardín de las delicias 〈El Bosco〉
叫び	El grito 〈Munch〉
考える人	El pensador 〈Rodin〉
三美神	Las tres Gracias 〈Rubens〉
システィナ礼拝堂	La Capilla Sixtina
ビーナス誕生	El nacimiento de Venus 〈Botticelli〉
ミロのビーナス	La Venus de Milo
モーゼ像	Moisés 〈Miguel Ángel〉
モナリザ	La Gioconda 〈Leonardo da Vinci〉

●音楽

美しき青きドナウ	El bello Danubio azul 〈J. Strauss〉
セビリアの理髪師	El barbero de Sevilla 〈Rossini〉
くるみ割り人形	El Cascanueces 〈Tchaikovski〉
月光	Claro de luna 〈Beethoven〉
華麗なる円舞曲	Vals brillante 〈Chopin〉
ニーベルングの指輪	El anillo del nibelungo 〈Wagner〉
魔笛	La flauta mágica 〈Mozart〉
未完成交響曲	Sinfonía inacabada 〈Schubert〉

行動・趣味・文化
名作とその作者② スペイン

●文学

シドの歌	**El cantar de Mío Cid**	
血の婚礼	**Bodas de sangre** 〈Lorca〉	
ドン・キホーテ	**El ingenioso hidalgo don Quijote de la Mancha** 〈Cervantes〉	
パスカル・ドゥアルテの家族	**La familia de Pascual Duarte** 〈C. J. Cela〉	
プラテロと私	**Platero y yo** 〈Juan Ramón Jiménez〉	

●美術

ゲルニカ	**Guernica** 〈Picasso〉
自画像	**Autorretrato** 〈J. Miró〉
侍女たち	**Las meninas** 〈Velázquez〉
記憶の残滓	**La persistencia de la memoria** 〈Dalí〉
聖家族教会	**Templo de la Sagrada Familia** 〈Gaudí〉
聖母被昇天	**La Asunción** 〈El Greco〉
裸の(着衣の)マハ	**La Maja desnuda (vestida)** 〈Goya〉
無原罪の聖母	**La Inmaculada** 〈Murillo〉

●音楽

アランフェス協奏曲	**Concierto de Aranjuez** 〈Rodrigo〉
スペイン舞曲	**Danza española** 〈Granados〉
スペイン組曲	**Suite española** 〈Albéniz〉

6章

自然と環境

自然と環境
天 気

天気	**tiempo**	*m*	ティエンポ
空	**cielo**	*m*	シエロ
太陽	**sol**	*m*	ソル
風	**viento**	*m*	ビエント
雲	**nube**	*f*	ヌベ
どんな天気ですか？	**¿Qué tiempo hace ?**		ケ ティエンポ アセ
よい（悪い）天気です	**Hace buen(mal) tiempo.**		アセ ブエン(マル) ティエンポ
寒いです	**Hace frío.**		アセ フリーオ
暑いです	**Hace calor.**		アセ カロール
涼しいです	**Hace fresco.**		アセ フレスコ
太陽が出ています	**Hace sol.**		アセ ソル
風があります	**Hace viento.**		アセ ビエント
晴天です	**Está despejado.**		エスタ デスペハード
曇っています	**Está nublado.**		エスタ ヌブラード
暖かいです	**Está templado.**		エスタ テンプラード
湿気があります	**Está húmedo.**		エスタ ウメド
空気が乾燥しています	**El aire está seco.**		エル アイレ エスタ セコ

● 天 気

雨が降る	llover		ジョベール
雨	lluvia	f	ジュビア
にわか雨	chaparrón/chubasco	m	チャパロン／チュバスコ
霧、もや	niebla	f	ニエブラ
霜	escarcha	f	エスカルチャ
みぞれ	aguanieve	f	アグアニエベ
雪が降る	nevar		ネバール
雪	nieve	f	ニエベ
あられ	granizo	m	グラニソ
氷	hielo	m	イエロ
稲妻	relámpago	m	レランパゴ
雷	trueno	m	トルエノ
天気予報	pronóstico del tiempo	m	プロノスティコ デル ティエンポ

〈関連単語〉

気象庁	agencia de meteorología f アヘンシア デ メテオロロヒーア
気象衛星	satélite meteorológico m サテリテ メテオロロヒコ
低(高)気圧	baja(alta) presión atmosférica f バハ（アルタ） プレシオン アトモスフェリカ
気候	clima m クリマ
温度	temperatura f テンペラトゥラ

自然と環境
自然① 宇宙・天体

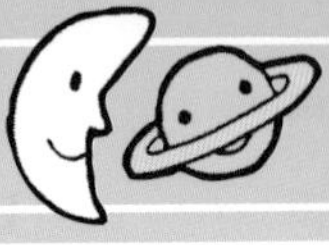

宇宙	cosmos/espacio	m	コスモス／エスパシオ
天体	astro	m	アストロ
太陽	sol	m	ソル
月	luna	f	ルナ
満月	luna llena	f	ルナ ジェナ
三日月	luna creciente	f	ルナ クレシエンテ
星	estrella	f	エストレジャ
惑星	planeta	m	プラネタ
地球	Tierra	f	ティエラ
水星	Mercurio	m	メルクリオ
金星	Venus	m	ベヌス
火星	Marte	m	マルテ
木星	Júpiter	m	フピテル
土星	Saturno	m	サトゥルノ
銀河（天の川）	Vía Láctea	f	ビア ラクテア
星座	constelación	f	コンステラシオン
流れ星	estrella fugaz	f	エストレジャ フガス

● 自然① 宇宙・天体

いん石	**aerolito**	m	アエロリト
ブラックホール	**agujero negro**	m	アグヘロ ネグロ
UFO（未確認飛行物体）	**ovni ⟨objeto volador no identificado⟩**	m	オブニ⟨オブヘト ボラドール ノ イデンティフィカード⟩
宇宙人（地球外生命体）	**extraterrestre**	m f	エストラテレストレ
人工衛星	**satélite artificial**	m	サテリテ アルティフィシアル
天文台	**observatorio astronómico**	m	オブセルバトリオ アストロノミコ
天体観測	**observación astronómica**	f	オブセルバシオン アストロノミカ
天体望遠鏡	**telescopio astronómico**	m	テレスコピオ アストロノミコ

〈関連単語〉

大気圏	atmósfera f アトモスフェラ
無重力	ingravidez f イングラビデス
宇宙飛行	vuelo espacial m ブエロ エスパシアル
ロケットを打ち上げる	lanzar un cohete ランサール ウン コエテ
スペースシャトル	transbordador espacial m トランスボルダドール エスパシアル
国際宇宙ステーション	estación espacial internacional f エスタシオン エスパシアル インテルナシオナル
宇宙飛行士	astronauta m, f アストロナウタ
宇宙遊泳する	pasear por el espacio m パセアール ポル エル エスパシオ
実験モジュール	módulo de laboratorio m モドゥロ デ ラボラトリオ

自然と環境
自然② 地形

自然	**naturaleza**	f	ナトゥラレサ
山脈	**sierra**	f	シエラ
山	**montaña**	f	モンターニャ
火山	**volcán**	m	ボルカン
丘	**colina**	f	コリナ
峠 とうげ	**paso/puerto de montaña**	m	パソ/プエルト デ モンターニャ
頂上	**cima/cumbre**	f	シマ/クンブレ
山腹、斜面	**ladera**	f	ラデラ
(山の) ふもと	**pie de montaña**	m	ピエ デ モンターニャ
崖	**precipicio/barranco**	m	プレシピシオ/バランコ
陸地	**tierra**	f	ティエラ
大陸	**continente**	m	コンティネンテ
島	**isla**	f	イスラ
半島	**península**	f	ペニンスラ
平野	**llanura**	f	ジャヌーラ
台地、高原	**meseta**	f	メセタ
盆地、流域	**cuenca**	f	クエンカ

● 自然② 地形 ●

畑、野原、田舎	campo	m	カンポ
砂漠	desierto	m	デシエルト
森	bosque	m	ボスケ
海	mar	m/f	マル
海岸	costa	f	コスタ
大洋	océano	m	オセアノ
海峡	estrecho	m	エストレチョ
湾	golfo / bahía	m/f	ゴルフォ／バイーア
入江	ensenada	f	エンセナーダ
岬	cabo	m	カボ
川	río	m	リオ
川岸	orilla	f	オリジャ
堀	foso	m	フォソ
運河	canal	m	カナル
渓谷	valle	f	バジェ
滝	cascada	f	カスカーダ
湖	lago	m	ラゴ
沼	pantano	m	パンタノ
池	estanque	m	エスタンケ

6章 ● 自然と環境

自然と環境
環境

日本語	スペイン語	性	読み
環境	medio ambiente	m	メディオ アンビエンテ
エコロジー	ecología	f	エコロヒーア
環境破壊	desastre ecológico	m	デサストレ エコロヒコ
環境保護	protección del medio ambiente	f	プロテクシオン デル メディオ アンビエンテ
環境政策	política medioambiental	f	ポリティカ メディオアンビエンタル
環境税	ecotasa	f	エコタサ
環境省	Ministerio del Medio Ambiente	m	ミニステリオ デル メディオ アンビエンテ
公害、環境汚染	contaminación ambiental	f	コンタミナシオン アンビエンタル
気候変動	cambio climático	m	カンビオ クリマティコ
地球温暖化	calentamiento global	m	カレンタミエント グロバル
エルニーニョ現象	el fenómeno del Niño	m	エル フェノメノ デル ニーニョ
森林破壊	deforestación	f	デフォレスタシオン
砂漠化	desertización	f	デセルティサシオン
酸性雨	lluvia ácida	f	ジュビア アシダ
オゾンホール	agujero de ozono	m	アグヘロ デ オソノ
汚染物質	contaminante	m	コンタミナンテ
温室効果ガス	gas de efecto invernadero	m	ガス デ エフェクト インベルナデロ

環境

日本語	Español	性	カナ
排気ガス	gas de escape	m	ガス デ エスカペ
二酸化炭素	dióxido de carbono	m	ディオキシド デ カルボノ
窒素酸化物	óxido de nitrógeno	m	オキシド デ ニトロヘノ
フロンガス	fluorocarbono	m	フルオロカルボノ
産業廃棄物	desechos (vertidos) industriales	m pl	デチョス(ベルティードス) インドゥストリアレス
クリーン(再生可能)エネルギー	energía verde (renovable)	f	エネルヒーア ベルデ (レノバブレ)
太陽エネルギー	energía solar	f	エネルヒーア ソラル
風力エネルギー	energía eólica	f	エネルヒーア エオリカ
水力エネルギー	energía hidráulica	f	エネルヒーア イドラウリカ
地熱エネルギー	energía geotérmica	f	エネルヒーア ヘオテルミカ
バイオマス・エネルギー	energía de biomasa	f	エネルヒーア デ ビオマサ
原子力エネルギー	energía nuclear	f	エネルヒーア ヌクレアル
太陽電池	batería solar	f	バテリーア ソラル
ハイブリッドカー	coche híbrido	m	コチェ イブリド
省エネする	ahorrar energía		アオラール エネルヒーア
リサイクル	reciclaje	m	レシクラヘ
ごみの分別	clasificación de la basura	f	クラシフィカシオン デ ラ バスーラ
リサイクルごみ	basura reciclable	f	バスーラ レシクラブレ
生ごみ	basura orgánica	f	バスーラ オルガニカ

6章 ● 自然と環境

自然と環境
動物①

動物	animal	m	アニマル
脊椎動物	vertebrados	m pl	ベルテブラードス
ほ乳類	mamíferos	m pl	マミフェロス
肉食動物	animal carnívoro	m	アニマル カルニボロ
草食動物	animal herbívoro	m	アニマル エルビボロ
霊長類	primates	m pl	プリマテス
オス	macho	m	マチョ
メス	hembra	f	エンブラ
アザラシ	foca	f	フォカ
アナグマ	tejón	m	テホン
アルパカ	alpaca	f	アルパカ
イタチ	comadreja	f	コマドレハ
犬	perro(rra)	m (f)	ペロ(ラ)
イノシシ	jabalí	m	ハバリ
イルカ	delfín	m	デルフィン
ウサギ	conejo	m	コネホ
野ウサギ	liebre	f	リエブレ

牛 (メス)	**vaca**	*f*	バカ
牛 (オス)	**toro**	*m*	トロ
子牛	**ternero(ra)**	*m* (*f*)	テルネロ(ラ)
馬 (オス)	**caballo**	*m*	カバジョ
馬 (メス)	**yegua**	*f*	ジェグア
子馬	**potro(tra)**	*m* (*f*)	ポトロ(トラ)
シマウマ	**cebra**	*f*	セブラ
オオカミ	**lobo**	*m*	ロボ
オットセイ	**oso marino**	*m*	オソ マリノ
オランウータン	**orangután**	*m*	オラングタン
カバ	**hipopótamo**	*m*	イポポタモ
カモシカ	**gamuza**	*f*	ガムサ
クジラ	**ballena**	*f*	バジェナ
カンガルー	**canguro**	*m*	カングーロ
キツネ	**zorro(rra)**	*m* (*f*)	ソロ(ラ)
キリン	**jirafa**	*f*	ヒラファ
クマ	**oso(sa)**	*m* (*f*)	オソ(サ)
コウモリ	**murciélago**	*m*	ムルシエラゴ
ゴリラ	**gorila**	*m*	ゴリラ

自然と環境
動物②

サル	**mono(na)**	*m/f*	モノ(ナ)
シカ	**ciervo(va)**	*m/f*	シエルボ(バ)
ジャガー	**jaguar**	*m*	ハグアル
ゾウ	**elefante**	*m*	エレファンテ
タヌキ	**tejón**	*m*	テホン
チーター	**guepardo**	*m*	ゲパルド
チンパンジー	**chimpancé**	*m*	チンパンセ
トラ	**tigre**	*m*	ティグレ
猫	**gato(ta)**	*m/f*	ガト(タ)
ネズミ	**rata**	*f*	ラタ
ハイエナ	**hiena**	*f*	イエナ
ハツカネズミ	**ratón (ratona)**	*m/f*	ラトン (ラトナ)
パンダ	**oso panda**	*m*	オソ パンダ
ジャイアントパンダ	**panda gigante**	*m*	パンダ ヒガンテ
レッサーパンダ	**panda menor**	*m*	パンダ メノール
羊 (メス)	**oveja**	*f*	オベハ
羊 (オス)	**carnero**	*m*	カルネロ

● 動物②

子羊	cordero(ra)	m/f	コルデロ(ラ)
ヒョウ	leopardo	m	レオパルド
ピューマ	puma	m	プマ
豚	cerdo(da)	m/f	セルド(ダ)
モグラ	topo	m	トポ
ヤギ	cabra	f	カブラ
ライオン	león (leona)	m/f	レオン (レオナ)
ラクダ	camello(lla)	m/f	カメジョ(ジャ)
ラバ	mulo(la)	m/f	ムロ(ラ)
リャマ	llama	f	ジャマ
ロバ	asno(na)/burro(ra)	m/f	アスノ(ナ)/ブロ(ラ)

〈関連単語〉

牧場	granja f グランハ
家畜	animal doméstico m アニマル ドメスティコ
カウボーイ	vaquero(ra) m (f) バケロ(ラ)
羊飼い	pastor(ra) m (f)

(動物の)角	cuerno m クエルノ	(ゾウなどの)きば	colmillo m コルミジョ
ラクダのこぶ	joroba f ホロバ	馬のたてがみ	crin f クリン
(馬の)ひづめ	casco m カスコ	しっぽ	cola f / rabo m コラ / ラボ

自然と環境
虫

昆虫	insecto	m	インセクト
(一般的に) 虫	bicho	m	ビチョ
アリ	hormiga	f	オルミガ
シロアリ	termita/ comején	f / m	テルミタ／ コメヘン
イガ (衣類につく虫)	polilla	f	ポリジャ
うじ虫	gusano	m	グサノ
カ	mosquito	m	モスキート
ガ	mariposa nocturna	f	マリポサ ノクトゥルナ
カゲロウ	efímera/ cachipolla	f	エフィメラ／ カチポジャ
カタツムリ	caracol	m	カラコル
カブトムシ	ciervo volante	m	シエルボ ボランテ
カマキリ	mantis religiosa	f	マンティス レリヒオサ
キリギリス・バッタ・イナゴ類	saltamontes	m	サルタモンテス
クモ	araña	f	アラニャ
毛虫・青虫・いも虫類	oruga	f	オルーガ
コオロギなど鳴く虫	grillo	m	グリジョ
コガネムシ	escarabajo	m	エスカラバホ

● 虫 ●

ゴキブリ	**cucaracha**	f	クカラチャ
シラミ	**piojo**	m	ピオホ
セミ	**cigarra**	f	シガーラ
ダニ	**garrapata**	f	ガラパタ
チョウ	**mariposa**	f	マリポサ
トンボ	**libélula/** **caballito del diablo**	f m	リベルラ／ カバジト デル ディアブロ
ナメクジ	**babosa**	f	バボサ
ノミ	**pulga**	f	プルガ
ハエ	**mosca**	f	モスカ
ホタル	**luciérnaga**	f	ルシエルナガ
ミツバチ	**abeja**	f	アベハ
クマバチ	**avejorro**	m	アベホロ
ミミズ	**lombriz**	f	ロンブリス

〈関連単語〉

害虫	insecto dañino m インセクト　ダニノ	益虫	insecto útil m インセクト　ウティル
幼虫	larva f ラルバ		
寄生虫	parásito m パラシト		
巣	nido m ニド		
クモの巣	telaraña f テララーニャ		

6章 ● 自然と環境

自然と環境
魚介類

魚	pez	m	ペス
貝	molusco	m	モルスコ
甲殻類	crustáceos	m pl	クルスタセオス
淡水魚	pez de agua dulce	m	ペス デ アグア ドゥルセ
海水魚	pez de agua salada	m	ペス デ アグア サラーダ
アナゴ	anguila de mar	f	アンギーラ デ マル
アユ・マス類	trucha	f	トゥルーチャ
イワナ	umbra	f	ウンブラ
ウナギ	anguila	f	アンギーラ
ウナギの稚魚（シラスウナギ）	angula	f	アングーラ
カマス	lucio	m	ルシオ
クルマエビ	langostino	m	ランゴスティノ
コイ	carpa	f	カルパ
サザエ	trompo	m	トロンポ
サメ	tiburón	m	ティブロン
シバエビ	gamba	m	ガンバ
タイ	besugo	m	ベスーゴ

● 魚介類

ドジョウ	**locha**	f	ロチャ
ナマズ	**siluro**	m	シルロ
ニシン	**arenque**	m	アレンケ
フグ	**pez globo**	m	ペス　グロボ
フナ	**carpín**	m	カルピン

● その他の海の生物

アメーバ	**ameba**	f	アメバ
カイメン	**esponja**	f	エスポンハ
クラゲ	**medusa**	f	メドゥサ
サンゴ	**coral**	m	コラル
ヒトデ	**estrella de mar**	f	エストレジャ　デ　マル

＊その他の食用となる魚介類は p.144 参照

〈関連単語〉

漁業	pesca f ペスカ	漁師	pescador(ra) m (f) ペスカドール (ラ)
釣りをする	pescar ペスカール	釣りざお	caña de pescar f カニャ　デ　ペスカール
釣り針	anzuelo m アンスエロ	えさ	cebo m セボ
遠洋漁業	pesca de alta mar f ペスカ　デ　アルタ　マル	沿岸漁業	pesca costera f ペスカ　コステーラ
ひれ	aleta f アレタ		
えら	agalla f アガジャ		
うろこ	escama f エスカマ		

6章　●自然と環境

自然と環境
両生類・は虫類・その他

●両生類　antibios

イモリ	tritón	m	トゥリトン
カエル	rana	f	ラナ
アマガエル	rubeta	f	ルベタ
ガマガエル（ヒキガエル）	sapo	m	サポ
サンショウウオ	salamandra	f	サラマンドラ

●は虫類　reptiles

アリゲーター	aligátor	m	アリガトル
イグアナ	iguana	f	イグアナ
カメ	tortuga	f	トルトゥガ
カメレオン	camaleón	m	カマレオン
トカゲ	lagarto	m	ラガルト
(小さな)トカゲ	lagartija	f	ラガルティハ
ヘビ	serpiente/culebra	f	セルピエンテ／クレブラ
ガラガラヘビ	serpiente de cascabel	f	セルピエンテ デ カスカベル
コブラ	cobra	f	コブラ
マムシ	víbora	f	ビボラ
ヤモリ	salamanquesa	f	サラマンケサ
ワニ	cocodrilo	m	ココドリーロ

●その他

日本語	スペイン語	性	読み
(動物の) おり	jaula	f	ハウラ
水槽	pecera/acuario	f	ペセラ／アクアリオ
水族館	acuario	m	アクアリオ
飼育係	criador(ra)	m/(f)	クリアドール(ラ)
イルカショー	delfinario	m	デルフィナリオ
(動物などの) ショー	espectáculo	m	エスペクタクロ
獣医	veterinario(ria)	m/(f)	ベテリナリオ(リア)
動物病院	clínica veterinaria	f	クリニカ ベテリナリア

〈関連単語〉動物と鳥の鳴き声

犬	guau guau	グアウ グアウ
猫	miau miau	ミアウ ミアウ
小鳥	pío pío	ピオ ピオ
カッコウ	cucú cucú	クク クク
ハト	cu-curru-cú	ク クル ク
フクロウ	uu uu	ウウ ウウ
ニワトリ(オス)	quiquiriquí	キキリキ
虫・鳥が鳴く	cantar	カンタール
小鳥がさえずる	piar	ピアール

自然と環境
鳥

鳥類	**aves**	f pl	アベス
ひな鳥	**cría de ave**	f	クリーア デ アベ
アヒル	**pato(ta)**	m (f)	パト(タ)
ウグイス	**ruiseñor**	m	ルイセニョール
カッコウ・ホトトギス類	**cuco/cuclillo**	m	クコ/ククリジョ
ガチョウ	**ganso(sa)**	m (f)	ガンソ(サ)
カモ	**pato salvaje**	m	パト サルバヘ
カモメ	**gaviota**	f	ガビオタ
カラス	**cuervo**	m	クエルボ
ガン	**ganso salvaje**	m	ガンソ サルバヘ
キジ	**faisán**	m	ファイサン
キツツキ	**carpintero**	m	カルピンテロ
クジャク	**pavo real**	m	パボ レアル
コウノトリ	**cigüeña**	f	シグエニャ
コンドル	**cóndor**	m	コンドル
シチメンチョウ	**pavo(va)**	m (f)	パボ(バ)
スズメ	**gorrión**	m	ゴリオン

●鳥

タカ、ハヤブサ	**halcón**	m	アルコン
ダチョウ	**avestruz**	f	アベストゥルス
チドリ	**chorlito**	m	チョルリト
ツバメ	**golondrina**	f	ゴロンドリナ
ツル	**grulla**	f	グルジャ
トキ	**ibis**	m	イビス
トンビ	**milano**	m	ミラノ
ハクチョウ	**cisne**	m	シスネ
ハト	**paloma**	f	パロマ
フラミンゴ	**flamenco**	m	フラメンコ
フクロウ	**lechuza/ búho**	f / m	レチュサ／ ブオ
ペリカン	**pelícano**	m	ペリカノ
ペンギン	**pingüino**	m	ピングイノ
ライチョウ	**perdiz blanca**	f	ペルディス ブランカ
ワシ	**águila**	f	アギラ

〈関連単語〉

くちばし	pico m ピコ
羽	pluma m プルマ
翼	ala f アラ

6章 ● 自然と環境

自然と環境
ペット

ペット	animal de compañía/mascota	m/f	アニマル デ コンパニーア/マスコタ
ブルドッグ	bulldog	m	ブルドグ
プードル	caniche	m	カニチェ
チワワ	chihuahua	m	チウアウア
ダルメシアン	dálmata	m	ダルマタ
テリア	terrier	m	テリエル
シャム猫	siamés	m	シアメス
ペルシャ猫	gato persa	m	ガト ペルサ
三毛猫	gato tricolor	m	ガト トリコロール
チンチラ	chinchilla	f	チンチジャ
ハムスター	hámster	m	アムステル
モルモット	cobaya	f	コバジャ
金魚	pez de colores	m	ペス デ コローレス
熱帯魚	pez tropical	m	ペス トロピカル
カメ	tortuga	f	トルトゥガ
オウム	loro	m	ロロ
カナリア	canario	m	カナリオ

● ペット ●

文鳥	**gorrión de Java**	*m*	ゴリオン デ ハバ
コンゴウインコ	**guacamayo**	*m*	グアカマジョ
セキセイインコ	**periquito**	*m*	ペリキト
ペットショップ	**pajarería**	*f*	パハレリーア
ペットフード	**comida para animales**	*f*	コミーダ パラ アニマレス
ペットを飼う	**tener mascota**		テネール マスコタ
しつけ・訓練する	**adiestrar**		アディエストラール
世話をする	**cuidar**		クイダール
水槽	**pecera/acuario**	*f*/*m*	ペセラ／アクアリオ
(ペットを入れる)かご、おり	**jaula**	*f*	ハウラ
ドッグ・ラン	**campo para perros**	*m*	カンポ パラ ペロス
アニマル・セラピー	**terapia asistida por animales**	*f*	テラピア アシスティーダ ポル アニマレス
コンパニオン・アニマル	**animal de compañía**	*m*	アニマル デ コンパニーア
介助犬	**perro de asistencia**	*m*	ペロ デ アシステンシア
盲導犬	**perro guía/lazarillo**	*m*	ペロ ギア／ラサリージョ
ブリーダー	**criador(ra)**	*m*(*f*)	クリアドール(ラ)
獣医	**veterinario(ria)**	*m*(*f*)	ベテリナリオ(リア)
動物病院	**clínica veterinaria**	*f*	クリニカ ベテリナリア

6章 ● 自然と環境

自然と環境
木・草

植物	**planta**	f	プランタ
樹木	**árbol**	m	アルボル
イトスギ	**ciprés**	m	シプレス
カエデ	**arce**	m	アルセ
カシ	**encina**	f	エンシナ
カシの実（ドングリ）	**bellota**	f	ベジョタ
カバ	**abedul**	m	アベドゥル
桐	**paulonia**	f	パウロニア
月桂樹	**laurel**	m	ラウレル
桑	**morera**	f	モレラ
コルク	**corcho**	m	コルチョ
シュロ、ヤシ	**palma**	f	パルマ
杉	**cedro japonés**	m	セドロ ハポネス
竹	**bambú**	m	バンブ
ニレ	**olmo**	m	オルモ
ヒノキ	**ciprés japonés**	m	シプレス ハポネス
ブナ	**haya**	f	アジャ

280

木・草

ポプラ	**álamo**	m	アラモ
松	**pino**	m	ピノ
松カサ	**piña**	f	ピニャ
モミ	**abeto**	m	アベト
柳	**sauce**	m	サウセ
草	**hierba**	f	イエルバ
アシ	**caña**	f	カニャ
イグサ	**junco japonés**	m	フンコ ハポネス
クローバー	**trébol**	m	トレボル
芝生	**césped**	m	セスペッ
サボテン	**cactus**	m	カクトゥス
コケ	**musgo**	m	ムスゴ
きのこ	**hongo**	m	オンゴ
シダ・ゼンマイ・ワラビ類	**helecho**	m	エレチョ

〈関連単語〉

幹	tronco m	トロンコ
枝	rama f	ラマ
葉	hoja f	オハ
根	raíz f	ライス

自然と環境
花① 果樹・花木

●果樹　árbol frutal

日本語	スペイン語	性	カナ
あんず	albaricoquero	m	アルバリコケロ
いちじく	higuera	f	イゲラ
梅	ciruelo	m	シルエロ
オリーブ	olivo	m	オリボ
オレンジ	naranjo	m	ナランホ
イチョウ	ginkgo	m	ヒンゴ
栗	castaño	m	カスターニョ
くるみ	nogal	m	ノガル
桜	cerezo	m	セレソ
ざくろ	granado	m	グラナード
なし	peral	m	ペラル
アーモンド	almendro	m	アルメンドロ
ぶどうの木	vid	f	ビッ
桃	melocotonero	m	メロコトネーロ
りんご	manzano	m	マンサーノ
ヤシ	palma	f	パルマ

●花木

日本語	スペイン語	性	カナ
アジサイ	hortensia	f	オルテンシア

● 花① 果樹・花木

6章 ● 自然と環境

エニシダ	**codeso**	m	コデソ
キョウチクトウ	**adelfa/baladre**	f/m	アデルファ／バラドレ
サツキ	**azalea**	f	アサレア
シャクナゲ	**rododendro**	m	ロドデンドロ
ジャスミン	**jazmín**	m	ハスミン
ツバキ、サザンカ	**camelia**	f	カメリア
ハギ	**asiento de pastor**	m	アシエント デ パストール
ハリエニシダ	**aulaga**	f	アウラガ
モクセイ	**osmanthus**	m	オスマントゥス
ヤマブキ	**rosa amarilla**	f	ロサ アマリージャ

＊果物はp.148参照

〈関連単語〉

メシベ	pistilo m	ピスティロ
オシベ	estambre m	エスタンブレ
花粉	polen m	ポレン
受粉	polinización f	ポリニサシオン
花びら	pétalo m	ペタロ
茎	tallo m	タジョ
種子	semilla f	セミージャ
球根	bulbo m	ブルボ

自然と環境
花② 草花

花	**flor**	f	フロール
アヤメ、ショウブ、ユリ	**lirio**	m	リリオ
アサガオ	**dondiego de día**	m	ドンディエゴ デ ディア
キク	**crisantemo**	m	クリサンテモ
カーネーション	**clavel**	m	クラベル
グラジオラス	**gladiolo**	m	グラディオロ
ケイトウ	**gallocresta**	f	ガジョクレスタ
サクラソウ	**primavera**	f	プリマベラ
サルビア	**salvia**	f	サルビア
白ユリ	**azucena**	f	アスセナ
シクラメン	**ciclamen**	m	シクラメン
シャクヤク、ボタン	**peonía**	f	ペオニーア
スイセン	**narciso**	m	ナルシソ
スイレン	**nenúfar**	m	ネヌファル
スズラン	**lirio de los valles**	m	リリオ デ ロス バジェス
スミレ	**violeta**	f	ビオレタ
ゼラニウム	**geranio**	m	ヘラニオ

● 花② 草花 ●

ダリア	**dalia**	*f*	ダリア
タンポポ	**diente de león**	*m*	ディエンテ デ レオン
チューリップ	**tulipán**	*m*	トゥリパン
デージー	**margarita de los prados**	*f*	マルガリタ デ ロス プラドス
ハイビスカス	**hibisco**	*m*	イビスコ
バラ	**rosa**	*f*	ロサ
パンジー(三色スミレ)	**pensamiento**	*m*	ペンサミエント
ヒマワリ	**girasol**	*m*	ヒラソル
ブーゲンビリア	**buganvilla**	*f*	ブガンビジャ
フリージア	**freesia**	*f*	フレエシア
ペチュニア	**petunia**	*f*	ペトゥニア
ベゴニア	**begonia**	*f*	ベゴニア
ポインセチア	**poinsettia**	*f*	ポインセティア
ポピー、ヒナゲシ	**amapola**	*f*	アマポラ
マーガレット(ヒナギク)	**margarita**	*f*	マルガリタ
ユウガオ	**campanilla**	*f*	カンパニジャ
ラベンダー	**lavanda**	*f*	ラバンダ
ラン	**orquídea**	*f*	オルキデア
ワスレナグサ	**nomeolvides**	*m/f*	ノメオルビデス

6章 ●自然と環境

自然と環境
遺跡と自然・文化遺産

歴史的遺産	patrimonio	m	パトリモニオ
世界遺産	Patrimonio de la Humanidad	m	パトリモニオ デ ラ ウマニダッ
文化遺産	patrimonio cultural	m	パトリモニオ クルトゥラル
自然遺産	patrimonio natural	m	パトリモニオ ナトゥラル
遺跡、廃墟(はいきょ)	ruinas	f pl	ルイナス
歴史的建造物	monumento histórico	m	モヌメント イストリコ
建築	arquitectura	f	アルキテクトゥラ
建築様式	estilo arquitectónico	m	エスティロ アルキテクトニコ
ロマネスク様式	estilo románico	m	エスティロ ロマニコ
ゴシック様式	estilo gótico	m	エスティロ ゴティコ
旧市街	ciudad vieja	f	シウダッ ビエハ
伝統文化	cultura tradicional	f	クルトゥラ トラディシオナル
文明	civilización	f	シビリサシオン
景観	paisaje	m	パイサヘ
城	castillo	m	カスティジョ
(アラビア風)王宮・城	alcázar	m	アルカサル
大聖堂	catedral	f	カテドラル

遺跡と自然・文化遺産

日本語	スペイン語	性	カナ
教会	iglesia	f	イグレシア
ユダヤ教会堂	sinagoga	f	シナゴーガ
修道院	convento/monasterio	m	コンベント／モナステリオ
寺院	templo	m	テンプロ
神社	santuario sintoísta	m	サントゥアリオ シントイスタ
(教会の)塔	torre	f	トーレ
仏塔	pagoda	f	パゴダ
鐘楼（しょうろう）	campanario	f	カンパナリオ
巡礼路	camino de peregrinación	m	カミノ デ ペレグリナシオン
城塞	fortaleza	f	フォルタレサ
城壁	muralla	f	ムラージャ
水道橋	acueducto	m	アクエドゥクト
伝統的家屋	casa tradicional	f	カサ トラディシオナル
国立公園	Parque Nacional	m	パルケ ナシオナル
自然保護区	reserva natural	f	レセルバ ナトゥラル
自然美	belleza natural	f	ベジェサ ナトゥラル
絶滅危惧種	especie en peligro de extinción	f	エスペシエ エン ペリグロ デ エスティンシオン
生態系	ecosistema	m	エコシステマ
(動植物の)生息地、生息環境	hábitat	m	アビタッ

6章 ● 自然と環境

自然と環境
スペインの世界遺産

メスキータとコルドバの歴史地区
Mezquita y Centro Histórico de Córdoba
メスキータ　イ　セントロ　イストリコ　デ　コルドバ

グラナダのアルハンブラ宮殿、ヘネラリフェ庭園とアルバイシン
La Alhambra, el Generalife y el Albaicín de Granada
ラ　アランブラ　エル　ヘネラリフェ　イ　エル　アルバイシン　デ　グラナダ

サラマンカの旧市街
Ciudad Vieja de Salamanca
シウダッ　ビエハ　デ　サラマンカ

セゴビアの旧市街と水道橋
Ciudad Vieja de Segovia y su Acueducto
シウダッ　ビエハ　デ　セゴビア　イ　ス　アクエドゥクト

サンチャゴ・デ・コンポステーラの旧市街
Ciudad Vieja de Santiago de Compostela
シウダッ　ビエハ　デ　サンティアゴ　デ　コンポステーラ

トレド旧市街
Ciudad Histórica de Toledo
シウダッ　イストリカ　デ　トレド

セビージャの大聖堂、アルカサルとインディアス公文書館
Catedral, Alcázar y Archivo de Indias de Sevilla
カテドラル　アルカサル　イ　アルチーボ　デ　インディアス　デ　セビージャ

ドニャーナ国立公園
Parque Nacional de Doñana
パルケ　ナシオナル　デ　ドニャーナ

コラム

世界遺産に恵まれたスペイン

ユネスコの世界遺産962（2012年7月現在）のうち、44はスペインにあり、この数はイタリアに次いでいます。44のうち39は文化遺産で、上にあげたのはその代表的なものです。自然遺産で注目すべきものはドニャーナ国立公園で、アンダルシア南部のグアダルキビル川右岸に広がる、ヨーロッパでも最大級の自然保護区です。

7章
病気・トラブル

病気・トラブル
病院 ① 受診関連用語・病院の施設

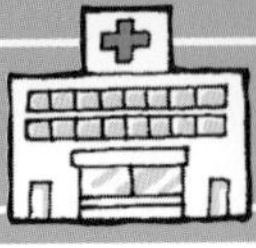

病院	**hospital**	m	オスピタル
総合病院	**hospital general**	m	オスピタル ヘネラル
クリニック	**clínica**	f	クリニカ
救急病院	**hospital de urgencias**	m	オスピタル デ ウルヘンシアス
救命救急センター	**centro de emergencia/ centro de urgencias**	m	セントロ デ エメルヘンシア/ セントロ デ ウルヘンシアス
ホスピス	**residencia para enfermos terminales**	f	レシデンシア パラ エンフェルモス テルミナレス
医者	**médico(ca)**	m (f)	メディコ(カ)
看護師	**enfermero(ra)**	m (f)	エンフェルメロ(ラ)
病人	**enfermo(ma)**	m (f)	エンフェルモ(マ)
患者	**paciente**	m f	パシエンテ
受付	**recepción**	f	レセプシオン
外来	**consulta externa**	f	コンスルタ エステルナ
診察時間	**horas de consulta**	f pl	オラス デ コンスルタ
初診	**primera consulta**	f	プリメーラ コンスルタ
再診	**consultas posteriores**	f pl	コンスルタス ポステリオレス
健康保険(証)	**seguro médico**	m	セグーロ メディコ
診察券	**tarjeta de consulta**	f	タルヘタ デ コンスルタ

● 病院① 受診関連用語・病院の施設 ●

予約	**reserva**	f	レセルバ
会計	**contabilidad**	f	コンタビリダッ
待合室	**sala de espera**	f	サラ デ エスペラ
ナースステーション	**sala de enfermeros**	m	サラ デ エンフェルメロス
診察室	**sala de consulta**	f	サラ デ コンスルタ
検査室	**laboratorio**	m	ラボラトリオ
レントゲン室	**sala de rayos X**	f	サラ デ ラジョス エキス
手術室	**sala de operaciones**	f	サラ デ オペラシオネス
集中治療室(I.C.U.)	**unidad de cuidados intensivos**	f	ウニダッ デ クイダードス インテンシボス
入院	**hospitalización**	f	オスピタリサシオン
入院手続き	**trámites de hospitalización**	m pl	トラミテス デ オスピタリサシオン
入院患者	**hospitalizado(da)**	m (f)	オスピタリサード(ダ)
入院病棟	**pabellón de hospitalizados**	f	パベジョン デ オスピタリサードス
病室	**sala de enfermos**	f	サラ デ エンフェルモス
入院料	**tarifa de hospitalización**	f	タリファ デ オスピタリサシオン
面会	**visita**	f	ビシタ
面会時間	**horario de visita**	m	オラリオ デ ビシタ
面会謝絶	**Se prohíben las visitas**		セ プロイーベン ラス ビシタス
検診	**revisión médica**	f	レビシオン メディカ

7章 ● 病気・トラブル

病気・トラブル
病院② 専門科と専門医

日本語	スペイン語	性	読み
精神科	**psiquiatría**	f	シキアトリーア
精神科医	**psiquiatra**	m/f	シキアトラ
脳神経外科	**neurocirugía**	f	ネウロシルヒーア
眼科	**oftalmología**	f	オフタルモロヒーア
眼科医	**oftalmólogo(ga)**	m/(f)	オフタルモロゴ(ガ)
耳鼻咽喉科	**otorrinolaringología**	f	オトリノラリンゴロヒーア
耳鼻咽喉科医	**otorrinolaringólogo(ga)**	m/(f)	オトリノラリンゴロゴ(ガ)
歯科	**odontología**	f	オドントロヒーア
歯科医	**odontólogo(ga)/dentista**	m(f)/m,f	オドントロゴ(ガ)/デンティスタ
歯科衛生士	**higienista dental**	m/f	イヒエニスタ デンタル
歯科技工士	**protésico(ca) dental**	m/(f)	プロテシコ(カ) デンタル
皮膚科	**dermatología**	f	デルマトロヒーア
皮膚科医	**dermatólogo(ga)**	m/(f)	デルマトロゴ(ガ)
内科	**medicina interna**	f	メディシーナ インテルナ
内科医	**internista**	m/f	インテルニスタ
外科	**cirugía**	f	シルヒーア
外科医	**cirujano(na)**	m/(f)	シルハーノ(ナ)

292

● 病院② 専門科と専門医

形成外科	**cirugía plástica**	f	シルヒーア プラスティカ
美容整形外科	**cirugía cosmética**	f	シルヒーア コスメティカ
泌尿器科	**urología**	f	ウロロヒーア
泌尿器科医	**urólogo(ga)**	m (f)	ウロロゴ(ガ)
産科	**obstetricia**	f	オブステトリシア
産科医	**obstetra**	m f	オブステトラ
助産婦	**partera**	f	パルテーラ
婦人科	**ginecología**	f	ヒネコロヒーア
婦人科医	**ginecólogo(ga)**	m (f)	ヒネコロゴ(ガ)
小児科	**pediatría**	f	ペディアトリーア
小児科医	**pediatra**	m f	ペディアトラ
老人病科	**geriatría**	f	ヘリアトリーア
老人病医	**geriatra**	m f	ヘリアトラ

〈関連単語〉

かかりつけ医　　médico(ca) de cabecera　m (f)
　　　　　　　　メディコ(カ)　デ　カベセーラ

担当医
médico(ca) encargado(da)　m (f)
メディコ(カ)　エンカルガード(ダ)

セカンドオピニオン
segunda opinión médica　f
セグンダ　オピニオン　メディカ

7章 ● 病気・トラブル

病気・トラブル
診察・治療・検査

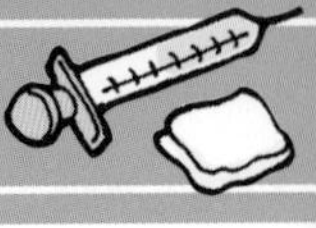

病歴	historial clínico	m	イストリアル クリニコ
カルテ	hoja clínica	f	オハ クリニカ
診察	consulta	f	コンスルタ
診察を受ける	ver (consultar) al médico		ベール（コンスルタール） アル メディコ
聴診	auscultación	f	アウスクルタシオン
触診	palpación	f	パルパシオン
脈拍	pulso	m	プルソ
血圧	tensión/ presión arterial	f	テンシオン／ プレシオン アルテリアル
血圧を測る	medir la tensión		メディール ラ テンシオン
診断	diagnóstico	m	ディアグノスティコ
治療	tratamiento	m	トラタミエント
注射	inyección	f	インジェクシオン
予防注射	inyección preventiva	f	インジェクシオン プレベンティバ
予防接種	vacunación	f	バクナシオン
点滴	gota a gota	m	ゴタ ア ゴタ
輸血	transfusión de sangre	f	トランスフシオン デ サングレ
手術	operación	f	オペラシオン

● 診察・治療・検査 ●

麻酔	**anestesia**	f	アネステシア
移植	**trasplante**	m	トラスプランテ

● 検査　examen médico

視力検査	**examen de vista**	m	エクサメン デ ビスタ
眼底検査	**oftalmoscopia**	f	オフタルモスコピア
聴力検査	**examen de audición**	m	エクサメン デ アウディシオン
血液検査	**examen de sangre**	m	エクサメン デ サングレ
尿検査	**uroscopia**	m	ウロスコピア
検便（尿）	**examen de heces (orina)**	m	エクサメン デ エセス（オリナ）
レントゲン検査	**radiografía**	f	ラディオグラフィーア
MRI（磁気共鳴画像）	**imagen de resonancia magnética**	f	イマヘン デ レソナンシア マグネティカ
CT（コンピュータ断層撮影）	**tomógrafo computerizado**	m	トモグラフォ コンプテリサード
超音波エコー画像検査	**ecografía ultrasónica**	f	エコグラフィーア ウルトラソニカ
心電図	**electro/ electrocardiograma**	m	エレクトロ／エレクトロカルディオグラマ

〈関連単語〉

胃カメラ	gastroscopio m ガストロスコピオ
内視鏡	endoscopio m エンドスコピオ
バリウム	bario m バリオ
血液型	grupo sanguíneo m グルーポ サンギネオ

7章 ●病気・トラブル

病気・トラブル
病気① 脳神経・目・耳鼻咽喉・歯・皮膚

神経痛	**neuralgia**	f	ネウラルヒア
めまい	**vértigo**	m	ベルティゴ
頭痛	**dolor de cabeza**	m	ドロール デ カベサ
偏頭痛	**jaqueca**	f	ハケカ
脳出血	**derrame cerebral**	m	デラメ セレブラル
脳腫瘍	**tumor cerebral**	m	トゥモール セレブラル
脳血栓	**trombosis cerebral**	f	トロンボシス セレブラル
精神病	**enfermedad mental**	f	エンフェルメダッ メンタル
ノイローゼ	**neurosis**	f	ネウロシス
うつ病	**depresión**	f	デプレシオン
そう病	**manía**	f	マニーア
統合失調症	**esquizofrenia**	f	エスキソフレニア
近視	**miopía**	f	ミオピーア
遠視	**hipermetropía**	f	イペルメトロピーア
老眼	**vista cansada**	f	ビスタ カンサーダ
乱視	**astigmatismo**	m	アスティグマティスモ
色盲	**daltonismo**	m	ダルトニスモ

● 病気① 脳神経・目・耳鼻咽喉・歯・皮膚

結膜炎	**conjuntivitis**	f	コンフンティビティス
ものもらい	**orzuelo**	m	オルスエロ
白内障	**catarata**	f	カタラタ
緑内障	**glaucoma**	m	グラウコマ
蓄膿症（ちくのう）	**sinusitis**	f	シヌシティス
アレルギー性鼻炎	**rinitis alérgica**	f	リニティス アレルヒカ
花粉症	**alergía al polen**	f	アレルヒーア アル ポレン
中耳炎	**otitis media**	f	オティティス メディア
扁桃腺炎（へんとうせん）	**anginas/ amigdalitis**	f,pl / f	アンヒーナス／ アミグダリティス
咽頭炎（いんとう）	**faringitis**	f	ファリンヒティス
鼻血	**hemorragia nasal**	f	エモラヒア ナサル
虫歯	**caries**	f	カリエス
歯周病	**enfermedad periodontal**	f	エンフェルメダッ ペリオドンタル
口内炎	**estomatitis**	f	エストマティティス
湿疹	**eczema**	m	エクセマ
アトピー性皮膚炎	**dermatitis atópica**	f	デルマティティス アトピカ
じんましん	**urticaria**	f	ウルティカリア
水虫	**hongos**	m pl	オンゴス
にきび、できもの、発疹	**grano**	m	グラノ

7章 ● 病気・トラブル

病気・トラブル
病気② 内臓関係の病気・生活習慣病

日本語	スペイン語	性	読み
がん	**cáncer**	m	カンセル
かぜ	**catarro**	m	カターロ
インフルエンザ	**gripe**	f	グリペ
喘息(ぜんそく)	**asma**	f	アスマ
気管支炎	**bronquitis**	f	ブロンキティス
肺炎	**pulmonía**	f	プルモニーア
結核	**tuberculosis**	f	トゥベルクロシス
高血圧症	**hipertensión**	f	イペルテンシオン
低血圧症	**hipotensión**	f	イポテンシオン
不整脈	**pulso irregular/ arritmia**	m/f	プルソ イレグラル／アリトミア
心不全	**insuficiencia cardiaca**	f	インスフィシエンシア カルディアカ
狭心症	**angina de pecho**	f	アンヒーナ デ ペチョ
心筋梗塞(こうそく)	**infarto de miocardio**	m	インファルト デ ミオカルディオ
動脈硬化症	**esclerosis arterial**	f	エスクレロシス アルテリアル
動脈瘤(りゅう)	**aneurisma**	m/f	アネウリスマ
白血病	**leucemia**	f	レウセミア
貧血	**anemia**	f	アネミア

病気② 内臓関係の病気・生活習慣病

下痢	**diarrea**	f	ディアレア
便秘	**estreñimiento**	m	エストレニミ**エ**ント
食中毒	**intoxicación alimenticia**	f	イントクシカシ**オ**ン アリメンティシア
胃炎	**gastritis**	f	ガスト**リ**ティス
胃潰瘍（かいよう）	**úlcera gástrica**	f	**ウ**ルセラ **ガ**ストリカ
胃けいれん	**retortijones**	m pl	レルルティ**ホ**ネス
虫垂炎	**apendicitis**	f	アペンディ**シ**ティス
C型肝炎	**hepatitis C**	f	エパ**ティ**ティス セ
胆石	**cálculos biliares**	m pl	**カ**ルクロス ビリ**ア**レス
黄疸（おうだん）	**ictericia**	f	イクテ**リ**シア
膀胱炎（ぼうこう）	**cistitis**	f	シス**ティ**ティス
腎臓病	**enfermedad renal**	f	エンフェルメ**ダ**ッ レ**ナ**ル
腎盂炎（じんう）	**pielitis**	f	ピエ**リ**ティス
前立腺肥大	**hipertrofia prostática**	f	イペルト**ロ**フィア プロス**タ**ティカ
痔（じ）	**hemorroide**	f	エモ**ロ**イデ
生活習慣病	enfermedades relacionadas con el estilo de vida	f pl	エンフェルメ**ダ**デス レラシオ**ナ**ーダス コン エル エス**ティ**ロ デ **ビ**ダ
メタボリックシンドローム	**síndrome metabólico**	m	**シ**ンドロメ メタ**ボ**リコ
糖尿病	**diabetes**	f	ディア**ベ**テス
肥満	**obesidad**	f	オベシ**ダ**ッ

病気・トラブル
病気③ 女性・子ども・老人・その他

月経不順	**irregularidad menstrual**	f	イレグラリダッ メンストゥルアル
更年期障害	**problemas de la menopausia**	m pl	プロブレマス デ ラ メノパウシア
乳がん	**cáncer de mama**	m	カンセル デ ママ
乳腺炎	**mastitis**	f	マスティティス
子宮筋腫	**mioma del útero**	m	ミオマ デル ウテロ
不妊症	**esterilidad**	f	エステリリダッ
妊娠	**embarazo**	m	エンバラソ
陣痛	**dolores de parto**	m pl	ドローレス デ パルト
出産	**parto**	m	パルト
流産	**aborto natural**	m	アボルト ナトゥラル
中絶	**aborto provocado**	m	アボルト プロボカード
帝王切開	**operación de cesárea**	f	オペラシオン デ セサレア
逆子	**parto distócico**	m	パルト ディストシコ
妊娠中毒症	**toxemia**	f	トクセミア
水ぼうそう	**varicela**	f	バリセラ
風疹	**rubéola**	f	ルベオラ
はしか	**sarampión**	m	サランピオン

● 病気③ 女性・子ども・老人・その他

おたふくかぜ	**paperas**	f pl	パペラス
小児麻痺	**parálisis infantil**	f	パラリシス インファンティル
ひきつけ、けいれん	**espasmo**	m	エスパスモ
てんかん	**epilepsia**	f	エピレプシア
ダウン症	**síndrome de Down**	m	シンドロメ デ ダウン
水頭症、脳水腫	**hidrocefalia**	f	イドロセファリア
パーキンソン病	**enfermedad de Parkinson**	f	エンフェルメダッ デ パルキンソン
アルツハイマー病	**enfermedad de Alzheimer**	f	エンフェルメダッ デ アルセイメル
老人性認知症	**demencia senil**	f	デメンシア セニル
リウマチ	**reumatismo**	m	レウマティスモ
エイズ	**SIDA**	m	シダ
熱中症	**insolación**	f	インソラシオン
脱水症状	**deshidratación**	f	デシドラタシオン
アルコール依存症	**dependencia del alcohol**	f	デペンデンシア デル アルコオル

7章 ●病気・トラブル

〈関連単語〉

伝染病	enfermedad contagiosa f エンフェルメダッ コンタヒオサ
チフス	tifus m ティフス
赤痢	disentería f ディセンテリーア
コレラ	cólera m コレラ

病気・トラブル
症状① 一般症状と目・耳鼻咽喉

(医者が患者に)どうしましたか？	¿Qué le pasa?		ケ レ パサ
一般症状	síntomas generales	m pl	シントマス ヘネラレス
熱がある	tener fiebre		テネール フィエブレ
寒気がする	tener escalofríos		テネール エスカロフリーオス
寝汗をかく	tener sudoración nocturna		テネール スドラシオン ノクトゥルナ
偏頭痛がする	tener jaqueca		テネール ハケカ
気力がない、からだがだるい	tener falta de ánimo		テネール ファルタ デ アニモ
不眠症である	tener insomnio		テネール インソムニオ
食欲がない	tener falta de apetito		テネール ファルタ デ アペティト
しゃっくりが出る	tener hipo		テネール イポ
肩がこる	tener los hombros entumecidos		テネール ロス オンブロス エントゥメシードス
貧血である	tener anemia		テネール アネミア
血圧が高い（低い）	tener la tensión alta(baja)		テネール ラ テンシオン アルタ(バハ)
めまいがする	tener mareos		テネール マレオス
～にむくみがある	tener una hinchazón en...		テネール ウナ インチャソン エン ～
～にしびれがある	tener calambres en...		テネール カランブレス エン ～
筋肉が痛い	tener dolor muscular		テネール ドロール ムスクラル

● 症状① 一般症状と目・耳鼻咽喉

関節が痛い	tener dolor en las articulaciones	テネール ドロール エン ラス アルティクラシオネス
便秘している	tener estreñimiento	テネール エストレニミエント
下痢している	tener diarrea	テネール ディアレア
アレルギーがある	tener alergia	テネール アレルヒア
幻覚がある	tener alucinaciones	テネール アルシナシオネス
目がかすむ	tener la vista nublada	テネール ラ ビスタ ヌブラーダ
目がかゆい	tener picazón en los ojos	テネール ピカソン エン ロス オホス
目が充血している	tener los ojos irritados	テネール ロス オホス イリタードス
目やにが出る	salir muchas legañas	サリール ムーチャス レガーニャス
目にごみが入る	metersele algo al ojo	メテールセレ アルゴ アル オホ
耳鳴りがする	tener un zumbido en los oídos	テネール ウン スンビード エン ロス オイードス
鼻がつまる	tener congestión nasal	テネール コンヘスティオン ナサル
鼻血が出る	tener hemorragia nasal	テネール エモラヒア ナサル
においがわからない	no poder distinguir los olores	ノ ポデール ディスティンギール ロス オローレス
せきが出る	tener tos	テネール トス
のどが痛い	tener dolor de garganta	テネール ドロール デ ガルガンタ

＊自分の症状を訴えるときはtengo、ほかの人の症状を説明するときはtieneになります。

7章 ● 病気・トラブル

病気・トラブル
症状② 歯・皮膚・内臓・婦人科・ケガ

歯が痛い	**tener dolor de muelas**	テネール ドロール デ ムエラス
虫歯がある	**tener caries**	テネール カリエス
歯ぐきがはれている	**tener las encías hinchadas**	テネール ラス エンシーアス インチャーダス
歯ぐきから血が出る	**tener sangre en las encías**	テネール サングレ エン ラス エンシーアス
皮膚がかゆい	**tener picazón en la piel**	テネール ピカソン エン ラ ピエル
じんましんが出ている	**tener urticaria**	テネール ウルティカリア
〜にできものがある	**tener un bulto en...**	テネール ウン ブルト エン 〜
傷口が膿んでいます	**Se forma pus en la herida.**	セ フォルマ プス エン ラ エリーダ
胸が痛い	**tener dolor de pecho**	テネール ドロール デ ペチョ
動悸がする	**tener palpitaciones fuertes**	テネール パルピタシオネス フエルテス
息苦しい	**tener dificultad al respirar**	テネール ディフィクルタッ アル レスピラール
脈が乱れる	**tener el pulso irregular**	テネール エル プルソ イレグラル
立ちくらみがする	**tener vértigo al ponerse de pie**	テネール ベルティゴ アル ポネールセ デ ピエ
胃が痛い	**tener dolor de estómago**	テネール ドロール デ エストマゴ
胸やけする	**tener ardor de estómago**	テネール アルドール デ エストマゴ
げっぷが出る	**tener eructos**	テネール エルクトス
吐き気がする	**tener náuseas**	テネール ナウセアス

● 症状② 歯・皮膚・内臓・婦人科・ケガ ●

血を吐く	escupir sangre	エスクピール サングレ
水のような便が出る	tener excrementos acuosos	テネール エスクレメントス アクオソス
血便が出る	tener excrementos con sangre	テネール エスクレメントス コン サングレ
尿が出にくい	tener dificultad para orinar	テネール ディフィクルタッ パラ オリナール
尿が近い	tener continuamente ganas de orinar	テネール コンティヌアメンテ ガナス デ オリナール
排尿時に痛む	tener dolor al orinar	テネール ドロール アル オリナール
尿に血が混じる	tener sangre en la orina	テネール サングレ エン ラ オリーナ
失禁する	tener incontinencia	テネール インコンティネンシア
乳房にしこりがある	tener un bulto en el pecho	テネール ウン ブルト エン エル ペチョ
月経不順である	tener irregularidad menstrual	テネール イレグラリダッ メンストゥルアル
無月経である	tener amenorrea	テネール アメノレア
つわりがひどい	tener muchas náuseas	テネール ムーチャス ナウセアス
陣痛がある	tener dolor de parto	テネール ドロール デ パルト
破水しました	He tenido pérdida del líquido amniótico.	エ テニード ペルディダ デル リキド アムニオティコ
出血する	tener hemorragia	テネール エモラヒア
ケガをする	tener una herida	テネール ウナ エリーダ
やけどする	tener una quemadura	テネール ウナ ケマドゥラ
ねんざする	tener una torcedura	テネール ウナ トルセドゥラ
骨折する	tener una fractura	テネール ウナ フラクトゥラ

7章 ● 病気・トラブル

病気・トラブル
薬①

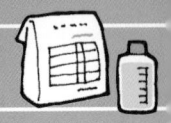

薬	medicina/medicamento/fármaco	f/m	メディシーナ/メディカメント/ファルマコ
処方せん	receta	f	レセタ
薬局	farmacia	f	ファルマシア
薬剤師	farmacéutico(ca)	m(f)	ファルマセウティコ(カ)
内服薬	medicina oral		メディシーナ オラル
外用薬	medicina de uso tópico	f	メディシーナ デ ウソ トピコ
ワクチン	vacuna	f	バクナ
消毒剤	desinfectante	m	デシンフェクタンテ
アルコール	alcohol	m	アルコオル
オキシドール	agua oxigenada	f	アグア オクシヘナーダ
ヨードチンキ	tintura de yodo	f	ティントゥラ デ ジョド
睡眠剤	somnífero	m	ソムニフェロ
精神安定剤	tranquilizante	m	トランキリサンテ
目薬	gotas para los ojos	f pl	ゴタス パラ ロス オホス
かぜ薬	antigripal	m	アンティグリパル
点鼻薬	pulverizador nasal	m	プルベリサドール ナサル
解熱剤	febrífugo/antipirético	m	フェブリフゴ/アンティピレティコ

306

● 薬①●

日本語	Español	性	カナ
鎮痛剤	calmante/analgésico	m	カルマンテ／アナルヘシコ
胃薬	medicina para el dolor de estómago	f	メディシーナ パラ エル ドロール デ エストマゴ
消化剤	digestivo	m	ディヘスティボ
下痢止め	opilativo	m	オピラティボ
便秘薬	medicina para el estreñimiento	f	メディシーナ パラ エル エストレニミエント
浣腸	lavativa	f	ラバティバ
血圧降下剤	hipotensor	m	イポテンソール
抗生物質	antibiótico	m	アンティビオティコ
アスピリン	aspirina	f	アスピリナ
抗ヒスタミン剤	antihistamínico	m	アンティイスタミニコ
副腎皮質ホルモン	hormonas de la corteza suprarrenal	f pl	ホルモナス デ ラ コルテサ スプラレナル
ビタミン剤	vitamina	f	ビタミナ
サプリメント	suplemento	m	スプレメント
錠剤	pastilla/píldora	f	パスティジャ／ピルドラ
カプセル	cápsula	f	カプスラ
粉薬	medicina en polvo	f	メディシーナ エン ポルボ
シロップ	jarabe	m	ハラベ
塗り薬、軟膏	ungüento	m	ウングエント
湿布	compresa húmeda	f	コンプレサ ウメダ

7章 ● 病気、トラブル

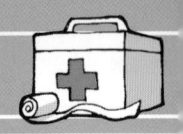

病気・トラブル
薬②

(医術としての)漢方	medicina china	f	メディシーナ チナ
漢方薬	medicamento chino	m	メディカメント チノ
薬草剤	medicina de hierbas	f	メディシーナ デ イエルバス
せんじ薬	pócima	f	ポシマ
鍼(はり)	acupuntura	f	アクプントゥラ
灸(きゅう)	moxibustión	f	モクシブスティオン
指圧	digitopuntura	f	ディヒトプントゥラ
整体	quiropráctica	f	キロプラクティカ
家庭常備薬	botiquín de casa	m	ボティキン デ カサ
薬箱	botiquín	m	ボティキン
体温計	termómetro	m	テルモメトロ
(自分の)熱を測る	tomarse la temperatura		トマールセ ラ テンペラトゥラ
包帯	venda	f	ベンダ
包帯を巻く	vendarse		ベンダールセ
ガーゼ	gasa	f	ガサ
脱脂綿	algodón hidrófilo	m	アルゴドン イドロフィロ
マスク	mascarilla	f	マスカリージャ

308

● 薬②

ばんそうこう	**esparadrapo**	*m*	エスパラドラポ
氷のう	**bolsa de hielo**	*f*	ボルサ デ イエロ
薬を処方する	**preparar una medicina**		プレパラール ウナ メディシーナ
薬を飲む	**tomar la medicina**		トマール ラ メディシーナ
（1回の）服用量	**dosis**	*f*	ドシス
1日に3回	**tres veces al día**		トレス ベセス アル ディア
食前に	**antes de la comida**		アンテス デ ラ コミーダ
食後に	**después de la comida**		デスプエス デ ラ コミーダ
食間に	**entre comidas**		エントレ コミーダス
副作用	**efectos secundarios**	*m pl*	エフェクトス セクンダリオス
アレルギーがある	**tener alergia**		テネール アレルヒア
薬を塗る	**aplicar el ungüento**		アプリカール エル ウングエント
目薬をさす	**ponerse gotas en los ojos**		ポネールセ ゴタス エン ロス オホス

7章 ● 病気・トラブル

〈関連表現〉

熱を測りなさい。
　Tómate la temperatura.
　トマテ　ラ　テンペラトゥラ

熱が39度あります。　Tengo 39 grados.
　　　　　　　　　　テンゴ トレインタイヌエベ グラドス

うがいをしなさい。　Haz gárgaras.
　　　　　　　　　　アス　ガルガラス

鼻をかみなさい。　　Suénate la nariz.
　　　　　　　　　　スエナテ　ラ　ナリス

病気・トラブル
トラブル① 盗難

日本語	スペイン語	性	読み
どろぼう (行為)	robo	m	ロボ
どろぼう (人)	ladrón(ladrona)	m/f	ラドロン(ラドロナ)
スリ	ratero(ra)	m/f	ラテロ(ラ)
強盗 (行為)	atraco	m	アトラコ
強盗 (人)	atracador(ra)	m/f	アトラカドール(ラ)
盗難品	objeto robado	m	オブヘト ロバード
被害者	víctima	f	ビクティマ
犯人	autor(ra)	m/f	アウトール(ラ)
私は〜を盗まれた	Me han robado...		メ アン ロバード 〜
お金	dinero	m	ディネロ
宝石	joya	f	ホジャ
財布	cartera	f	カルテラ
ハンドバッグ	bolso	m	ボルソ
パスポート	pasaporte	m	パサポルテ
クレジットカード	tarjeta de crédito	f	タルヘタ デ クレディト
トラベラーズチェック	cheque de viaje	m	チェケ デ ビアヘ
盗難を〜に届ける	denunciar un robo a...		デヌンシアール ウン ロボ ア 〜

● トラブル① 盗難 ●

警察	**policía**	f	ポリシーア
大使館	**embajada**	f	エンバハーダ
カード会社	**emisora de tarjetas**	f	エミソーラ デ タルヘタス
保険会社	**compañía de seguros**	f	コンパニーア デ セグーロス
カードナンバー	**número de tarjeta**	m	ヌメロ デ タルヘタ
カードナンバーは〜です	**El número de la tarjeta es...**		エル ヌメロ デ ラ タルヘタ エス 〜

〈関連表現〉

私は財布を盗まれました。 Me han robado la cartera.
　メ アン ロバード ラ カルテラ

被害届を作ってください。
　Emita una denuncia policial, por favor.
　エミタ ウナ デヌンシア ポリシアル ポル ファボール

パスポートを再発行してください。
　¿Pueden hacerme un nuevo pasaporte?
　プエデン アセールメ ウン ヌエボ パサポルテ

〜の再発行にどれくらいかかりますか？
　¿Cuánto se tarda en hacer...?
　クアント セ タルダ エン アセール

この書類に記入してください。
　Rellene estos impresos, por favor.
　レジェネ エストス インプレソス ポル ファボール

カードを無効にしてください。 Quiero anular la tarjeta.
　キエロ アヌラール ラ タルヘタ

盗難保険に入っています。 Estoy asegurado(a) contra robos.
　エストイ アセグラード（ダ） コントラ ロボス

助けて！	¡Socorro! ソコーロ
どろぼう！	¡Ladrón! ラドロン
やめて！	¡Dejame! デハメ
危ない！	¡Cuidado! クイダード

病気・トラブル
トラブル② 忘れ物・事故・火事など

日本語	スペイン語	性	読み
落とす、なくす	perder		ペルデール
置き忘れる	dejar olvidado(da)		デハール オルビダード(ダ)
遺失物	objeto perdido	m	オブヘート ペルディード
遺失物取扱所	oficina de objetos perdidos	f	オフィシーナ デ オブヘートス ペルディードス
～から落ちる	caerse de...		カエールセ デ ～
～にはさまれる	pillarse en...		ピジャールセ エン ～
～に閉じ込められる	quedarse encerrado(da)		ケダールセ エンセラード(ダ)
階段	escalera	f	エスカレラ
エレベーター	ascensor	m	アスセンソール
エスカレーター	escalera mecánica	f	エスカレラ メカニカ
回転ドア	puerta giratoria	f	プエルタ ヒラトリア
シャッター	cierre metálico	m	シエレ メタリコ
～が止まる	pararse		パラールセ
停電のために	por el apagón		ポル エル アパゴン
故障のために	por la avería		ポル ラ アベリーア
火事	incendio/fuego	m	インセンディオ／フエゴ
逃げる	escaparse		エスカパールセ

● トラブル② 忘れ物・事故・火事など

煙に巻かれる	**ser asfixiado(da) por el humo**		セール アスフィクシアード(ダ) ポル エル ウモ
非常ベル	**timbre de emergencia**	*m*	ティンブレ デ エメルヘンシア
非常口	**salida de emergencia**	*f*	サリーダ デ エメルヘンシア
非常階段	**escalera de emergencia**	*f*	エスカレラ デ エメルヘンシア
消火器	**extintor**	*m*	エスティントール
火災報知器	**alarma de incendios**	*f*	アラルマ デ インセンディオス
火事を消す	**apagar el incendio**		アパガール エル インセンディオ
消防車	**coche de bomberos**	*m*	コチェ デ ボンベロス
消防士	**bombero(ra)**	*m* (*f*)	ボンベーロ(ラ)

7章 ● 病気・トラブル

〈関連表現〉

財布をなくしました。 He perdido la cartera.
　　エ　ペルディード　ラ　カルテラ

傘を電車に忘れました。 He dejado olvidado mi paraguas en el tren.
　　エ　デハード　オルビダード　ミ　パラグアス　エン　エル　トレン

階段から落ちました。 Me he caído de la escalera.
　　メ　エ　カイード　デ　ラ　エスカレラ

エレベーターに閉じ込められました。
　Me he quedado encerrado(da) en el ascensor.
　メ　エ　ケダード　　　エンセラード(ダ)　エン　エル　アセンソール

シャッターにはさまれました。
　Me he pillado en el cierre metálico.
　メ　エ　ピジャード　エン　エル　シエレ　メタリコ

停電でエレベーターが止まりました。
　Se ha parado el ascensor por el apagón.
　セ　ア　パラード　エル　アセンソール　ポル　エル　アパゴン

救急車を呼んでください。 ¡Llamen a una ambulancia!
　　　　　　　　　　　　ジャメン　ア　ウナ　アンブランシア

火事だ！ ¡Fuego!
　　　　　フエゴ

きみ（きみたち）逃げろ！ ¡Escápate (Escapaos)!
　　　　　　　　　　　　エスカパテ　　エスカパオス

313

病気・トラブル
トラブル③ いろいろなトラブル

詐欺	estafa/fraude	f / m	エスタファ／フラウデ
詐欺師	estafador(ra)	m (f)	エスタファドール(ラ)
詐欺にあいました	Me han estafado.		メ アン エスタファード
クーリングオフ	período de reflexión	m	ペリオド デ レフレクシオン
借金	deuda	f	デウダ
借用証	reconocimiento de deuda	m	レコノシミエント デ デウダ
金を借りる	deber dinero		デベール ディネロ
金を貸す	prestar dinero		プレスタール ディネロ
借金を返せない	no poder pagar las deudas		ノ ポデール パガール ラス デウダス
暴力、暴行	violencia	f	ビオレンシア
家庭内暴力	violencia doméstica	f	ビオレンシア ドメスティカ
いじめ	maltrato	m	マルトラト
いじめをする	maltratar		マルトラタール
私の子どもがいじめにあっています	Maltratan a mi hijo(ja).		マルトラタン ア ミ イホ(ハ)
セクシャルハラスメント	acoso sexual	m	アコソ セクスアル
痴漢	tocón(tocona)/acosador(ra) sexual	m (f)	トコン(トコーナ)／アコサドール(ラ) セクスアル
(セクハラ・痴漢に)あう	sufrir		スフリール

● トラブル③ いろいろなトラブル ●

(セクハラ・痴漢を)訴える	**denunciar**		デヌンシアール
加害者	**agresor(ra)**	*m*/*(f)*	アグレソール(ラ)
被害者	**víctima**	*f*	ビクティマ
苦情	**queja**	*f*	ケハ
騒音で眠れません	**No puedo dormir por el ruido.**		ノ プエド ドルミール ポル エル ルイド
夜に騒がないでください	**No hagan ruidos por la noche.**		ノ アガン ルイドス ポル ラ ノチェ
ピアノがうるさいです	**Me molesta mucho el piano.**		メ モレスタ ムーチョ エル ピアノ
雨もりがします	**Hay goteras.**		アイ ゴテラス
水もれがします	**Hay fuga de agua.**		アイ フガ デ アグア
ごみをここに置かないでください	**No dejen la basura aquí.**		ノ デヘン ラ バスラ アキ
けんかする	**reñir/pelear**		レニール／ペレアール
私はアナとけんかしました	**He reñido con Ana.**		エ レニード コン アナ
なぜそんなに怒っているんですか?	**¿Por qué está tan enfadado(da)?**		ポル ケ エスタ タン エンファダード(ダ)
それは私のせいではありません	**Eso no es culpa mía.**		エソ ノ エス クルパ ミーア
あなたのせいです	**Es culpa suya.**		エス クルパ スジャ
ちょっと黙ってください	**Cállese un momento, por favor.**		カジェセ ウン モメント ポル ファボール
私の話を聞いてください	**Escúcheme, por favor.**		エスクチェメ ポル ファボール
話し合いが必要ですね	**Tenemos que hablar sobre este tema.**		テネモス ケ アブラール ソブレ エステ テマ

7章 ● 病気・トラブル

病気・トラブル
交通事故

交通事故	accidente de tráfico	m	アクシデンテ デ トラフィコ
飛行機事故	accidente de avión	m	アクシデンテ デ アビオン
列車事故	accidente de tren	m	アクシデンテ デ トレン
バス事故	accidente de autobús	m	アクシデンテ デ アウトブス
自動車事故	accidente de coche	m	アクシデンテ デ コチェ
事故を起こしました	He causado un accidente.		エ カウサード ウン アクシデンテ
事故にあいました	He tenido un accidente.		エ テニード ウン アクシデンテ
だれかが車にひかれました	Han atropellado a alguien.		アン アトロペジャード ア アルギエン
(事故にあった人は)大ケガをしています	Se ha herido gravemente.		セ ア エリード グラベメンテ
だれか警察を呼んで！	¡Llamen a la policía!		ジャメン ア ラ ポリシーア
だれか救急車を呼んで！	¡Llamen a una ambulancia!		ジャメン ア ウナ アンブランシア
車が故障しました	El coche se ha averiado.		エル コチェ セ ア アベリアード
タイヤがパンクしました	He tenido un pinchazo.		エ テニード ウン ピンチャソ
ガス欠です	Me he quedado sin gasolina.		メ エ ケダード シン ガソリナ
人身事故	accidente con víctimas	m	アクシデンテ コン ビクティマス
死亡事故	accidente mortal	m	アクシデンテ モルタル
事故車	coche accidentado	m	コチェ アクシデンタード

● 交通事故

日本語	スペイン語	性	カナ
事故現場	lugar del accidente	m	ルガール デル アクシデンテ
事故原因	causa del accidente	f	カウサ デル アクシデンテ
接触	colisión ligera	f	コリシオン リヘラ
衝突	choque	m	チョケ
追突	colisión trasera	f	コリシオン トラセーラ
脱線	descarrilamiento	m	デスカリラミエント
飲酒運転をする	conducir en estado de embriaguez		コンドゥシール エン エスタード デ エンブリアゲス
居眠り運転をする	conducir medio dormido(da)		コンドゥシール メディオ ドルミード(ダ)
信号無視をする	no respetar los semáforos		ノ レスペタール ロス セマフォロス
交通違反をする	violar el reglamento de circulación		ビオラール エル レグラメント デ シルクラシオン
運転手	conductor(ra)	m(f)	コンドゥクトール(ラ)
運転免許証	carné de conducir	m	カルネ デ コンドゥシール
自動車保険	seguro de automóviles	m	セグーロ デ アウトモビレス

7章 ● 病気、トラブル

〈関連表現〉 遅刻の際の連絡

（友だちなどへの連絡）ごめん、（約束に）遅れるよ。

Perdón, voy a llegar tarde.
ペルドン ボイ ア ジェガール タルデ

（会社などへの連絡）電車が止まっているので遅刻します。

Voy a llegar tarde porque se han parado los trenes.
ボイ ア ジェガール タルデ ポルケ セ アン パラード ロス トレネス

病気・トラブル
災害

災害	desastre	m	デサストレ
天災	desastre natural	m	デサストレ ナトゥラル
地震	terremoto/seísmo	m	テレモト／セイスモ
緊急地震速報	alarma rápida contra terremotos	f	アラルマ ラピダ コントラ テレモトス
震源地	epicentro	m	エピセントロ
マグニチュード	magnitud	f	マグニトゥ
マグニチュード5の地震	terremoto de cinco grados de magnitud	m	テレモト デ シンコ グラドス デ マグニトゥ
揺れ	temblor	m	テンブロール
余震	réplica (sísmica)	f	レプリカ （シスミカ）
余震が続いています	Hay una serie de réplicas.		アイ ウナ セリエ デ レプリカス
津波	tsunami	m	ツナミ
土砂崩れ	corrimiento de tierra	m	コリミエント デ ティエラ
なだれ	alud	m	アルッ
大雨、豪雨	lluvia intensa	f	ジュビア インテンサ
降雨量	precipitaciones	f pl	プレシピタシオネス
洪水	inundación	f	イヌンダシオン
川の急激な増水	crecida rápida del río	f	クレシーダ ラピダ デル リオ

● 災害 ●

浸水家屋	**casa inundada**	f	カサ イヌンダーダ
倒壊家屋	**casa derrumbada**	f	カサ デルンバーダ
台風	**tifón**	m	ティフォン
暴風雨	**tormenta/ tempestad**	f	トルメンタ／ テンペスタッ
ハリケーン	**huracán**	m	ウラカン
竜巻	**tornado**	m	トルナード
台風が〜に 上陸します	**El tifón azotará...**		エル ティフォン アソタラ 〜
風速	**velocidad del viento**	f	ベロシダッ デル ビエント
暴風雨圏	**radio de acción**	m	ラディオ デ アクシオン
高波	**mar gruesa**	f	マル グルエサ
気圧	**presión atmosférica**	f	プレシオン アトモスフェリカ
気圧配置	**distribución de la presión**	f	ディストリブシオン デ ラ プレシオン
ヘクトパスカル (気圧の単位)	**hectopascal**	m	エクトパスカル

7章 ● 病気・トラブル

〈関連表現〉

地震で私の家が傾いた。
　Mi casa ha quedado inclinada por el terremoto.
　ミ　カサ　ア　ケダード　インクリナーダ　ポル　エル　テレモト

津波で私の家が流された。
　Mi casa ha sido arrasada por el tsunami.
　ミ　カサ　シード　アラサーダ　ポル　エル　ツナミ

土砂崩れで私の家が埋まった。
　Mi casa ha quedado enterrada por el derrumbamiento.
　ミ　カサ　ア　ケダード　エンテラーダ　ポル　エル　デルンバミエント

被災者	damnificado(da)	m/f	ダムニフィカード(ダ)
負傷者	herido(da)	m/f	エリード(ダ)
避難する	refugiarse		レフヒアールセ
避難所	refugio	m	レフヒオ
ライフライン	servicios mínimos	m pl	セルビシオス ミニモス
電話がつながりません	No funciona el teléfono.		ノ フンシオナ エル テレフォノ
停電しています	Se ha cortado la luz.		セ ア コルタード ラ ルス
水が出ません	No hay agua.		ノ アイ アグア
ガスが使えません	No hay gas.		ノ アイ ガス
道路が寸断されています	La carretera está cortada.		ラ カレテラ エスタ コルターダ
私(家族)は無事です	Estoy (Estamos) bien.		エストイ (エスタモス) ビエン
私は近くの避難所にいます	Estoy en un refugio cercano.		エストイ エン ウン レフヒオ セルカーノ
家族を探しています	Estoy buscando a mi familia.		エストイ ブスカンド ア ミ ファミリア
非常時に備える	prepararse para una emergencia		プレパラールセ パラ ウナ エメルヘンシア
非常袋	bolsa de emergencia	f	ボルサ デ エメルヘンシア
非常食	víveres	m pl	ビベレス
給水車	camión cisterna	m	カミオン システルナ
炊き出しをする	distribuir la comida		ディストリブイール ラ コミーダ
ボランティアとして働く	trabajar de voluntario(ria)		トラバハール デ ボルンタリオ(リア)

8章

政治・経済・時事

政治・経済・時事
政治① 国と政府

政治	**política**	*f*	ポリティカ
政治家	**político(ca)**	*m* / *f*	ポリティコ(カ)
国	**país/estado**	*m*	パイス／エスタード
共和国	**república**	*f*	レプブリカ
合衆国	**estados unidos**	*m pl*	エスタードス ウニードス
連邦国	**estado federal**	*m*	エスタード フェデラル
立憲君主国	**monarquía constitucional**	*f*	モナルキーア コンスティトゥシオナル
先進国	**país desarrollado**	*m*	パイス デサロジャード
発展途上国	**país en vías de desarrollo**	*m*	パイス エン ビアス デ デサロージョ
国民	**pueblo**	*m*	プエブロ
国家元首	**jefe de estado**	*m*	ヘフェ デ エスタード
政府	**gobierno**	*m*	ゴビエルノ
軍事(民事)政権	**gobierno militar (civil)**	*m*	ゴビエルノ ミリタル (シビル)
大統領	**presidente(ta)**	*m* / *f*	プレシデンテ(タ)
大統領府	**presidencia**	*f*	プレシデンシア
首相	**primer(ra) ministro(ra)**	*m* / *f*	プリメール(ラ) ミニストロ(ラ)
閣議、閣僚会議	**consejo de ministros**	*m*	コンセホ デ ミニストロス

● 政治① 国と政府

大臣	**ministro(ra)**	m (f)	ミニストロ(ラ)
内閣	**gabinete**	m	ガビネテ
内閣府	**Oficina del Gabinete**	f	オフィシーナ デル ガビネテ
報道官	**portavoz**	m	ポルタボス
省	**ministerio**	m	ミニステリオ
外務省	**Ministerio de Asuntos Exteriores**	m	ミニステリオ デ アスントス エステリオーレス
法務省	**Ministerio de Justicia**	m	ミニステリオ デ フスティシア
財務省	**Ministerio de Finanzas**	m	ミニステリオ デ フィナンサス
文化省	**Ministerio de Cultura**	m	ミニステリオ デ クルトゥラ
経済省	**Ministerio de Economía**	m	ミニステリオ デ エコノミーア
労働省	**Ministerio de Trabajo**	m	ミニステリオ デ トラバホ
農業省	**Ministerio de Agricultura**	m	ミニステリオ デ アグリクルトゥラ
環境省	**Ministerio de Medio Ambiente**	m	ミニステリオ デ メディオ アンビエンテ
防衛省	**Ministerio de Defensa**	m	ミニステリオ デ デフェンサ

8章 政治・経済・時事

〈関連単語〉

民主主義	democracia f デモクラシア	民主主義者	demócrata m, f デモクラタ
社会主義	socialismo m ソシアリスモ	社会主義者	socialista m, f ソシアリスタ
共産主義	comunismo m コムニスモ	共産主義者	comunista m, f コムニスタ
独裁	dictadura f ディクタドゥーラ	独裁者	dictador(ra) m(f) ディクタドール(ラ)

政治・経済・時事
政治② 政党・選挙

政党	partido	m	パルティード
与党	partido gobernante	m	パルティード ゴベルナンテ
野党 (集合名詞)	oposición	m	オポシシオン
(日本の) 国会	Dieta	f	ディエタ
(スペインの) 国会	Cortes	f pl	コルテス
議会	parlamento	m	パルラメント
上院／参議院	Senado／Cámara Alta	m／f	セナード／カマラ アルタ
下院／衆議院	Cámara Baja／Cámara de Diputados	f／f	カマラ バハ／カマラ テ ディプタードス
多数	mayoría	f	マジョリーア
少数	minoría	f	ミノリーア
全会一致で	por unanimidad		ポル ウナニミダッ
絶対多数	mayoría absoluta	f	マジョリーア アブソルータ
法案	proyecto de ley	m	プロジェクト デ レイ
保守派	conservador(ra)	m (f)	コンセルバドール(ラ)
右派↔左派	derechista ↔ izquierdista	m,f／m,f	デレチスタ／イスキエルディスタ
中道	centrista	m／f	セントリスタ
選挙	elecciones	f pl	エレクシオネス

324

政治② 政党・選挙

日本語	スペイン語	性	読み
総選挙	elecciones generales	f pl	エレクシオネス ヘネラレス
選挙キャンペーン	campaña electoral	f	カンパーニャ エレクトラル
投票する	votar		ボタール
投票	votación	f	ボタシオン
有権者、投票者	votante	m f	ボタンテ
候補者	candidato(ta)	m (f)	カンディダート(タ)
マニフェスト	manifiesto	m	マニフィエスト
棄権	abstención	f	アブステンシオン
国民投票	referéndum	m	レフェレンドゥム
自由民主党	Partido Demócrata Liberal〈PDL〉	m	パルティード デモクラタ リベラル
民主党	Partido Demócrata〈PD〉	m	パルティード デモクラタ
公明党	Partido Nuevo Komei	m	パルティード ヌエボ コメイ
共産党	Partido Comunista〈PC〉	m	パルティード コムニスタ

〈関連単語〉

日本語	スペイン語	性	読み
県知事	gobernador(ra)	m(f)	ゴベルナドール(ラ)
市町村長	alcalde(desa)	m(f)	アルカルデ(デサ)
議員	parlamentario(ria)	m(f)	パルラメンタリオ(リア)
上院議員／参議院議員	senador(ra)	m(f)	セナドール(ラ)
下院議員／衆議院議員	diputado(da)	m(f)	ディプタード(ダ)

政治・経済・時事
政治③ 外交・国際関係

大使館	**embajada**	f	エンバハーダ
大使	**embajador(ra)**	m/f	エンバハドール(ラ)
領事館	**consulado**	m	コンスラード
領事	**cónsul**	m/f	コンスル
ビザ	**visado**	m	ビサード
パスポート	**pasaporte**	m	パサポルテ
外交	**diplomacia**	f	ディプロマシア
外交危機	**crisis diplomática**	f	クリシス ディプロマティカ
外交交渉	**negociación diplomática**	f	ネゴシアシオン ディプロマティカ
外交官	**diplomático(ca)**	m/f	ディプロマティコ(カ)
文化担当官	**agregado(da) cultural**	m	アグレガード(ダ) クルトゥラル
商務担当官	**agregado(da) de comercio**	m	アグレガード(ダ) デ コメルシオ
治外法権	**extraterritorialidad**	f	エストラテリトリアリダッ
国境	**frontera**	f	フロンテラ
領土	**territorio**	m	テリトリオ
領海	**mar territorial**	m	マル テリトリアル
侵略	**invasión**	f	インバシオン

● 政治③ 外交・国際関係 ●

日本語	スペイン語	性	カナ
紛争	**conflicto**	m	コンフリクト
戦争↔平和	**guerra ↔ paz**	f	ゲラ／パス
条約	**tratado**	m	トラタード
協定	**convenio/acuerdo**	m	コンベニオ／アクエルド
2国間の	**bilateral**		ビラテラル
多国間の	**multilateral**		ムルティラテラル
軍隊	**fuerzas armadas**	f pl	フエルサス アルマーダス
軍隊の	**militar**		ミリタル
平和維持軍	**fuerza de paz**	f	フエルサ デ パス
自衛隊	**Fuerzas Armadas de Autodefensa**	f pl	フエルサス アルマーダス デ アウトデフェンサ
同盟国	**países aliados**	m pl	パイセス アリアードス
議定書	**protocolo**	m	プロトコロ
国際関係	**relaciones internacionales**	f pl	レラシオネス インテルナシオナレス
国際協力	**cooperación internacional**	f	コオペラシオン インテルナシオナル
ODA、政府開発援助	**Ayuda Oficial al Desarrollo 〈AOD〉**	f	アジュダ オフィシアル アル デサロージョ
テロ	**terrorismo**	m	テロリスモ
クーデター	**golpe de estado**	m	ゴルペ デ エスタード
非常事態	**estado de emergencia**	m	エスタード デ エメルヘンシア
夜間外出禁止令	**toque de queda**	m	トケ デ ケダ

8章 ● 政治・経済・時事

政治・経済・時事
法律・裁判

法律	ley/ derecho	f / m	レイ／デレーチョ
規則	reglamento	m	レグラメント
政令	decreto	m	デクレト
勅令	real decreto	m	レアル デクレト
憲法	constitución	f	コンスティトゥシオン
民法（商法・刑法）	derecho civil (mercantil/penal)	m	デレーチョ シビル（メルカンティル/ペナル）
現行法	ley vigente	f	レイ ビヘンテ
章	capítulo	m	カピトゥロ
条	artículo	m	アルティクロ
裁判	juicio	m	フイシオ
裁判所	tribunal	m	トリブナル
最高裁判所	Tribunal Supremo	m	トリブナル スプレーモ
家庭裁判所	Tribunal de Familia	m	トリブナル デ ファミリア
第一審	primera instancia	f	プリメーラ インスタンシア
法廷	juzgado	m	フスガード
裁判官	juez(a)	m/f	フエス(サ)
陪審員	jurado(da)	m/f	フラード(ダ)

328

● 法律・裁判

検察官	**fiscal**	m / f	フィスカル
弁護士	**abogado(da)**	m (f)	アボガード(ダ)
被告	**acusado(da)**	m (f)	アクサード(ダ)
○○を訴える	**denunciar a ○○**		デヌンシアール ア ○○
自供する	**confesar**		コンフェサール
黙秘権	**derecho a guardar silencio**	m	デレーチョ ア グアルダール シレンシオ
宣誓	**juramento**	m	フラメント
判決(有罪判決)	**sentencia (condena)**	f	センテンシア(コンデナ)
有罪の(無罪の)	**culpable (inocente)**		クルパブレ(イノセンテ)
死刑	**pena de muerte**	f	ペナ デ ムエルテ
懲役	**prisión con trabajo obligatorio**		プリシオン コン トラバホ オブリガトリオ
保釈	**libertad bajo fianza**		リベルタッ バホ フィアンサ

〈関連単語〉

逮捕者	detenido(da) m(f) デテニード(ダ)
アリバイ	coartada f コアルターダ
証人	testigo(ga) m(f) テスティーゴ(ガ)
証拠	testimonio m テスティモニオ
自白	confesión f コンフェシオン
刑務所	prisión f プリシオン

8章 ● 政治・経済・時事

政治・経済・時事
経済① 経済一般・雇用

経済	economía	f	エコノミーア
投資	inversión	f	インベルシオン
需要↔供給	demanda↔oferta	f	デマンダ／オフェルタ
生産↔消費	producción↔consumo	f / m	プロドゥクシオン／コンスモ
生産者↔消費者	productor(ra)↔consumidor(ra)	m / (f)	プロドゥクトール(ラ)／コンスミドール(ラ)
輸出↔輸入	exportación↔importación	f	エスポルタシオン／インポルタシオン
国際収支	balanza de pagos	f	バランサ デ パゴス
貿易収支	balanza comercial	f	バランサ コメルシアル
外貨準備高	reservas	f pl	レセルバス
関税	arancel	m	アランセル
特恵関税	arancel preferencial	m	アランセル プレフェレンシアル
税関	aduana	f	アドゥアナ
自由貿易圏	zona de libre comercio	f	ソナ デ リブレ コメルシオ
NAFTA、北米自由貿易圏	Zona de Libre Comercio del Atlántico Norte	f	ソナ デ リブレ コメルシオ デル アトランティコ ノルテ
フリーゾーン	zona libre	f	ソナ リブレ
統一通貨	moneda única	f	モネダ ウニカ
基軸通貨	moneda clave	f	モネダ クラベ

● 経済① 経済一般・雇用 ●

平価切り下げ	devaluación	f	デバルアシオン
経済指標	indicador económico	m	インディカドール エコノミコ
GDP	Producto Interior Bruto 〈PIB〉	m	プロドゥクト インテリオル ブルト 〈ペイベ〉
一人当たりGDP	PIB per cápita	m	ペイベ ペル カピタ
インフレ率	tasa de inflación	f	タサ デ インフラシオン
デフレ	deflación	f	デフラシオン
失業率	tasa de desempleo	f	タサ デ デセンプレオ
第1（第2）四半期	primer (segundo) trimestre del año	m	プリメール（セグンド）トリメストレ デル アーニョ
上（下）半期	primera mitad (segunda mitad) del año	f	プリメーラ ミタッ（セグンダ ミタッ）デル アーニョ
為替レート	tasa de cambio	f	タサ デ カンビオ
マイナス（プラス）成長	crecimiento negativo (positivo)	m	クレシミエント ネガティボ（ポシティボ）
賃金	sueldo/salario	m	スエルド／サラリオ
最低賃金	sueldo mínimo	m	スエルド ミニモ
雇用	empleo	m	エンプレオ
正規（非正規）雇用	empleo regular (eventual)	m	エンプレオ レグラール（エベントゥアル）
求人	oferta de trabajo	f	オフェルタ デ トラバホ
景気	situación económica	f	シトゥアシオン エコノミカ
不景気	recesión	f	レセシオン
倒産	quiebra	f	キエブラ

8章 ● 政治・経済・時事

政治・経済・時事
経済② 財務・税

日本語	スペイン語	性	カナ
株式会社	sociedad anónima 〈S.A.〉	f	ソシエダッ アノニマ
有限会社	sociedad limitada 〈S.L.〉	f	ソシエダッ リミターダ
持株会社	sociedad tenedora	f	ソシエダッ テネドーラ
国庫	tesoro público	m	テソロ プブリコ
資本、資本金	capital	m	カピタル
自己資本	capital propio	m	カピタル プロピオ
資産↔負債	activo ↔ deuda	m / f	アクティーボ／デウダ
収入↔支出	ingreso ↔ egreso	m	イングレソ／エグレソ
赤字↔黒字	déficit ↔ superávit	m	デフィシッ／スペラビッ
収益	ganancia	f	ガナンシア
損失	pérdida	f	ペルディダ
費用	coste/costo/gastos	m / m, pl	コステ／コスト／ガストス
利益	beneficio	m	ベネフィシオ
在庫	existencias	f pl	エクシステンシアス
設備投資	inversión en bienes de equipo	f	インベルシオン エン ビエネス デ エキポ
減価償却、減価償却費	cuota de amortización	f	クオタ デ アモルティサシオン
借入	endeudamiento	m	エンデウダミエント

● 経済② 財務・税 ●

税金	**impuesto**	m	インプエスト
税務署	**oficina de impuestos**	f	オフィシーナ デ インプエストス
納税者	**contribuyente**	m f	コントリブジェンテ
所得	**renta**	f	レンタ
課税標準	**base imponible**	f	バセ インポニブレ
課税控除、所得控除	**deducción de base imponible**	f	デドゥクシオン デ バセ インポニブレ
納税申告	**declaración de impuestos**	f	デクララシオン デ インプエストス
消費税	**impuesto sobre el consumo**	m	インプエスト ソブレ エル コンスモ
付加価値税	**impuesto al valor añadido 〈IVA〉**	m	インプエスト アル バロール アニャディード〈イバ〉
所得税	**impuesto sobre la renta**	m	インプエスト ソブレ ラ レンタ
贈与(相続)税	**impuesto sobre donaciones (sucesiones)**	m	インプエスト ソブレ ドナシオネス (スセシオネス)
税の還付	**devolución de impuestos**	f	デボルシオン デ インプエストス
脱税	**evasión fiscal**	f	エバシオン フィスカル
減税	**reducción de impuestos**	f	レドゥクシオン デ インプエストス
増税	**aumento de impuestos**	m	アウメント デ インプエストス

8章 ● 政治・経済・時事

〈関連単語〉

年金	pensión f ペンシオン	年金受給者	pensionista m, f ペンシオニスタ
保険	seguro m セグーロ		
社会保険	seguridad social f セグリダッ ソシアル		

政治・経済・時事
金融・証券

日本語	スペイン語	性	読み
金融機関	entidad financiera	f	エンティダッ フィナンシエラ
銀行	banco	m	バンコ
貯蓄銀行	caja de ahorros	f	カハ デ アオロス
証券会社	sociedad de valores	f	ソシエダッ デ バローレス
当座（普通）預金	cuenta corriente (de ahorro)	f	クエンタ コリエンテ (デ アオロ)
定期預金	depósito a plazo	m	デポシト ア プラソ
利子	interés	m	インテレス
利率	tasa de interés	f	タサ デ インテレス
基本金利、政策金利	tipo básico de interés	m	ティポ バシコ デ インテレス
銀行間金利	interés interbancario	m	インテレス インテルバンカリオ
名目金利	tipo de interés nominal	m	ティポ デ インテレス ノミナル
実質金利	tipo de interés real	m	ティポ デ インテレス レアル
ゼロ金利	tipo cero	m	ティポ セロ
プライムレート、最優遇貸出金利	tipo de interés preferencial	m	ティポ デ インテレス プレフェレンシアル
貸付	préstamo	m	プレスタモ
(不動産の) 担保	hipoteca	f	イポテカ
住宅ローン	crédito hipotecario	m	クレディト イポテカリオ

● 金融・証券

先物取引	futuros	*m pl*	フトゥロス
デリバティブ	derivado	*m*	デリバード
オプション	opción	*f*	オプシオン
手形	letra	*f*	レトラ
手形振出人	girador(ra)	*m (f)*	ヒラドール(ラ)
手形名宛人	girado(da)	*m (f)*	ヒラード(ダ)
裏書きする	endosar		エンドサール
債券	bono	*m*	ボノ
国債	obligación del Estado	*f*	オブリガシオン デル エスタード
株式、株券	acciones	*f pl*	アクシオネス
議決権付株式	acciones con voto	*f pl*	アクシオネス コン ボト
株価	precio de las acciones	*m*	プレシオ デ ラス アクシオネス
株主	accionista	*m f*	アクシオニスタ
筆頭株主	primer(ra) accionista	*m (f)*	プリメール(ラ) アクシオニスタ
大株主	accionista mayoritario(a)	*m (f)*	アクシオニスタ マジョリタリオ(ア)
株主総会	junta general de accionistas	*f*	フンタ ヘネラル デ アクシオニスタス
株式市場	bolsa de valores	*f*	ボルサ デ バローレス
株価指数	índice bursátil	*m*	インディセ ブルサティル
配当金	dividendos	*m pl*	ディビデンドス

8章 政治・経済・時事

政治・経済・時事
業種と職種

工業	**industria**	f	インドゥストゥリア
鉱業	**industria minera**	f	インドゥストゥリア ミネーラ
石油工業	**industria petrolera**	f	インドゥストゥリア ペトロレラ
石油化学工業	**industria petroquímica**	f	インドゥストゥリア ペトロキミカ
製鉄業	**industria siderúrgica**	f	インドゥストゥリア シデルルヒカ
建設業	**industria de la construcción**	f	インドゥストゥリア デ ラ コンストゥルクシオン
製造業	**industria manufacturera**	f	インドゥストゥリア マヌファクトゥレーラ
食品産業	**industria alimenticia**	f	インドゥストゥリア アリメンティシア
繊維産業	**industria textil**	f	インドゥストゥリア テスティル
映画産業	**industria cinematográfica**	f	インドゥストゥリア シネマトグラフィカ
IT産業	**industria informática**	f	インドゥストゥリア インフォルマティカ
情報通信業	**industria de las telecomunicaciones**	f	インドゥストゥリア デ ラス テレコムニカシオネス
商社	**casa comercial**	f	カサ コメルシアル
不動産業	**industria inmobiliaria**	f	インドゥストゥリア インモビリアリア
金融機関	**entidad financiera**	f	エンティダッ フィナンシエラ
報道機関	**medios informativos**	m pl	メディオス インフォルマティボス
コンサルティング業	**consultoría**	f	コンスルトリーア

● 業種と職種 ●

経営者	**empresario(ria)**	m / f	エンプレ**サ**リオ(リア)
社長	**director(ra) general/ presidente(ta)** *	m / f	ディレク**トー**ル(ラ) ヘネラル／ プレシ**デン**テ(タ)
取締役	**administrador(ra)/ director(ra)**	m / f	アドミニストラ**ドー**ル(ラ)／ ディレク**トー**ル(ラ)
部長	**jefe(fa) de departamento**	m / f	**ヘ**フェ(ファ) デ デパルタ**メ**ント
会社員	**empleado(da)**	m / f	エンプレ**アー**ド(ダ)
担当者	**encargado(da)**	m / f	エンカル**ガー**ド(ダ)
～部	**departamento de...**	m	デパルタ**メ**ント デ ～
～課	**sección de...**	f	セク**シオン** デ ～
営業課	**sección de ventas**	f	セク**シオン** デ **ベン**タス
人事課	**sección de personal**	f	セク**シオン** デ ペル**ソ**ナル
総務課	**sección de administración**	f	セク**シオン** デ アドミニストラ**シオン**
研究開発課 (R&D)	**sección de investigación y desarrollo**	f	セク**シオン** デ インベスティ ガ**シオン** イ デサ**ロー**ジョ
経理課	**sección de contabilidad**	f	セク**シオン** デ コンタビリ**ダッ**

＊役職名は企業の組織構造によってかなり異なります。上記以外の表現に なることもあるので、注意しましょう。

〈関連単語〉

農業	agricultura f アグリクル**トゥ**ラ
林業	silvicultura f シルビクル**トゥ**ラ
牧畜業	ganadería f ガナデ**リー**ア
漁業	pesca f **ペ**スカ

8章 政治・経済・時事

政治・経済・時事
時事問題

日本語	スペイン語	性	カナ
経済危機	crisis económica	f	クリシス エコノミカ
不良債権	créditos incobrables	m pl	クレディトス インコブラーブレス
金融緩和政策	política monetaria expansiva	f	ポリティカ モネタリア エスパンシバ
グローバル化	globalización	f	グロバリサシオン
新興市場	mercado emergente	m	メルカード エメルヘンテ
EPA、経済連携協定	Acuerdo de Asociación Económica 〈AAE〉	m	アクエルド デ アソシアシオン エコノミカ
プライマリー収支、基礎的財政収支	balanza primaria	f	バランサ プリマリア
M&A、買収・合併	fusión y adquisición	f	フシオン イ アドキシシオン
バブル経済	burbuja económica	f	ブルブハ エコノミカ
モラトリアム、支払猶予	moratoria	f	モラトリア
デフォルト、債務不履行	insolvencia/default	f/m	インソルベンシア/デフォルト
コンプライアンス、法令遵守	observancia de la ley	f	オブセルバンシア デ ラ レイ
CSR、企業の社会的責任	responsabilidad social de la empresa	f	レスポンサビリダッ ソシアル デ ラ エンプレサ
ベンチャー・キャピタル	capital riesgo	m	カピタル リエスゴ
インサイダー取引	uso de información privilegiada	m	ウソ デ インフォルマシオン プリビレヒアーダ
モラルハザード、企業倫理の欠如	riesgo moral	m	リエスゴ モラル
機密情報	información confidencial	f	インフォルマシオン コンフィデンシアル

日本語	Español	性	カナ
個人情報	información privada	f	インフォルマシオン プリバーダ
情報開示する	revelar información		レベラール インフォルマシオン
知的財産	propiedad intelectual	f	プロピエダッドゥ インテレクトゥアル
特許	patente	f	パテンテ
ナノテクノロジー	nanotecnología	f	ナノテクノロヒーア
デジタルデバイド、情報格差	brecha digital	f	ブレチャ ディヒタル
基本的人権	derechos humanos fundamentales	m pl	デレーチョス ウマーノス フンダメンタレス
社会福祉	bienestar social	m	ビエネスタール ソシアル
社会保障	seguridad social	f	セグリダッドゥ ソシアル
老人介護	cuidados a la tercera edad	m pl	クイダードス ア ラ テルセーラ エダッドゥ
介護保険	seguro público para cuidados y tratamientos	m	セグーロ プブリコ パラ クイダードス イ トラタミエントス
ホームヘルパー	auxiliar de hogar	m f	アウクシリアル デ オガール
メタボリックシンドローム	síndrome metabólico	m	シンドロメ メタボリコ
児童虐待	malos tratos a menores	m pl	マロス トラトス ア メノーレス
DV、ドメスティックバイオレンス	violencia doméstica	f	ビオレンシア ドメスティカ
セクシャルハラスメント	acoso sexual	m	アコソ セクスアル
パワーハラスメント	abuso de poder	m	アブソ デ ポデール
いじめ	maltrato	m	マルトラト
引きこもり	encerramiento	m	エンセラミエント

政治・経済・時事
新聞・マスコミ

日本語	スペイン語	性	読み
ジャーナリズム	periodismo	m	ペリオディスモ
マスコミ	medios de comunicación	m pl	メディオス デ コムニカシオン
新聞	periódico/prensa	m/f	ペリオディコ／プレンサ
日刊紙	diario	m	ディアリオ
朝刊（夕刊）	periódico de la mañana (la tarde)	m	ペリオディコ デ ラ マニャーナ（ラ タルデ）
雑誌	revista	f	レビスタ
週刊誌	semanario	m	セマナリオ
第一面、表紙	portada	f	ポルタダ
最終面、裏表紙	contraportada	f	コントラポルタダ
社会欄	sección de sociedad	f	セクシオン デ ソシエダッ
記事	artículo	m	アルティクロ
ルポルタージュ	reportaje	m	レポルタへ
インタビュー	entrevista	f	エントレビスタ
社説	editorial	m	エディトリアル
タイトル	título	m	ティトゥロ
サブタイトル	subtítulo	m	スブティトゥロ
広告	anuncio	m	アヌンシオ

● 新聞・マスコミ

付録	**suplemento**	m	スプレメント
記者、ジャーナリスト	**periodista**	m f	ペリオディスタ
レポーター	**reportero(ra)**	m (f)	レポルテーロ(ラ)
特派員	**corresponsal**	m f	コレスポンサル
コラムニスト	**columnista**	m f	コルムニスタ
編集者	**redactor(ra)**	m (f)	レダクトール(ラ)
編集長	**redactor(ra) jefe(fa)**	m (f)	レダクトール(ラ) ヘフェ(ファ)
ニュースソース	**fuentes**	f pl	フエンテス

〈関連単語〉

放送局	emisora f エミソーラ
デジタル放送	emisión digital f エミシオン ディヒタル
チャンネル	canal m カナル
定時ニュース	noticiario / telediario m ノティシアリオ テレディアリオ
アナウンサー	locutor(ra) m (f) ロクトール(ラ)
ワイドショー	magacín m マガシン
連続ドラマ	telenovela f テレノベラ
視聴率	índice de audiencia m インディセ デ アウディエンシア

政治・経済・時事
国際機関・国際イベント

●国際機関　organizaciones internacionales

国際連合	Organización de las Naciones Unidas 〈ONU〉 オルガニサシオン デ ラス ナシオネス ウニーダス オヌ	f
国連安全保障理事会	Consejo de seguridad de la ONU コンセホ デ セグリダッ デ ラ オヌ	m
UNESCO、国連教育科学文化機関	Organización de las Naciones Unidas para la Educación, la Ciencia y la Cultura オルガニサシオン デ ラス ナシオネス ウニーダス パラ ラ エドゥカシオン ラ シエンシア イ ラ クルトゥラ	f
UNICEF、国連児童基金	Fondo de las Naciones Unidas para la Infancia フォンド デ ラス ナシオネス ウニーダス パラ ラ インファンシア	m
FAO、国連食糧農業機関	Organización de las Naciones Unidas para la Agricultura y la Alimentación オルガニサシオン デ ラス ナシオネス ウニーダス パラ ラ アグリクルトゥラ イ ラ アリメンタシオン	f
ILO、国際労働機関	Organización Internacional del Trabajo 〈OIT〉 オルガニサシオン インテルナシオナル デル トラバホ オイテ	f
WHO、世界保健機関	Organización Mundial de la Salud 〈OMS〉 オルガニサシオン ムンディアル デ ラ サルッ オムス	f
WB、世界銀行	Banco Mundial バンコ ムンディアル	m
IMF、国際通貨基金	Fondo Monetario Internacional 〈FMI〉 フォンド モネタリオ インテルナシオナル	m
ICJ、国際司法裁判所	Corte Internacional de Justicia コルテ インテルナシオナル デ フスティシア	f
IAEA、国際原子力機関	Organización Internacional de Energía Atómica 〈OIEA〉 オルガニサシオン インテルナシオナル デ エネルヒーア アトミカ	f
インターポール、国際刑事警察機構	Organización Internacional de Policía Criminal 〈OIPC〉 オルガニサシオン インテルナシオナル デ ポリシーア クリミナル	f
EU、欧州連合	Unión Europea 〈UE〉 ウニオン エウロペア	f
NATO、北大西洋条約機構	Organización del Tratado del Atlántico Norte 〈OTAN〉 オルガニサシオン デル トラタド デル アトランティコ ノルテ オタン	f

● 国際機関・国際イベント ●

OPEC、石油輸出国機構	**Organización de Países Exportadores de Petróleo (OPEP)**	f
IOC、国際オリンピック委員会	**Comité Olímpico Internacional ⟨COI⟩**	m
FIFA、国際サッカー連盟	**Federación Internacional de Fútbol Asociación**	f

● 国際イベント　acontecimientos internacionales

サミット、首脳会議	**cumbre**	f
G8サミット	**Cumbre del G8**	f
イベロアメリカ・サミット	**Cumbre Iberoamericana**	f
万国博覧会	**Exposición Mundial**	f
オリンピック(パラリンピック) 大会	**Juegos Olímpicos (Paralímpicos)**	m pl
ワールドカップ	**Copa Mundial**	f
サッカー・ワールドカップ	**Copa Mundial de Fútbol**	f
世界選手権	**Campeonato Mundial**	m
世界陸上選手権	**Campeonato Mundial de Atletismo**	m
世界ゴルフ選手権	**Campeonato Mundial de Golf**	m
サッカー・クラブ世界選手権	**Campeonato Mundial de Clubes de la FIFA**	m
マスターズゴルフトーナメント	**El Masters**	m
ウィンブルドン選手権	**Campeonato de Wimbledon**	m
F1	**Fórmula Uno**	f

8章　政治・経済・時事

政治・経済・時事
歴 史

歴史	**historia**	f	イストリア
先史	**prehistoria**	f	プレイストリア
考古学	**arqueología**	f	アルケオロヒーア
文明	**civilización**	f	シビリサシオン
時代	**época/era/edad**	f	エポカ／エラ／エダッ
世紀	**siglo**	m	シグロ
紀元前	**antes de Cristo ⟨a.C.⟩**		アンテス デ クリスト
紀元後	**después de Cristo ⟨d.C.⟩**		デスプエス デ クリスト
年表	**cronología**	f	クロノロヒーア
氷河期	**período glacial**	m	ペリオド グラシアル
恐竜	**dinosaurio**	m	ディノサウリオ
人類	**ser humano**	m	セール ウマノ
ホモサピエンス	**Homo sapiens**	m	オモ サピエンス
旧石器時代	**Paleolítico**	m	パレオリティコ
新石器時代	**Neolítico**	m	ネオリティコ
青銅器（鉄器）時代	**Edad de Bronce (Hierro)**	f	エダッ デ ブロンセ（イエロ）
古代	**Edad Antigua**	f	エダッ アンティグア

344

● 歴 史 ●

古墳	**tumba antigua**	f	トゥンバ アンティグア
土器	**vasija de barro**	f	バシハ デ バロ
貝塚	**cúmulo de conchas**	m	クムロ デ コンチャス
中世	**Edad Media**	f	エダッ メディア
中世の	**medieval**		メディエバル
近世	**Edad Moderna**	f	エダッ モデルナ
現代の	**contemporáneo(a)**		コンテンポラネオ(ア)
国土回復運動	**Reconquista**	f	レコンキスタ
黄金世紀	**Siglo de Oro**	m	シグロ デ オロ
ルネッサンス	**Renacimiento**	m	レナシミエント
ルネッサンスの	**renacentista**		レナセンティスタ
封建時代	**época feudal**	f	エポカ フェウダル
封建主義	**feudalismo**	m	フェウダリスモ
君主制	**monarquía**	f	モナルキーア
君主	**monarca**	f	モナルカ
革命	**revolución**	f	レボルシオン
産業革命	**Revolución Industrial**	f	レボルシオン インドゥストリアル
第一次(第二次)世界大戦	**Primera (Segunda) Guerra Mundial**	f	プリメーラ (セグンダ) ゲラ ムンディアル
冷戦	**guerra fría**	f	ゲラ フリーア

8章 ● 政治・経済・時事

政治・経済・時事
宗 教

日本語	スペイン語	性	カナ
宗教	religión	f	レリヒオン
神	dios(sa)	m/f	ディオス(サ)
信仰	fe	f	フェ
祈る	rezar		レサール
キリスト教	cristianismo	m	クリスティアニスモ
キリスト	Cristo		クリスト
カトリック教徒	católico(ca)	m/f	カトリコ(カ)
プロテスタント	protestante	m/f	プロテスタンテ
聖書	Biblia	f	ビブリア
新約(旧約)聖書	Nuevo (Antiguo) Testamento	m	ヌエボ (アンティグオ) テスタメント
教会	iglesia	f	イグレシア
ミサ	misa	f	ミサ
礼拝	servicio	m	セルビシオ
洗礼	bautismo	m	バウティスモ
法王	Papa	m	パパ
司祭	sacerdote	m	サセルドテ
修道女(修道士)	monja (monje)	f/(m)	モンハ(モンヘ)

宗教

日本語	スペイン語	性	カナ
牧師	pastor(ra)	m/f	パストール(ラ)
宣教師	misionero(ra)	m/f	ミシオネロ(ラ)
ユダヤ教	judaísmo	m	フダイスモ
ユダヤ教会堂	sinagoga	f	シナゴーガ
イスラム教	islam	m	イスラン
アラー	Alá		アラ
イスラム教徒	musulmán(mana)	m/f	ムスルマン(マナ)
コーラン	Corán	m	コラン
イスラム教寺院	mezquita	f	メスキータ
仏教	budismo	m	ブディスモ
ブッダ	Buda		ブダ
仏教徒	budista	m/f	ブディスタ
寺	templo	m	テンプロ
僧	bonzo(za)	m/f	ボンソ(サ)
神道	sintoísmo	m	シントイスモ
神道信者	sintoísta	m/f	シントイスタ
神社	santuario sintoísta	m	サントゥアリオ シントイスタ
儒教	confucianismo	m	コンフシアニスモ
孔子	Confucio		コンフシオ

8章 政治・経済・時事

政治・経済・時事

日本の紹介①

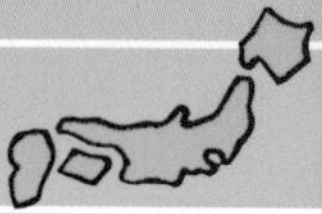

日本は4つの大きな島と多くの小さな島々から成っている
Japón está formado por cuatro islas grandes y otras muchas islas pequeñas.

日本の面積は約38万平方キロメートルだ
La superficie de Japón es de unos 380.000 kilómetros cuadrados.

スペインは日本の1.3倍の大きさだ
España es 1,3 veces más grande que Japón.

富士山は日本のシンボルのひとつだ
El monte Fuji es uno de los símbolos de Japón.

富士山の高さは3776メートルだ
La altura del monte Fuji es de 3.776 metros.

日本の人口は1億2800万人だ
La población de Japón es de unos 128 millones de habitantes.

日本には四季がある
Tenemos cuatro estaciones en Japón.

日本の美しい季節は春と秋だ
Las estaciones más hermosas de Japón son la primavera y el otoño.

春には桜が開花し、秋には木々が紅葉する
En primavera florece el cerezo y en otoño cambian de color las hojas.

徳川幕府は徳川家康によって1603年に創設された
El shogunato Tokugawa fue fundado en 1603 por Ieyasu Tokugawa.

相撲は空手や柔道と同様に日本の伝統的スポーツの一つだ
El sumo es uno de los deportes tradicionales de Japón como el karate y el judo.

348

● 日本の紹介①

今日では大勢の外国人力士がいる
Hoy día hay muchos luchadores de sumo extranjeros.
オイ ディア アイ ムーチョス ルチャドーレス デ スモ エストランヘロス

＊1　SER 動詞の後ろに数字がくるときは、前置詞 de でつなげる
＊2　日本人が日本のことを話す場合は、1人称複数形で表す

〈関連単語〉

島	isla f イスラ
～で構成されている	estar formado por... エスタール フォルマード ポル
面積	superficie f スペルフィシエ
～の～倍の大きさ	...veces más grande que... ベセス マス グランデ ケ
シンボル	símbolo m シンボロ
高さ	altura f アルトゥーラ
人口	población f ポブラシオン
住民	habitante m アビタンテ
季節	estación f エスタシオン
美しい	hermosa エルモサ
桜が開花する	florecer el cerezo フロレセール エル セレソ
設立される	ser fundado セール フンダード
幕府	shogunato m ショーグナト
力士	luchador de sumo m ルチャドール デ スモ
今日では	hoy día オイ ディア

8章 ● 政治・経済・時事

政治・経済・時事
日本の紹介 ②

歌舞伎と能は日本の伝統的演劇だ
El kabuki y el noh son géneros teatrales tradicionales de Japón.
エル カブキ イ エル ノ ソン ヘネロス テアトラレス トラディシオナレス デ ハポン

歌舞伎も能も男性だけが演じる
Tanto en kabuki como en noh sólo actúan hombres.
タント エン カブキ コモ エン ノ ソロ アクトゥアン オンブレス

歌舞伎は化粧も衣裳も演技も派手だ
En el kabuki, el maquillaje, el vestuario
エン エル カブキ エル マキジャヘ エル ベストゥアリオ
y la interpretación son muy llamativos.
イ ラ インテルプレタシオン ソン ムイ ジャマティーボス

反対に、能は面をつけてシンボリックに演じられる
En cambio en el noh los actores llevan
エン カンビオ エン エル ノ ロス アクトーレス ジェバン
máscara y sus movimientos son simbólicos.
マスカラ イ スス モビミエントス ソン シンボリコス

昔、着物は日常着だった
Antiguamente el kimono era una ropa de uso cotidiano.
アンティグアメンテ エル キモノ エラ ウナ ロパ デ ウソ コティディアノ

しかし、今日では着物は主にセレモニーのときに着られる
Pero hoy día se viste el kimono principalmente en ceremonias.
ペロ オイ ディア セ ビステ エル キモノ プリンシパルメンテ エン セレモニアス

私たち日本人は1日に3回食事をとる
Nosotros, los japoneses, comemos tres veces al día.
ノソトロス ロス ハポネセス コメモス トレス ベセス アル ディア

伝統的な日本の朝食は、みそ汁と干物の焼き魚、海苔、ごはんから成る
El desayuno tradicional japonés está formado por sopa de miso,
エル デサジュノ トラディシオナル ハポネス エスタ フォルマード ポル ソパ デ ミソ
pescado seco asado, algas secas y arroz cocido.
ペスカード セコ アサード アルガス セカス イ アロス コシード

日本人は箸(はし)で食べる
Comemos con palillos.
コメモス コン パリージョス

● 日本の紹介②

〈関連単語〉

伝統演劇	género teatral tradicional *m* ヘネロ テアトラル トラディシオナル
〜も〜も	tanto... como... タント コモ
演じる	actuar アクトゥアール
化粧	maquillaje *m* マキジャへ
衣装、着物	vestuario *m* ベストゥアリオ
演技	interpretación *f* インテルプレタシオン
反対に	en cambio エン カンビオ
面	máscara *f* マスカラ
動き	movimientos *m, pl* モビミエントス
シンボリックな	simbólico シンボリコ
昔は	antiguamente アンティグアメンテ
日常用の	de uso cotidiano デ ウソ コティディアノ
セレモニー	ceremonia *f* セレモニア
1日に	al día アル ディア
みそ汁	sopa de miso *f* ソパ デ ミソ
魚の干物	pescado seco *m* ペスカード セコ
海苔(のり)	algas secas *f, pl* アルガス セカス
ごはん	arroz cocido *m* アロス コシード
箸(はし)	palillos *m, pl* パリージョス

8章 ● 政治・経済・時事

351

●参考文献一覧

Diccionario Visual Oxford Español Inglés Francés Alemán, Oxford University Press, 1996
Manual de español urgente, Agencia EFE, Cátedra, 2000
Atlas Mundial, El País, Aguilar, 1988
El Bloc, español en imágenes, Pedro Tena Tena, María Jesús Varela Castillo, Edinumen, 2007
El Español de España y el español de América, vocabulario comparado, Antonio Molero, Ediciones SM, 2003
Diccionario del español actual, Manuel Seco, Olimpia Andrés, Gabino Ramos, Aguilar, 1999
Diccionario panhispánico de dudas, Real Academia Española, Asociación de Academias de la Lengua Española, Santillana Ediciones Generales, S.L., 2005

『暮らしの単語集　スペイン語』田原正三（ナツメ社）2007年
『分類式スペイン常用単語集』瓜谷良平編（白水社）1987年
『スペイン語表現ハンドブック』高橋覺二（白水社）2008年
『イラスト会話ブック　スペイン』井戸光子他（JTBパブリッシング）2007年
『Guía Médica　医学用語の手引き』ラテンアメリカコミュニティ編　1991年
『スペイン語経済ビジネス用語辞典』イスパニカ編（大修館書店・カシオ XD-SP7500）2008年
『和西辞典（改訂版）』有本紀明他（白水社）2001年
『クラウン和西辞典』Carlos Rubio・上田博人・Antonio Ruiz Tinoco編（三省堂）2004年
『現代スペイン語辞典（改訂版）』宮城昇・山田善郎監修（白水社）1999年
『クラウン西和辞典』原誠・Enrique Contreras・寺崎英樹・秋山紀一・阿部三男・高垣敏博編（三省堂）2005年

español

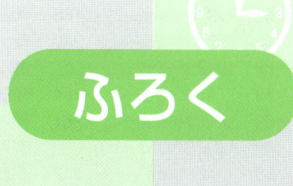

ふろく

さくいん

数字

- 0～16(基数) …… 66
- 17～70(基数) …… 67
- 80～2,000,000(基数) …… 68
- 第1の …… 69
- 第2の …… 69
- 第3の …… 69
- 第4の …… 69
- 第5の …… 69
- 2分の1 …… 69
- 3分の1 …… 69
- 4分の1 …… 69
- 2倍 …… 69
- 3倍 …… 69
- 1月～12月 …… 70

欧文略号

- BCC …… 185
- CC …… 185
- CD-ROM …… 182
- CSR(企業の社会的責任) …… 338
- CT(コンピュータ断層撮影) …… 295
- DV(ドメスティックバイオレンス) …… 339
- EPA(経済連携協定) …… 338
- EU(欧州連合) …… 342
- F1 …… 343
- FAO(国連食糧農業機関) …… 342
- FIFA(国際サッカー連盟) …… 343
- GDP …… 331
- IAEA(国際原子力機関) …… 342
- ICJ(国際司法裁判所) …… 342
- ILO(国際労働機関) …… 342
- IMF(国際通貨基金) …… 342
- IOC(国際オリンピック委員会) …… 343
- M&A(買収・合併) …… 338
- MRI(磁気共鳴画像) …… 295
- NAFTA(北米自由貿易圏) …… 330
- NATO(北大西洋条約機構) …… 342
- ODA(政府開発援助) …… 327
- OPEC(石油輸出機構) …… 343
- OS …… 182
- SF …… 240
- SNS(ソーシャルネットワークサービス) …… 184
- UFO(未確認飛行物体) …… 261
- UNESCO(国連教育科学文化機関) …… 342
- UNICEF(国連児童基金) …… 342
- WB(世界銀行) …… 342
- WHO(世界保健機関) …… 342

あ

- ああ、いいよ …… 48
- アーチェリー …… 227
- アーティスト …… 235
- アーティチョーク …… 141
- アーミーナイフ …… 221
- アーモンド …… 282
- 愛国者 …… 43
- アイコン …… 183
- あいさつ …… 34
- (○○に)あいさつする …… 34
- アイシャドウ …… 126
- アイスクリーム …… 147・151
- アイスクリーム屋 …… 132
- (時/～の)間 …… 71
- (AとBの)間に …… 85
- IT産業 …… 336
- アイブロウペンシル …… 126
- アイライナー …… 126
- アイルランド …… 99
- アイロン …… 169
- アイロンがけをする …… 116
- (だれかに)会う …… 115
- (セクハラ・痴漢に)あう …… 314
- アウトレット …… 211
- 会えてうれしいよ …… 35
- 青魚 …… 145
- 青空市 …… 237
- 青っぽい …… 86
- 青の …… 86
- 青虫 …… 270
- 赤い …… 86
- 赤字 …… 332
- 赤ずきん …… 254
- 赤ちゃん …… 116
- 赤ちゃんをあやす …… 117
- 赤っぽい …… 86
- 赤ピーマン …… 141
- 明るい色 …… 87
- 赤ワイン …… 153
- 秋 …… 71
- 空き …… 195
- アクション …… 240
- アクセサリー …… 124
- アクリル …… 212
- 揚げた …… 139
- あけっぴろげな …… 44
- あご …… 110
- あごひげ …… 110・217
- 麻 …… 212
- アサガオ …… 284
- あさって …… 72
- アザラシ …… 266
- アサリの漁師風 …… 136
- 脚 …… 111
- 足(足首から下) …… 111
- アシ(植物) …… 281

味 ……………………… 130	します ……………… 39	(食器を)洗う ………… 116
アジ(魚) ……………… 144	あなたのせいです … 315	(車などを)洗う … 138・171
アジア ………………… 96	あなたの電話番号は？ … 63	アラゴン州 ………… 102
味が濃い …………… 130	あなたの名前は？ … 51	あらすじ …………… 247
味がない …………… 130	あなたは ……………… 38	アラブ首長国連邦 … 97
アジサイ …………… 282	あなたもね …………… 35	あらまあ！ …………… 61
明日 …………………… 72	兄 ……………………… 40	あられ ……………… 259
足台(スツール) …… 170	アニマル・セラピー … 279	アランフェス協奏曲 … 256
味をつける ………… 138	アニメ ………… 240・250	アリ ………………… 270
アストゥリアス州 … 102	姉 ……………………… 40	ありえない！ ………… 61
アスパラガス ……… 140	アヒル ……………… 276	ありがとう …………… 46
アスピリン ………… 307	アフガニスタン ……… 97	(〜を)ありがとう …… 46
アスンシオン ………… 95	アフターシェービング	アリカンテ ………… 103
あそこ ………………… 84	ローション ……… 127	アリゲーター ……… 274
遊ぶ ………………… 115	油 …………………… 154	アリストテレス …… 252
暖かいです ………… 258	油絵 ………………… 248	アリバイ …………… 329
温める ……………… 138	アフリカ ……………… 99	ありふれた …………… 60
頭 …………………… 110	アポイントメント … 189	あるいは ……………… 64
厚い …………………… 89	アボカド …………… 141	アルコール ………… 306
暑いです …………… 258	甘い ………………… 130	アルコール依存症 … 301
あっさりした ……… 130	アマガエル ………… 274	アルコール度数 …… 131
＠(アットマーク) … 185	甘酢漬け …………… 139	アルジェリア ………… 99
圧力なべ …………… 157	天の川 ……………… 260	アルゼンチン ………… 95
あて先 ……………… 185	網棚 ………………… 197	アルゼンチン人 …… 100
あて名人 …………… 205	網焼きの …………… 139	アルツハイマー病 … 301
アテネ ……………… 107	アムステルダム …… 106	アルト ……………… 242
(〜の)あとに ………… 71	雨 …………………… 259	アルパカ …………… 266
アトピー性皮膚炎 … 297	アメーバ …………… 273	アルプスの少女ハイジ … 251
アトリエ …………… 248	雨もりがします …… 315	アレキサンダー大王 … 252
アドレス …………… 185	アメジスト ………… 125	アレルギーがある … 303・309
アドレス帳 ………… 185	アメリカ ……………… 98	アレルギー性鼻炎 … 297
アナウンサー ……… 341	アメリカ合衆国 ……… 98	アロス・コン・レチェ … 151
アナグマ …………… 266	アメリカ人 ………… 101	アロマキャンドル … 167
アナゴ ……………… 272	謝る …………………… 54	アロマテラピー …… 215
あなた方は …………… 38	アヤメ ……………… 284	泡立てる …………… 138
あなたと知り合えて	アユ ………………… 272	アワビ ……………… 145
うれしい ………… 39	アラー ……………… 347	アンカラ …………… 104
あなたに○○を紹介		(鎖状)アンクレット … 124

ふろく●さくいん

アンコウ …… 144	池 …… 263	1階席 …… 245
安心する …… 58	胃けいれん …… 299	1等車 …… 197
あんず …… 148・282	遺骨 …… 81	一般症状 …… 302
安全ベルト …… 195	居酒屋 …… 132	一方通行の …… 201
アンダルシア州 …… 102	イサベル女王 …… 252	緯度 …… 109
アンチエイジング …… 214	遺失物 …… 312	いとこ …… 41
案内所 …… 194	遺失物取扱所 …… 312	イトスギ …… 280
	いじめ …… 314・339	田舎 …… 263
い	いじめをする …… 314	イナゴ …… 270
	医者 …… 290	稲妻 …… 259
胃 …… 112	衣装 …… 351	犬 …… 266
いいえ …… 52	移植 …… 295	犬（鳴き声） …… 275
いいえ、けっこうです …… 53	意地悪な …… 44	居眠り運転をする …… 317
いいかい …… 37	椅子 …… 164	イノシシ …… 266
いいですよ …… 53・54	イスパニア・デー …… 74	祈る …… 346
いいよ …… 52	イスラエル …… 97	いびき …… 167
いいんですよ …… 54	イスラム教 …… 347	いびきをかく …… 167
家 …… 158	イスラム教寺院 …… 347	衣服 …… 118
イエローカード …… 225	イスラム教徒 …… 347	イベリア半島 …… 109
胃炎 …… 299	遺跡 …… 286	イベロアメリカ・
イガ（衣類につく虫）…… 270	遺族 …… 81	サミット …… 343
胃が痛い …… 304	遺体 …… 80	居間 …… 162
胃潰瘍 …… 299	イタチ …… 266	妹 …… 40
医学 …… 178	イタリア …… 99	いも虫 …… 270
イカスミのパエリヤ …… 136	イタリア人 …… 101	イモリ …… 274
イカのリング揚げ …… 136	位置 …… 84	イヤホン …… 195
胃カメラ …… 295	いちご …… 149	イヤリング …… 124
怒り …… 56	1時間前に …… 82	イラク …… 97
息苦しい …… 304	いちじく …… 149・282	イラン …… 97
～行きの列車 …… 197	1時です …… 82	入江 …… 263
異郷人 …… 43	1時半です …… 82	入口 …… 160・200・233
イギリス …… 99	一日中 …… 72	衣料品店 …… 208
イギリス人 …… 101	1日に …… 351	イルカ …… 266
イグアナ …… 274	1日に3回 …… 309	イルカショー …… 275
イグサ …… 281	市場 …… 209	色 …… 86
育児 …… 116	イチョウ …… 282	イワシ …… 144
育児休暇 …… 191	いつ？ …… 50	イワシの串焼き …… 136
胃薬 …… 307	1階 …… 161	イワシの酢漬け …… 136
いくらですか？ …… 51		

項目	ページ
イワナ	272
陰気な	44
インゲン豆	146
インサイダー取引	338
印刷する	183
印刷物	205
印紙	205
飲酒運転をする	317
印象的な	60
印象派	249
飲食店	132
飲食物	128
インストールする	183
いん石	261
インターチェンジ	200
インターネット	184
インターネット接続	231
インターポール(国際刑事警察機構)	342
インターホン	161
インタビュー	340
インテリア	165
インド	96
咽頭炎	297
インド人	101
インドネシア	96
インパクトの強い	60
インフルエンザ	298
インフレ率	331

う

項目	ページ
ウィークデー	73
ウィーン	106
ウイスキー	153
ウイルス	185
ウインドウ	182
ウィンブルドン選手権	343
ウール	212
ウエイター	133
ウエイター(呼びかけ)	36
ウエイトレス	133
ウェーブヘア	216
ウエスト	111・215
(〜の)上に	85
上向きに	167
ウェルダン(肉の焼き具合)	139
ウオーキング	220
ウォン(韓国)	90
ウグイス	276
ウクライナ	97
受け入れる	52
受付	290
受取人	205
動き	351
ウサギ	143・266
牛(オス)	267
牛(メス)	267
牛のチーズ	147
うじ虫	270
(〜の)後ろに	85・207
薄い	89
うすい(味)	130
薄切りにする	138・143
ウズラ	143
右折禁止(標識)	201
うそつきな	45
歌	242
疑う	58
内気な	44
宇宙	260
宇宙人(地球外生命体)	261
宇宙船	202
宇宙飛行	261
宇宙飛行士	261
宇宙遊泳する	261
打つ	225
うっかりして	55
美しい	60・349
美しき青きドナウ	255
訴える(裁判など)	315・329
うつ病	296
うつぶせに	167
腕	111
腕時計	123
腕輪	124
ウナギ	272
ウナギの稚魚	272
ウニ	145
右派	324
馬(オス)	238・267
馬(メス)	267
馬のたてがみ	269
生まれる	116
海	263
海の日	75
梅	148・282
裏書きする	335
裏皮(バックスキン)	212
うら盆	77
裏表紙	340
うらやむ	58
ウルグアイ	95
ウルグアイ人	100
(〜が)うれしい	56
うれしい！	61
うろこ	273
うろこを落とす	145
上着	118
上役	43
運河	263
(〜に)うんざりしている	59
うんち	117
運転手	197・198・317

運転手さん(呼びかけ) … 37	枝 … 281	遠洋漁業 … 273
運転する … 200	エチオピア … 99	
運転免許証 … 201・317	エッチング … 249	**お**
	エニシダ … 283	
え	絵はがき … 236	お会いできて
	エピソード … 247	うれしいです … 35
エアコン … 168・231	エビの衣揚げ … 136	甥 … 41
映画 … 240	エビの素揚げ … 136	追い越し車線 … 200
映画館 … 219・241	エビの鉄板焼き … 136	追い越す … 200
映画産業 … 336	エピローグ … 247	おいしい … 130
映画へ行こうよ … 51	絵本 … 247	お祝い … 76
永久脱毛 … 214	エメラルド … 125	(アラビア風)王宮・城 … 286
営業課 … 337	えら … 273	黄金世紀 … 345
営業時間 … 232	エリザベス1世 … 252	雄牛 … 238
エイズ … 301	エルサルバドル … 94	王室 … 43
映像芸術 … 248	エルサルバドル人 … 100	黄疸 … 299
英仏海峡 … 109	エルサルバドルほか	横断歩道 … 206
ええ、いいですよ … 48	(通貨) … 91	往復乗車券 … 196
(言いよどむ)えーっと … 64	エルサレム … 105	往復割引 … 196
(考える)えーっと … 64	エカテリナ女帝 … 252	オウム … 278
AV機器 … 168	エレベーター … 161・312	大雨 … 318
駅 … 196	円(形) … 88	大型客船 … 202
液体の … 171	円(日本) … 90	大株主 … 335
益虫 … 271	沿岸漁業 … 273	オオカミ … 267
エクアドル … 95	演技 … 351	大きい … 89
エクアドル(通貨) … 91	円形の … 88	大きさ … 89・211
エクアドル人 … 100	演劇 … 244	大ケガをしています … 316
エコカー … 203	演劇作家 … 244	オーケストラ … 242
エコノミークラス … 228	遠視 … 296	オーケストラボックス … 245
エコロジー … 264	演じる … 351	大皿 … 156
えさ … 273	円錐形 … 88	オーストラリア … 97
エジプト … 99	円錐形の … 88	オーストリア … 99
エシャロット … 141	演奏する … 243	オーディオガイド … 232
エスカレーター … 312	エンダイブ … 140	オーデコロン … 127
エステ … 214	煙突 … 160	大通り … 206
エステサロン … 214	エンパナーダ … 134	オーバーコート … 119
エステティシャン … 214	鉛筆 … 180	オーブン … 169
エストレマドゥラ州 … 102	鉛筆削り … 180	オーブンで焼いた … 139
		大晦日 … 77

項目	ページ
大晦日の夜	77
丘	262
お買い得品	210
お金	310
オキシドール	306
置き時計	165
お気に入り	184
お気の毒です	58
お客様サポート(サービス)センター	211
起きる	114
置き忘れる	312
奥様にどうぞよろしく	35
屋上	160
億万長者	43
お悔やみを言う	80
奥行	89
送る	205
遅れてごめん	54
遅れて申しわけありません	54
お心づかいに感謝します	47
(〜を)怒る	56
叔父・伯父	41
おしっこ	117
オシベ	283
お知らせします	37
オス	266
おすすめ料理	129
オスタル	230
オスロ	105
オセアニア	97
汚染物質	264
オゾンホール	264
おたふくかぜ	301
おたま	157
オタワ	107
落ち込んでいる	57
(〜から)落ちる	312
夫	40
オットセイ	267
おつまみ	129・134
弟	40
落とす	312
おととい	72
大人	42
踊り場	161
同じ役職の人	42・188
お願い	49
お願いがあるのですが	48
お願いする	49
斧	221
叔母・伯母	41
オパール	125
お話し中、すみません	54
おはよう	34
オフィス	187
オフサイド	225
オフ・シーズン	71
オプション	335
オプションツアー	232
オペラ	244
オペレッタ	244
おまかせコース	129
おむつ	117
おむつをかえる	117
おめでとう	76
重さ	89
おもちゃ屋	209
おやすみなさい	35
親指	112
オランウータン	267
オランダ	99
オランダ人	101
(動物の)おり	275・279
オリーブ(おつまみ)	134
オリーブ	282
オリーブ油	154・237
オリンピック(パラリンピック)大会	343
オルチャータ	152
オルチャータ屋	132
お礼	46
お礼には及びません	46
お礼の言いようもありません	47
お礼を言う	46
オレガノ	155
オレンジ	148・282
オレンジジュース	152
オレンジの	87
おろしがね	157
(〜の)終わりに	71
音楽	178・242
音楽家	242
温室効果ガス	264
温水プール	219
温泉	218
温泉場	218
温帯	108
温度	259
オンラインショップ	211

か

項目	ページ
可(成績)	176
〜課	188・337
カ(虫)	270
ガ(虫)	270
ガーゼ	308
カーソル	182
カーソルを置く	182
カーディガン	118
カーテン	165
カーテンコール	245

カート	210	
カード会社	311	
カードナンバー	311	
カードナンバーは〜です	311	
ガードル	120	
カーネーション	284	
ガーネット	125	
カーペット	165	
(敷き込み)カーペット	165	
貝	272	
絵画	248	
(額入り)絵画	165	
外貨準備高	330	
海岸	263	
開館時間	232	
会議	189	
会議に出席する	189	
海峡	263	
会計	291	
解雇	187	
外交	326	
外交官	326	
外交危機	326	
外交交渉	326	
外交的な	44	
外国人	43	
解雇する	191	
介護保険	339	
改札口	196	
会社	188	
会社員	188・337	
介助犬	279	
海水魚	272	
海水浴	220	
回数券	198	
〜階建て	159	
階段	161・312	
害虫	271	
懐中電灯	163・221	
貝塚	345	
回転ドア	312	
外灯	160	
ガイドブック	229	
外務省	323	
カイメン(海の生物)	273	
買い物	210・233	
買い物に行く	114・116	
買い物をする	116	
外用薬	306	
外来	290	
快楽の園	255	
カイロ	105	
下院	324	
下院議員	325	
買う	210	
カウボーイ	269	
ガウン	167	
カウンター(店)	132	
カウンター(空港)	194	
カエサル	252	
カエデ	280	
カエル	274	
顔	110	
香り	131	
顔を洗う	114	
画家	248	
カカオ豆	146	
化学	178	
鏡	163	
かかりつけ医	293	
カキ(魚介)	145	
柿	149	
書留郵便	205	
書き物机	164	
家具	164	
核家族	41	
閣議、閣僚会議	322	
各内	70	
学士	176	
(〜を)確信している	58	
学生	174	
学生寮	158	
楽団	239	
学長	175	
家具つきの	159	
カクテル	153・234	
確認する	228	
学部	175	
額縁	249	
革命	345	
楽屋	245	
神楽(かぐら)	239	
かぐわしい(フルーティな)	131	
崖	262	
かけ声	235	
崖の上のポニョ	251	
掛けぶとん	166	
カゲロウ(虫)	270	
(スーパーの)かご	210	
(ペットの)かご	279	
傘	123	
火災報知器	313	
傘立て	165	
カザフスタン	97	
飾りぐし	124	
(ガラスの)飾り棚	164	
火山	262	
カシ(木)	280	
家事	116	
火事	312	
加湿器	168	

項目	ページ
貸付	334
過失の責任	55
菓子店	133
カジノ	219
カシの実（ドングリ）	280
歌手	242
果樹	282
火事を消す	313
ガス入りの水	152
ガス会社	92
ガスが使えません	320
ガス欠です	316
カスタードクリーム	151
ガス代	172
カスタネット	235・236
カスティージャ・ラ・マンチャ州	102
カスティージャ・レオン州	102
カステラ	150
ガスなしの水	152
ガスパチョ	134
ガスボンベ	221
風	258
かぜ	298
火星	260
課税控除	333
課税標準	333
風があります	258
かぜ薬	306
仮設小屋	239
風とともに去りぬ	254
風の谷のナウシカ	251
画像	184
火葬にする	81
火葬場	80
火葬炉	81
家族	40
家族を探しています	320
ガソリン	201・203
ガソリンスタンド	201
肩	111
肩がこる	302
カタクチイワシ	144
形	88
（散らばったものを）片づける	116
カタツムリ	270
片手なべ	157
カタルーニャ州	102
カタルーニャ風カスタード	151
カタルーニャ風ソーセージの煮込み	137
家畜	269
課長	188
ガチョウ	276
勝つ	223
〜月	70
カツオ（魚）	144
学科	175
がっかりする	58
楽器	243
カッコウ	276
カッコウ（鳴き声）	275
学校	93・174
学校へ行く	114
合衆国	322
合唱	242
カット	216
かつら	217
家庭裁判所	328
家庭常備薬	308
家庭内暴力	314
家庭用品店	209
家電製品	168
角	206
加糖	147
カトリック教徒	346
悲しい	56
悲しい！	61
悲しみ	56
悲しみよこんにちは	254
カナダ	98
カナダ人	101
かなづち	163
金物屋	209
カナリア	278
カナリアス諸島州	103
カニ	145
カヌー	227
金持ち	43
金を貸す	314
金を借りる	314
彼女たちは	38
彼女は	38
彼女はだれですか？	50
カバ（飲み物）	153・237
カバ（動物）	267
カバ（木）	280
かばん店	208
カビ	171
画びょう	181
花びん	165
カフェオレ	152
カフェテリア	132
株価	335
株価指数	335
株式、株券	335
株式会社	188・332
株式市場	335
カフスボタン	122
カプセル	307
カブトムシ	270

項目	ページ
株主	335
株主総会	335
花粉	283
花粉症	297
壁	160
壁掛け	165
カポーテ(大型マント)	238
かぼちゃ	141
ガマガエル	274
カマキリ	270
カマス	272
(私に)かまわないでください	49
がまん強い	45
神	346
雷	259
髪の毛	110・216
上半期	331
神への奉納	239
髪をとかす	114
ガム	150
ガムテープ	173
カメ	274・278
カメレオン	274
画面	182
カモ	276
科目	175
カモシカ	267
カモメ	276
蚊帳(かや)	167
火曜日	72
(果実の)から	149
(時)〜から	71
カラオケ	219
カラカス	94
ガラガラヘビ	274
カラス	276
からだ	110
からだがだるい	302
借入	332
ガリシア州	103
ガリシア風タコ	136
ガリシア風煮込み	137
カリフォルニア	107
カリブ海	109
カリフラワー	140
ガリレオ・ガリレイ	252
かりん	148
カルカッタ	104
カルテ	294
カレイ(魚)	144
華麗なる円舞曲	255
ガレージ	160
彼は	38
彼らは	38
カレンダー	71
(果物の)皮	149
川	206・263
かわいそうに！	61
川岸	263
為替レート	331
川の急激な増水	318
皮むき	157
皮をむく	138
缶、缶詰	133
ガン(鳥)	276
がん(病気)	298
棺桶	80
眼科	292
眼科医	292
考える人	255
管楽器	243
カンガルー	267
観客	245
環境	264
環境汚染	264
環境省	264・323
環境税	264
環境政策	264
環境破壊	264
環境保護	264
缶切り	157
観光	232
観光ガイド	232
観光事務所	232
観光バス	198
韓国	96
韓国人	101
看護師	290
ガンジー	252
感じのよい	44
感じの悪い	44
感謝	46
患者	290
感謝する	46
勘定	129
勘定をお願いします	48
関税	330
関節が痛い	303
幹線道路	200
肝臓	112
乾燥機	168
寒帯	108
カンタブリア海	109
カンタブリア州	103
浣腸	307
(首相などの)官邸	158
眼底検査	295
感動させる	60
感動的な	60
監督(スポーツ)	222
監督(映画)	240
完璧な	60
(医術としての)漢方	308

漢方薬	308
カンボジア	96
還暦を迎える	77

き

気圧	319
気圧配置	319
キーボード	182
キーホルダー	123・236
黄色い	86
黄色っぽい	86
議員	325
キウイフルーツ	149
記憶の残滓	256
キオスク	209
議会	324
気管支炎	298
企業主	43・190
企業倫理の欠如	338
キク(花)	284
気配り	46
喜劇	244
議決権付株式	335
棄権	325
機嫌がよい	57
機嫌が悪い	57
紀元後	344
紀元前	344
気候	259
気候変動	264
既婚者	79
刻む	138
キジ(鳥)	276
記事	340
基軸通貨	330
記者	341
気象衛星	259
気象庁	259
傷口が膿んでいます	304
寄生虫	271
季節	71・349
規則	328
貴族	43
基礎的財政収支	338
北	84
ギター	235
北アメリカ	109
北朝鮮	96
(〜の)北にある	84
北半球	108
ギタリスト	235
機長	195
喫煙席	128
キツツキ	276
切手	181・205
キツネ	267
切符売り場	196
議定書	327
キト	95
機内持ち込み手荷物	194
気になさらないで ください	55
絹	212
昨日	72
きのこ	141・281
(ゾウなどの)きば	269
騎馬闘牛	239
気晴らし	57
気晴らしをする	57
基本金利	334
基本的人権	339
気まぐれな	45
黄身(卵)	146
きみたちは	38
機密情報	338
きみに○○を	
紹介するよ	39
きみは	38
きみはいつ来るの？	50
きみはどこの出身 ですか？	50
きみはどこへ行くの？	50
きみは何歳ですか？	51
きみは何時に出か けるの？	50
義務教育	174
着物	351
ギャグ	251
客室乗務員	195
脚本	241
脚本家	241
脚立	170
キャッチャー	225
キャップ帽(野球帽)	120
キャバレー	234
キャベツ	140
キャミソール	120
キャラクター(登場人物)	250
キャラメル	150
ギャラリー	248
キャンセルする	184・228
キャンバス	249
キャンプ	220
キャンプ場	219
キャンプファイヤー	221
キャンプ用食器・ 調理器具	221
球	88
灸(きゅう)	308
休暇	190
休暇を願い出る	190
休館日	232
球技選手	224
救急病院	290

球根 …… 283	胸像 …… 249	銀 …… 125
(○○に)求婚する …… 78	協奏曲 …… 243	金色の …… 87
旧市街 …… 207・233・286	兄弟 …… 40	銀色の …… 87
休日 …… 72・190	キョウチクトウ …… 283	禁煙席 …… 128
休日料金 …… 199	協定 …… 327	銀河 …… 260
球状の …… 88	器用な …… 45	緊急地震速報 …… 318
求人 …… 331	今日の午後に …… 83	金魚 …… 278
給水車 …… 320	今日の午前中に …… 83	銀行 …… 92・204・334
旧石器時代 …… 344	今日の夜に …… 83	銀行間金利 …… 334
宮殿 …… 158	興味がある …… 59	銀行振り込み …… 204
牛肉 …… 142	業務 …… 186	近郊列車 …… 196
牛乳 …… 147	恐竜 …… 344	金婚式 …… 76
キューバ …… 95	共和国 …… 322	銀婚式 …… 77
キューバ人 …… 101	魚介スープ …… 135	近視 …… 296
キュービズム …… 249	魚介の刻みサラダ …… 135	金星 …… 260
救命救急センター …… 290	魚介料理 …… 136	近世 …… 345
救命胴衣 …… 195	魚介類 …… 144	筋肉が痛い …… 302
旧約聖書 …… 346	魚介類店 …… 133	勤務時間 …… 190
給与支払い …… 190	漁業 …… 273・337	銀ムツ …… 145
給与所得者 …… 43	曲 …… 242	金融緩和政策 …… 338
きゅうり …… 140	曲線 …… 88	金融機関 …… 334・336
きゅうりの酢の物 …… 135	巨匠 …… 248	金曜日 …… 72
給料 …… 190	去年 …… 73	勤労感謝の日 …… 75

く

今日 …… 72	霧 …… 259	
教育 …… 174	桐 …… 280	グアテマラ …… 94
教育学 …… 179	キリギリス …… 270	グアテマラ(通貨) …… 91
教会 …… 287・346	ギリシャ …… 99	グアテマラ人 …… 100
教科書 …… 176	キリスト …… 346	空気入れ …… 221
供給 …… 330	キリスト教 …… 346	空気が乾燥しています …… 258
教材 …… 176	切り取る …… 183	空気清浄機 …… 169
共産主義 …… 323	義理の兄弟(姉妹) …… 41	空港 …… 194
共産主義者 …… 323	切り身 …… 143	空港へ行ってください …… 48
共産党 …… 325	気力がない …… 302	空車 …… 199
(科目別の)教師 …… 175	キリン …… 267	クーデター …… 327
(幼稚園・小学校の)教師 …… 175	(〜を)着る …… 118	クーラーボックス …… 221
教室 …… 177	切る …… 138・216	クーリングオフ …… 314
狭心症 …… 298	記録保持者 …… 223	寓話(ぐうわ) …… 247
	金 …… 125	

茎	283
釘	163
釘抜き	163
草	281
くし	127・217
クジャク	276
苦情	315
クジラ	267
くずかご	165・180
薬	306
薬箱	308
薬指	112
薬を処方する	309
薬を塗る	309
薬を飲む	309
果物	129
果物屋	133
口	110
くちばし	277
口ひげ	110・217
くちびる	110
口紅	126
靴	121
靴下	120
クッション	165
靴店	208
靴箱	165
靴べら	121
靴磨き人	121
靴を脱ぐ	121
靴を履く	121
靴を磨く	121
国	108・322
国の選抜チーム	222
クバプレ	234
首	110
クマ (動物)	267
クマバチ	271

組合	191
組立式の	164
雲	258
クモ (虫)	270
曇っています	258
クモの巣	271
暗い色	87
グラウンド	222
クラゲ	273
グラジオラス	284
クラシック音楽	242
グラス	156
グラナダ	102
グラナダのアルハンブラ宮殿	288
クラブ	177・234
栗	149・282
クリアファイル	181
クリアンサ	131
クリーニング屋	209
クリーン (再生可能) エネルギー	265
グリーン車	197
グリーンピース	146
クリスマス	74
クリスマス・イブ	74
クリスマス・キャロル	254
クリスマスプレゼント	47
(ダブル)クリックする	182
クリップ	181
クリニック	290
グリム童話集	254
車	200
車椅子	233
クルマエビ	272
クルマエビのマヨネーズソース	136
車が故障しました	316

車で	186
くるみ	149・282
くるみ割り人形	255
グレーの	86
グレープフルーツ	148
クレオパトラ	252
クレジットカード	211・310
クレヨンしんちゃん	251
クレンジングクリーム	126
黒い	86
クローク	245
クローゼット	162
クローバー	281
グローバル化	338
黒こしょう	154
黒字	332
クロダイ	144
黒っぽい	86
クロワッサン	150
桑	280
軍事政権	322
君主	345
君主制	345
燻製(くんせい)にした	139
軍隊	327
軍隊の	327

け

経営学	179
経営者	337
景観	286
景気	331
蛍光灯	163
渓谷	263
経済	330
経済学	179
経済危機	338

経済指標 331	化粧品店 208	ゲルニカ 256
経済省 323	血圧 294	ゲレンデ 219
警察 92・311	血圧が高い(低い) 302	(スペイン)県 108
計算機 181	血圧降下剤 307	(日本)県 108
芸術 248	血圧を測る 294	元(中国) 90
敬称 36	血液 112	原画 250
形成外科 293	血液型 295	幻覚がある 303
携帯電話 62・123	血液検査 295	(私は○○と)
経度 109	結核 298	けんかしました 315
ケイトウ(花) 284	月桂樹 280	減価償却、減価償却費 332
継父 41	月経不順 300	けんかする 315
継母 41	月経不順である 305	弦楽器 243
刑法 328	月光(音楽) 255	玄関(外側) 160
刑務所 329	結婚、結婚式 78	玄関(内側) 160
契約期間 172	結婚祝い 79	元気かい? 34
契約書 172	結婚記念日 76	元気です 34
契約する 172	結婚行進曲 79	研究開発課(R&D) 337
経理課 337	結婚式をする 78	研究する 177
けいれん 301	(○○と)結婚する 78	謙虚な 44
敬老の日 75	(教会で)結婚する 78	現金 210
ケーキ(総称) 151	(市役所で)結婚する 78	現金自動預け払い機 204
ケーキ屋 133	結婚通知 79	健康的な 130
ケープタウン 105	結婚届 79	現行法 328
ケーブルカー 202	結婚指輪 79	健康保険(証) 290
ゲームセンター 219	けっして! 52	言語学 179
外科 292	決勝 223	建国記念日 75
外科医 292	決勝出場者 223	検査 295
毛皮 212	げっぷが出る 304	検索エンジン 184
ケガをする 305	血便が出る 305	検索する 184
劇場 245	結膜炎 297	検査室 291
激怒 56	月曜日 72	検察官 329
毛先 216	解熱剤 306	原産地呼称 131
消印 205	ゲバラ 252	原色 87
消しゴム 181	毛虫 270	原子力エネルギー 265
化粧 126・351	煙に巻かれる 313	検診 291
化粧水 126	下痢 299	減税 333
化粧する 126	下痢している 303	建設業 336
化粧品 126	下痢止め 307	現代アート 248

現代の ……………… 345	航空会社 ……………… 228	高等学校 ……………… 174
現代文学 ……………… 246	航空便 ………………… 205	口内炎 ………………… 297
建築 …………………… 286	航空便で ……………… 173	光熱費 ………………… 172
建築学 ………………… 178	攻撃的な ………………… 45	更年期障害 …………… 300
建築物 ………………… 233	高血圧症 ……………… 298	コウノトリ …………… 276
建築様式 ……………… 286	高原 …………………… 262	交番 ……………………… 92
県知事 ………………… 325	考古学 …………… 179・344	抗ヒスタミン剤 ……… 307
県庁 ……………………… 92	広告 …………………… 340	幸福な王子(文学) …… 254
ケンブリッジ ………… 106	交差点 ………………… 206	後部座席 ……………… 201
検便(尿) ……………… 295	口座番号 ……………… 204	興奮している ………… 58
憲法 …………………… 328	孔子 ……………… 252・347	興奮する ………………… 58
憲法記念日 ……………… 74	子牛 …………………… 267	候補者 ………………… 325
件名 …………………… 185	子牛のカツレツ ……… 137	子馬 …………………… 267
	公衆電話 ………………… 62	公民館 …………………… 93

こ

コイ(魚) ……………… 272	交渉する ……………… 191	公明党 ………………… 325
(私は〇〇に)恋している … 78	更新 …………………… 184	コウモリ ……………… 267
恋人 …………………… 42・78	(宗教的な)行進 ……… 239	肛門 …………………… 112
(私は〇〇に)	香辛料 ………………… 154	公立の ………………… 174
恋を打ち明けた …… 78	香水 …………………… 127	コース ………………… 226
コインロッカー … 196・232	洪水 …………………… 318	コーチ ………………… 222
香 ……………………… 167	香水店 ………………… 208	コート掛け …………… 165
合意 …………………… 191	(〜で)構成されている … 349	コーナー家具 ………… 164
合成皮革 ……………… 212	コーヒー ……………… 152
合意に達する ………… 191	抗生物質 ……………… 307	コーヒー茶わん ……… 156
豪雨 …………………… 318	高層ビル ……………… 159	コーヒーをください … 48
降雨量 ………………… 318	高速道路(無料) ……… 200	コーラン ……………… 347
公園 …………… 206・218	高速道路(有料) ……… 200	氷 ……………………… 259
硬貨 ……………………… 90	交代制勤務 …………… 190	ゴール(サッカー) …… 225
公害 …………………… 264	紅茶 …………………… 152	ゴール(陸上競技) …… 226
工学 …………………… 178	紅茶茶わん …………… 156	ゴールキーパー ……… 225
合格する ……………… 177	校長 …………………… 175	ゴールデンウィーク … 73
甲殻類 ………………… 272	交通違反をする ……… 317	コオロギ ……………… 270
高気圧 ………………… 259	交通事故 ……………… 316	子会社 ………………… 188
工業 …………………… 336	肯定する ………………… 52	語学学校 ……………… 174
鉱業 …………………… 336	香典 ……………………… 80	小型ピソ ……………… 158
交響曲 ………………… 243	講堂 …………………… 177	コガネムシ …………… 270
公共施設 ………………… 92	強盗(行為) …………… 310	ご機嫌いかがですか? … 34
抗菌の ………………… 171	強盗(人) ……………… 310	小切手 ………………… 204

見出し	ページ
ゴキブリ	271
顧客	189
顧客を訪問する	189
国王	253
国語	178
国債	335
国際イベント	343
国際宇宙ステーション	261
国際関係	327
国際関係学	179
国際機関	342
国際協力	327
国際収支	330
国際人	43
国際電話	62
国際便	194
国際連合	342
国籍	229
国道	200
国土回復運動	345
国内便	194
黒板	177
国民	322
国民投票	325
国名	96
国立公園	287
国立の	174
国連安全保障理事会	342
コケ	281
固形の	171
こげ茶色	87
ここ	84
午後	82
午後5時です	83
ココナッツ	149
ここに署名してください	49
午後のおやつ	115
心づかい	46
コサージュ	124
小皿	156
腰	111
ゴシック様式	286
五重奏	243
こしょう	154
ご招待をありがとうございます	47
故障のために	312
故人	80
個人情報	339
ご親切に感謝します	47
コスタリカ	94
コスタリカ人	100
小銭入れ	123
小銭に替えてください	204
午前	82
午前9時です	83
古代	344
こちらこそ	39・46
こちらをお通りください	85
国歌	75・243
(スペインの)国会	324
(日本の)国会	324
国家元首	322
国旗	75
国境	109・326
国庫	332
骨折する	305
骨壷	81
小包	205
骨董品	237
コップ	156
(細身の)コップ	156
古典文学	246
今年	73
子ども	42
(私の)子どもがいじめにあっています	314
子どもの日	75
小鳥(鳴き声)	275
小鳥がさえずる	275
断る	52
粉薬	307
粉ミルク	117
こねる	138
このあたりに	85
この素材は何ですか?	212
このバスは〜へ行きますか?	198
(彼に)このマフラーをプレゼントします	47
ごはん	351
コピー機	180
コピーする	183
コピー用紙	180
子羊	269
子羊肉	143
子羊のロースト	137
子豚肉	142
子豚の丸焼き	137
コブラ	274
古墳	345
コペルニクス	252
コペンハーゲン	105
ごま	154
ごま油	154
ごみ	171
コミック	250
ごみの分別	265
ごみをここに置かないでください	315
ごみを捨てる	116
ゴム手袋	170
ご迷惑をお許しください	55
コメディ	240

米料理	136
ごめんなさい	54
ごもっともです	52
小物入れ	123
子守唄	117
小指	112
雇用	331
コラーゲン	215
コラムニスト	341
コリアンダー(香辛料)	155
ゴリラ	267
コルク	280
コルドバ	102
コルドバのパティオ祭り	77
ゴルフ	224
ゴルファー	224
ゴルフ場	219・224
コレクトコール	62
これは何ですか?	50
これは何と言うの?	51
コレラ	301
これを別々に包んでください	236
コロッケ	134
コロンビア	94
コロンビア人	100
コロンブス	252
紺色	86
懇願する	49
今月	70
コンゴ	99
コンゴウインコ	279
コンサート	234・242
コンサートホール	93
コンサルティング業	336
今週	73
コンセント	163
コンソメスープ	134

コンタクトレンズ	122
昆虫	270
コンドミニアム	158
コンドル	276
今日では	349
こんにちは(昼食後)	34
こんにちは(昼食前)	34
コンパートメント	197
コンパニオン・アニマル	279
こんばんは	34
コンビニ	209
コンプライアンス	338
コンペ	222
梱包する	173
婚約期間	78
婚約者	78
(○○と)婚約する	78
婚約指輪	78
コンロ	157・169・221

さ

サービスエリア	200
サーフィン	220
サーロイン	142
最悪だ	34
災害	318
債券	335
在庫	332
最高裁判所	328
最終の上映回	241
最終面	340
再診	290
サイズ	119・211・213
在宅勤務	186
在宅勤務者	186
最低賃金	190・331
裁判	328
裁判官	328

裁判所	92・328
財布	123・310
財務省	323
債務不履行	338
最優遇貸出金利	334
サイン	173
サインする	173
サウジアラビア	97
坂	206
逆子	300
魚(食用)	144
魚	272
魚の卵	146
魚の干物	351
魚屋	133
酒屋	133
詐欺	314
詐欺師	314
詐欺にあいました	314
先物取引	335
作業	186
削除する	185
作品	246・248
桜	282
桜が開花する	349
サクラソウ	284
桜の園	254
さくらんぼ	148
ざくろ	149・282
酒	237
叫び	255
サザエ	272
サザンカ	283
さし絵	247
差出人	205
サスペンダー	122
座席	195・197・198・201・241

左折禁止(標識) …… 201	サラゴサ …… 102	サンダル …… 121
札入れ …… 123	サラダ …… 135	サンタンデール …… 103
撮影 …… 240	サラマンカ …… 102	サンチャゴ・デ・コンポステーラ …… 103
撮影禁止(標識) …… 233	サラマンカの旧市街 …… 288	
作家 …… 246	サル(動物) …… 268	サンチャゴ・デ・コンポステーラの旧市街 …… 288
サッカー …… 225	ざる …… 157	
サッカー・クラブ世界選手権 …… 343	サルスエラ …… 244	サンティアゴ …… 95
	サルビア …… 284	サントドミンゴ …… 95
サッカー選手 …… 225	(姓)○○さん(男性) …… 36	残念！ …… 61
サッカー・ワールドカップ …… 343	(姓)○○さん(年配の女性) …… 36	○○さんのお宅ですか？ …… 63
	(姓)○○さん(若い女性) …… 36	サンパウロ …… 107
(洗剤・大工道具など)雑貨屋 …… 209	(名前)○○さん(男性) …… 36	三美神 …… 255
	(名前)○○さん(年配の女性) …… 36	山腹 …… 262
サツキ(花) …… 283		サンフランシスコ …… 107
作曲 …… 242	産科 …… 293	散歩する …… 115
作曲家 …… 242	産科医 …… 293	サンホセ …… 94
雑誌 …… 340	三角形 …… 88	山脈 …… 262
さつまいも …… 140	三角形の …… 88	三輪車 …… 203
砂糖 …… 154	参議院 …… 324	○○さんをお願いします …… 63
砂糖入れ …… 154	参議院議員 …… 325	
左派 …… 324	産業革命 …… 345	**し**
サバ(魚) …… 144	残業時間 …… 190	
砂漠 …… 263	産業廃棄物 …… 265	市 …… 108
砂漠化 …… 264	サンクトペテルブルク …… 105	詩 …… 246
サパテアード …… 235	サングラス …… 122	痔 …… 299
ザビエル …… 252	サングリア …… 153	試合(格闘技) …… 222
サファイア …… 125	サンゴ(珊瑚) …… 125・273	試合(球技) …… 222
サファリパーク …… 218	サンサルバドル …… 94	指圧 …… 308
サブタイトル …… 340	三銃士 …… 254	幸せ …… 56
サフラン …… 155・237	三重奏 …… 243	幸せな …… 56
サプリメント …… 307	30分 …… 82	G8サミット …… 343
サボテン …… 281	サンショウウオ …… 274	C型肝炎 …… 299
サミット、首脳会議 …… 343	三色スミレ …… 285	飼育係 …… 275
寒いです …… 258	三振 …… 225	シーツ …… 166
寒気がする …… 302	算数 …… 178	CDショップ …… 209
サメ …… 272	酸性雨 …… 264	寺院 …… 287
さようなら …… 35	(〜に)賛成だ …… 53	ジーンズ …… 118
皿 …… 156	サン・セバスティアン …… 103	自衛隊 …… 327
		シェービングクリーム …… 127

シェフ 133	自己紹介させてください 39	シチメンチョウ 143・276
シェリー酒 153・237	自己紹介する 39	市町村長 325
塩 154	仕事 186	視聴率 341
塩入れ 154	仕事を探す 187	しっかりした 131
塩辛い 130	仕事を辞める 187	失業者 187
シカ(動物) 143・268	事故にあいました 316	失業する 187
歯科 292	事故を起こしました 316	失業中である 187
歯科医 292	司祭 346	実況放送 223
市外局番 62	資産 332	失業率 331
市街図 207	事実婚の夫婦 79	失禁する 305
歯科衛生士 292	支社, 支店 188	しつけ 117
歯科技工士 292	四重奏 243	湿気があります 258
資格 176	歯周病 297	しつけ・訓練する 279
史学 179	支出 332	しつける 117
四角形 88	辞書 180	実験モジュール 261
四角形の 88	侍女たち 256	しつこい 45・130
視覚障害者 42	私書箱 205	実際は 64
シカゴ 107	詩人 246	実質金利 334
しかし 64	地震 318	湿疹 297
しかしながら 64	システィナ礼拝堂 255	嫉妬する 58
自画像(美術) 256	自然 262	じつは 64
時間 82	自然遺産 286	湿布 307
四季 71	自然科学 178	しっぽ 269
磁器 236	自然公園 218	七宝 125
指揮者 242	自然素材 212	失礼ですが～ 54
色調 249	自然保護区 287	失礼ですが, 戸を閉めて
色盲 296	自然美 287	いただけますか? 54
子宮筋腫 300	舌, タン(肉の部位) 142	指定席 197
自供する 329	シダ(植物) 281	～してもいいですか? 48
シクラメン 284	～したい 59	～してもらえますか? 48
死刑 329	時代 344	自転車 203
試験 176	下絵 249	自転車競技 227
事故 186	したがって 64	自転車で 186
時刻表 196	下着 120	児童虐待 339
事故原因 317	(～の)下に 85	自動券売機 196
事故現場 317	シタビラメの甘酢漬け 136	自動車事故 316
自己資本 332	(スペインの)自治州	自動車保険 317
事故車 316	102・108	シドニー 104

シドの歌(文学) …… 256	社会主義者 …… 323	ジャンパー …… 118
市内ツアー …… 232	社会福祉 …… 339	上海 …… 104
シナモン …… 155	社会保険 …… 333	シャンパン …… 153
シニヨン …… 124	社会保障 …… 339	シャンパングラス …… 156
辞任 …… 187	じゃがいも …… 140	シャンプー …… 127・216
死ぬ …… 80	社会欄 …… 340	ジャンル …… 246
シネコン …… 219・241	市役所 …… 92	週 …… 72
シバエビ …… 272	シャクナゲ …… 283	獣医 …… 275・279
芝刈り機 …… 170	借家 …… 159	収益 …… 332
自白 …… 329	シャクヤク …… 284	週刊誌 …… 340
芝生 …… 160・281	借用証 …… 314	衆議院 …… 324
支払い猶予 …… 338	車掌 …… 197	衆議院議員 …… 325
耳鼻咽喉科 …… 292	車掌さん(呼びかけ) …… 36	住居 …… 158
耳鼻咽喉科医 …… 292	写真 …… 233	宗教 …… 346
(〜に)しびれがある …… 302	写真を撮ってください …… 233	15分 …… 82
ジブラルタル海峡 …… 109	写真を撮ってもいい	ジューサー …… 169
紙幣 …… 90	ですか？ …… 233	修士 …… 176
死亡事故 …… 316	写真を撮る …… 233	住所 …… 173・205
資本、資本金 …… 332	ジャズ …… 234	就職する …… 76・187
島 …… 262・349	ジャスミン …… 283	ジュース …… 152
姉妹 …… 40	社説 …… 340	修正テープ …… 181
シマウマ …… 267	車線 …… 200	自由席 …… 197
字幕 …… 240	社長 …… 188・337	渋滞 …… 186・201
〜しましょうよ …… 51	社長(呼びかけ) …… 37	住宅ローン …… 334
しみ(シミ) …… 171・215	借金 …… 314	集中治療室(I.C.U.) …… 291
市民 …… 43	借金を返せない …… 314	舅 …… 41
霜 …… 259	しゃっくりが出る …… 302	シュート …… 225
下半期 …… 331	シャッター …… 312	修道院 …… 287
じゃあ、明日 …… 35	車道 …… 206	修道女(修道士) …… 346
ジャーナリスト …… 341	ジャム …… 150	姑 …… 41
ジャーナリズム …… 340	シャム猫 …… 278	収入 …… 332
シャーベット …… 151	斜面 …… 262	秋分の日 …… 75
ジャイアントパンダ …… 268	車両 …… 197	自由貿易圏 …… 330
ジャガー …… 268	シャワー …… 162	週末 …… 73
社会 …… 178	シャワーつき …… 230	住民 …… 349
社会科学 …… 179	シャワーを浴びる …… 115	住民自治会 …… 173
社会学 …… 179	シャンデリア …… 165	自由民主党 …… 325
社会主義 …… 323	ジャンヌ・ダルク …… 252	住民登録する …… 173

住民票	173
儒教	347
授業	177
祝祭日	74
祝辞	79
熟成した	131
熟成していない	131
宿題	177
宿泊場所	229
主題節	74
種子	283
手術	294
手術室	291
首相	322
受信する	185
受信トレイ	185
出勤する	114・186
出血する	305
出産	300
出産休暇	191
出産する	116
出産手当	191
(○○の)出身です	50
出張	189
出張手当	189
出張費	189
出入国審査	194
出発時刻	228
首都圏	108
授乳する	117
ジュネーブ	106
シュノーケリング	220
受粉	283
趣味がよい	60
趣味が悪い	60
樹木	280
主役	241
需要	330
シュレッダー	180
シュロ	280
巡回バス	198
準決勝	223
準決勝出場者	223
春分の日	75
巡礼路	287
省	323
章	328
条	328
上院	324
上院議員	325
上映回	241
省エネする	265
しょうが	155
紹介する	38
消火器	313
商学	179
消化剤	307
正月	74
小学校	174
定規	181
乗客	195
消極的な	45
証券会社	334
証拠	329
城塞	287
錠剤	307
上司	188
正直な	45
勝者	223
商社	336
乗車券	196・198
浄水器	169
少数	324
小説	246
小説家	246
肖像画	249
招待	46
使用中	195
消毒剤	306
衝突	317
小児科	293
小児科医	293
小児麻痺	301
証人	329
少年愛	251
消費	330
消費者	330
消費税	333
ショウブ(花)	284
城壁	287
商法	328
情報、インフォメーション	228
情報開示する	339
情報科学	179
情報格差	339
消防士	313
消防車	313
消防署	92
情報通信業	336
商務担当官	326
照明	244
条約	327
しょうゆ	154
乗用車	203
蒸留酒	153
鐘楼	287
助演男(女)優	241
ショー	234・275
女王	253
ショーウインドー	210
ショーツ	120
ショール	122
職員室	177

食後に 309	女優 241	スイミング 227
触診 294	所有主 172	神経 112
食前酒 129	助力 46	神経質な 44
食前に 309	助力を頼む 49	神経痛 296
食卓 164	書類かばん 123・180	震源地 318
食中毒 299	ショルダーバッグ 123	信仰 346
食道 112	白髪 216	信号 206
食堂 132	シラミ 271	人口 349
食堂車 197	白雪姫 254	人工衛星 261
食パン 150	白ユリ 284	新興市場 338
食品産業 336	尻 111	信号無視をする 317
植物 280	シリーズ 250	新婚旅行 79
植物園 93・218	私立の 174	診察 294
食欲がない 302	視力検査 295	診察券 290
食料品店 132	知る 39	診察時間 290
除光液 127	シルクスクリーン 249	診察室 291
書斎 162	城 158・286	診察を受ける 294
如才ない 44	シロアリ 270	人事課 337
助産婦 293	白い 86	寝室 162
書式 183	白こしょう 154	紳士服仕立屋 208
除湿機 168	シロップ 307	紳士服店 208
初診 290	白っぽい 86	神社 287・347
女性 42	白身(卵) 146	真珠 125
諸聖人の日 74	白身魚 145	信じられない！ 61
食間に 309	白ワイン 153	信じる 58
食器 156	シワ 215	人身事故 316
食器洗い機 169	シワを取る 215	浸水家屋 319
食器洗い用スポンジ 170	腎盂炎 299	親戚 40
食器洗い用洗剤 170	シンガポール 96	親切 46
食器戸棚 164	新幹線(スペイン) 196	新石器時代 344
ショッピングセンター 209	新幹線(日本) 196	親切な 44
書店 208	新記録 223	親切な人です 51
所得 333	心筋梗塞 298	心臓 112
所得控除 333	寝具 166	腎臓 112
所得税 333	寝具店 209	腎臓病 299
処方せん 306	シングルの 230	寝台 197
署名 229	シングルベッド 166	寝台車 197
除夜の鐘 77	シンクロナイズド	身体障害者 42

語	ページ
新体操	226
診断	294
陣痛	300
陣痛がある	305
心電図	295
神道	347
神道信者	347
ジントニック	234
心配する	58
審判	222
新婦	78
ジンフィズ	234
心不全	298
新聞	340
人文科学	179
新聞を読む	114
シンボリックな	351
シンボル	349
じんましん	297
じんましんが出ている	304
新約聖書	346
深夜料金	199
親友	42
信頼する	58
侵略	326
森林破壊	264
人類	344
人類学	179
新郎	78
神話	247

す

語	ページ
酢	155
巣	271
水泳	226
水泳選手	226
すいか	149
水彩画	248
スイス	99
スイス人	101
スイスフラン	90
水星	260
スイセン	284
水槽	275・279
すい臓	112
水族館	219・275
スイッチ	163
水筒	221
水道局	92
水頭症	301
水道代	172
水道の蛇口	163
水道橋	287
出納窓口	204
炊飯器	169
随筆、エッセイ	247
随筆家	247
睡眠剤	306
水曜日	72
水力エネルギー	265
スイレン	284
スウェーデン	98
スウェーデン人	101
数学	178
スーツ	118
スーツケース	229
スーパーマーケット	209
スープ	134
スープ皿	156
スカート	118
スカーフ	122・237
杉	280
スキー	220・227
スキー場	218
(何かが・～するのが)好きだ	59
(人を)好きだ	59
スキャナー	180
スキューバダイビング	220
スクリーン	241
すぐれた	60
スクロールする	182
スケート	220・227
スケート場	219
すごい	60
スコットランド	106
スコップ	221
スズキ(魚)	144
涼しいです	258
(道を)進む	84
スズメ	276
スズラン	284
スター	241
スタートボタン	183
スタジアム	222
頭痛	296
ズッキーニ	141
酢漬けにした	139
すっぱい	130
ステッキ	123
ストーブ	168
ストーリー	250
ストッキング	120
ストックホルム	105
ストライキ	191
ストレートで	153
ストレートヘア	216
スナップ	119
スニーカー	121
スノーボード	220
スパ	218
すばらしい！	61
スピーチ	79
スプーン	156

スプーン・フォーク一式 … 221	税関 … 194・330	政府 … 322
スプレー … 171	世紀 … 344	制服 … 119
スペイン … 94	正規雇用 … 331	静物画 … 249
スペイン(通貨) … 90	税金 … 333	生物学 … 178
スペイン組曲 … 256	聖金曜日 … 74	聖母受胎の日 … 74
スペイン式トランプ … 236	制限速度 … 201	聖母被昇天 … 256
スペイン人 … 100	星座 … 260	聖母被昇天祭 … 74
スペイン風オムレツ … 134	政策金利 … 334	税務署 … 92・333
スペイン舞曲 … 256	生産 … 330	声優 … 250
スペイン料理 … 128	生産者 … 330	(引き出し式の)
スペースシャトル … 261	政治 … 322	整理だんす … 164
スポーツ … 222	政治家 … 322	政令 … 328
スポーツカー … 203	政治学 … 179	セージ(香辛料) … 155
ズボン … 118	正社員 … 190	セーター … 118
スポンジ … 171	聖週間 … 74	セーフティボックス … 231
(名前を知らない)	聖書 … 346	セーリング … 227
すみません … 36	成人 … 42	セール … 210
すみませんが … 36	精神安定剤 … 306	世界 … 96
(名前を知っている)	精神科 … 292	世界遺産 … 286
すみません、○○さん … 36	精神科医 … 292	世界ゴルフ選手権 … 343
炭焼きした … 139	成人の日 … 75	世界新記録 … 223
スミレ … 284	精神病 … 296	世界選手権 … 343
スミレ色の … 87	成績 … 176	世界陸上選手権 … 343
スモークチーズ … 147	製造業 … 336	セカンドオピニオン … 293
スリ … 310	清掃局 … 92	赤外線レーザー … 214
すりおろした … 138	正装する … 119	せきが出る … 303
すりおろしチーズ … 147	(動植物の)生息地、	セキセイインコ … 279
スリッパ … 121	生息環境 … 287	石造住宅 … 159
スリップ … 120	整体 … 308	脊椎動物 … 266
スリラー … 240	生態系 … 287	赤道 … 109
スロバキア … 98	製鉄業 … 336	責任感のある … 45
	晴天です … 258	石油化学工業 … 336
せ	生徒 … 174	石油工業 … 336
姓 … 229	政党 … 324	セキュリティチェック … 194
西欧 … 98	青銅器時代 … 344	赤痢 … 301
性格 … 44	生年月日 … 229	セクシャルハラスメント
聖家族教会 … 256	税の還付 … 333	… 314・339
生活習慣病 … 299	整髪料 … 127・216	セゴビア … 102

セゴビアの旧市街と水道橋 ……… 288	洗剤(粉末) ……… 170	ゾウ ……… 268
積極的な ……… 45	前菜 ……… 128	そう思います ……… 52
セックス ……… 251	繊細な(ワインの味) ……… 131	そう思いません ……… 52
せっけん ……… 127	先史 ……… 344	騒音で眠れません ……… 315
絶好調です ……… 34	せんじ薬 ……… 308	象嵌細工(トレドみやげ) ……… 236
接触 ……… 317	選手(球技) ……… 222	葬儀社 ……… 80
接続する ……… 184	選手(陸上) ……… 222	葬儀場 ……… 80
絶対多数 ……… 324	先週 ……… 73	早期定年退職 ……… 187
セット ……… 216	全集 ……… 247	葬儀に参列する ……… 80
設備投資 ……… 332	選手権 ……… 223	葬儀をする ……… 80
節分 ……… 77	選手権保持者 ……… 223	雑巾 ……… 170
絶滅危惧種 ……… 287	先進国 ……… 322	象牙 ……… 125
設立される ……… 349	扇子 ……… 123・236	造形芸術 ……… 248
背中 ……… 111	先生(呼びかけ) ……… 37	総合病院 ……… 290
ゼネスト ……… 191	宣誓 ……… 329	葬式 ……… 80
セビージャ ……… 102	戦争 ……… 327	掃除機 ……… 168・170
セビージャの大聖堂 ……… 288	喘息 ……… 298	掃除機をかける ……… 170
セビージャの春祭り ……… 77	洗濯乾燥機 ……… 168	掃除する ……… 116
セビリアの理髪師 ……… 255	洗濯機 ……… 168	そうしたいのですが〜 ……… 53
背広 ……… 118	洗濯する ……… 116	草食動物 ……… 266
狭い ……… 89	選択する ……… 184	装身具店 ……… 208
セミ ……… 271	洗濯物を干す ……… 116	送信者 ……… 185
ゼミ ……… 175	千と千尋の神隠し ……… 251	送信する ……… 185
ゼラニウム ……… 284	栓抜き ……… 157	送信トレイ ……… 185
ゼリー ……… 150	先輩 ……… 43	増税 ……… 333
セレモニー ……… 239・351	扇風機 ……… 168	総選挙 ……… 325
ゼロ金利 ……… 334	せんべい ……… 237	相続税 ……… 333
セロテープ ……… 181	ゼンマイ(植物) ……… 281	そうではないようです ……… 52
セロリ ……… 141	洗面所 ……… 115	そう病 ……… 296
世話をする ……… 116・279	洗面台 ……… 163	総務課 ……… 337
繊維産業 ……… 336	前立腺肥大 ……… 299	贈与税 ……… 333
全会一致で ……… 324	洗礼 ……… 76・346	そうらしいです ……… 52
選挙 ……… 324	洗礼名 ……… 76	ソウル ……… 104
宣教師 ……… 347	洗練された ……… 60・130	ソース ……… 154
選挙キャンペーン ……… 325		ソーセージ ……… 143
先月 ……… 70	**そ**	速達郵便 ……… 205
専攻 ……… 175	僧 ……… 347	ソクラテス ……… 252
	像 ……… 207・249	そこ ……… 84

語	ページ
素材	212
そして	64
卒業	176
卒業式	76
卒業証書	176
卒業する	76・176
卒業論文	175
(〜に)沿って	85
(〜の)外に	85
そのとおりです	52
その時計は遅れている	83
その時計は進んでいる	83
(〜の)そばに	85
祖父	40
ソファー	164
ソファーベッド	166
ソフト(パソコン)	182
ソフトチーズ	147
ソフトボール	224
ソプラノ	242
祖母	40
素朴な	60・130
ソマリア	99
空	258
そら豆	146
ソリスト	242
それじゃ	64
それぞれ	38
それはそうと	64
それは私のせいだ	55
それは私のせいではありません	315
(人を)尊敬する	58
損失	332
尊重する	58

た

語	ページ
〜ダース	146
タートルネック	119
タイ(国名)	96
タイ(魚)	144・272
体育	178
体育館	93・177
体育の日	75
第一次世界大戦	345
第1(第2)四半期	331
第1の皿	128
第一面	340
第一審	328
ダイエット	215
体温計	308
大学	93・174
大学院	174
大学院生	175
大家族	41
大気圏	261
ダイキリ	234
待機料金	199
退屈した	57
台形	88
太鼓	243
大根	141
大使	326
大使館	311・326
体重計	163
大正エビ	145
退職	187
退職金	191
大臣	323
耐震の	159
大豆	146
大聖堂	286
大西洋	109
体操	226
タイタック	122
台地	262

語	ページ
タイツ	120
大統領	322
大統領府	322
台所	162
タイトル	340
第二次世界大戦	345
第2の皿	128
ダイニング	162
タイの塩釜焼き	136
タイバー	122
代表取締役社長	188
台風	319
台風が〜に上陸します	319
太平洋	109
大変どうもありがとう	46
大変申しわけありません	54
逮捕者	329
タイム(香辛料)	155
タイヤ	201
タイヤがパンクしました	316
ダイヤモンド	125
太陽	258・260
大洋	263
太陽エネルギー	265
太陽が出ています	258
太陽電池	265
大陸	109・262
タイル	236
台湾	96
ダウンジャケット	118
ダウン症	301
ダウンロードする	184
楕円	88
楕円の	88
タオル	231
タオルハンガー	163
タカ(鳥)	277

ダカール ……… 105	縦 ……………… 89	単位 …………… 175
高い …………… 89	建物 …………… 158	端午の節句 …… 77
高さ ………… 89・349	たとえば ……… 64	炭酸水 ………… 152
誰がために鐘は鳴る … 254	棚 ……………… 164	誕生 …………… 76
打楽器 ………… 243	七夕 …………… 77	誕生日 ………… 76
高跳び ………… 226	ダニ …………… 271	誕生日プレゼント … 47
高波 …………… 319	タヌキ ………… 268	(○○の)誕生日を祝う … 76
だから ………… 64	(果物の)種 …… 149	男女平等 ……… 191
滝 ……………… 263	楽しむ ………… 57	淡水魚 ………… 272
タキシード …… 119	頼む …………… 49	男性 …………… 42
炊き出しをする …… 320	たばこはご遠慮ください … 49	胆石 …………… 299
タクシー ……… 199	たばこ屋 ……… 209	担当医 ………… 293
タクシー運転手 …… 199	タパス ………… 129	担当者 ………… 337
タクシーで行く …… 198	旅のおみやげ … 236	担任 …………… 175
タクシー乗り場 …… 199	タブラオ ……… 235	短編 …………… 240
タクシーを頼む …… 49	ダブリン ……… 106	短編集 ………… 247
タクシーを拾う …… 199	ダブルの ……… 230	(不動産の)担保 …… 334
タクシーを呼ぶ …… 199	ダブルベッド … 166	暖房器具 ……… 168
宅配ピザ ……… 132	食べ物 ………… 128	ダンボール箱 … 173
宅配便 ………… 173	食べ物屋台 …… 239	タンポポ ……… 285
竹 ……………… 280	食べる ……… 114・128	男優 …………… 241
タコ …………… 145	卵 ……………… 146	
多国間の ……… 327	卵店 …………… 133	● ち ●
山車(だし) …… 239	卵のから ……… 146	
打者 …………… 224	ダマスカス …… 104	地域 …………… 108
多数 …………… 324	たまねぎ ……… 140	チークカラー … 126
尋ねる ………… 50	タラ …………… 144	小さい ………… 89
立ち入り禁止(標識) …… 37	タラのピルピル … 136	チーズ ……… 134・147
立ちくらみがする … 304	ダリア ………… 285	チーズ店 ……… 133
ダチョウ ……… 277	ダルメシアン … 278	チーター ……… 268
卓球 …………… 224	だれ？ ………… 50	チーム ……… 188・222
(○○を)抱っこする … 117	だれか ………… 38	チェーン(ネックレス) … 124
脱脂綿 ………… 308	だれかが車にひかれ	チェコ ………… 98
脱水症状 ……… 301	ました ……… 316	チェスト ……… 164
脱税 …………… 333	だれか救急車を呼んで！	チェックインする … 194
脱線 …………… 317	……………… 316	チェリモヤ …… 149
竜巻 …………… 319	だれか警察を呼んで！ … 316	チェロ ………… 243
脱毛 …………… 214	だれも ………… 38	治外法権 ……… 326
		(〜の)近くに …… 85

見出し	ページ
(私は)近くの避難所にいます	320
近ごろどうですか？	34
地下室	161
地下鉄	202
地下鉄で	186
地下鉄出入口	207
地下鉄路線図	207
地下道	206
痴漢	314
地球	260
地球温暖化	264
地球儀	181
地区	108
蓄膿症	297
(航空機の)チケット	228
チケット売り場	241
(航空機の)チケットを予約する	228
地図	207・229・232
父親	40
父方の	41
父の日	74
地中海	109
縮れ毛	216
窒素酸化物	265
チップ	129・231
知的財産	339
知的な	45
チドリ(鳥)	277
地熱エネルギー	265
血の婚礼	256
チフス	301
地方	108
茶色の	86
チャタレー夫人の恋人	254
チャンネル	341
注意!(標識)	37
中欧	98
中央アメリカ	109
中学校	174
中くらい	89
中国	96
中国人	101
中耳炎	297
注射	294
駐車場	201
駐車する	201
昼食	114
昼食つき宿泊料	229
昼食をとる	114
中心街	207・233
虫垂炎	299
中世	345
中世の	345
中絶	300
中東	97
中道	324
中南米	109
中二階	161
注文する	49
チューリップ	285
チュロス	150
腸	112
チョウ(虫)	271
懲役	329
超音波エコー画像検査	295
朝刊	340
長距離バス	198
長距離列車	196
彫刻	249
彫刻家	249
頂上	262
朝食	114
朝食つき	230
朝食(昼食・夕食)のしたくをする	116
朝食をとる	114
聴診	294
ちょうちん	239
腸詰(総称)	143
ちょうど	82
ちょうど3時です	83
蝶ネクタイ	122
長編	240
長方形	88
長方形の	88
調味料	154
調理器具	156
聴力検査	295
鳥類	276
チョーカー	124
直線	88
勅令	328
チョコラーテ屋	132
チョコレート	150
チョコレート飲料	152
著作権	247
著者	246
貯蓄銀行	334
直行便	228
ちょっと失礼	54
ちょっとすみません	36
ちょっと黙ってください	315
ちょっと前に	82
ちょっと待ってください	48
チョリソ	134・143
チリ	95
地理	179
チリ人	100
ちりとり	170
治療	214・294

チワワ ……………… 278	通夜 ………………… 80	定年退職する ……… 76
血を吐く …………… 305	梅雨 ………………… 71	ディフェンス ……… 225
賃金 ………………… 331	強い色 ……………… 87	停留所 ……………… 198
賃貸人 ……………… 172	強い印象を与える … 60	ディル(香辛料) …… 155
賃貸料 ……………… 172	強く混ぜる ………… 138	デージー …………… 285
チンチラ …………… 278	強火で ……………… 139	データ ……………… 183
鎮痛剤 ……………… 307	(〜が)つらい ……… 56	テーブル …………… 164
チンパンジー ……… 268	釣り ………………… 220	テーマ ……………… 250
陳列台 ……………… 210	つり革 ……………… 198	テーマパーク ……… 218
	釣りざお …………… 273	テール ……………… 142
つ	つり銭 ……………… 199	出かけてもいいですか? … 48
	釣り針 ……………… 273	出かける …………… 115
(〜へ)着いたら教えて	釣りをする ………… 273	手形 ………………… 335
もらえますか? … 198	ツル(鳥) …………… 277	手形名宛人 ………… 335
追突 ………………… 317	つわりがひどい …… 305	手形振出人 ………… 335
ツインの …………… 230		手紙 ………………… 205
通貨 ………………… 90	**て**	敵 …………………… 251
通帳 ………………… 204		テキサス …………… 107
ツール ……………… 183	手 …………………… 111	できちゃった婚 …… 79
ツールバー ………… 183	出会い ……………… 34	できもの …………… 297
通路側 ……………… 195	手当 ………………… 191	(〜に)できものがある … 304
通話料金 …………… 62	Tシャツ ……… 118・237	適量・お好みで …… 138
月 …………………… 260	ディーゼル ………… 203	テグシガルパ ……… 94
突き当たり ………… 207	庭園 ………………… 218	出口 ……………… 200・233
(〜の)突き当たりに … 85	帝王切開 …………… 300	手首 ………………… 111
(私は○○と)	低気圧 ……………… 259	デザート …………… 128
つき合っている …… 78	定期券 ……………… 186	デジタルカメラ … 168・233
机 …………………… 180	定期預金 …………… 334	デジタルデバイド … 339
津波 ………………… 318	テイクアウト ……… 132	デジタル放送 ……… 341
(動物の)角 ………… 269	低血圧症 …………… 298	手数料 ……………… 90
ツバキ ……………… 283	低俗な ……………… 60	(階段の)手すり …… 161
翼 …………………… 277	邸宅 ………………… 158	手帳 ………………… 123
ツバメ ……………… 277	ティッシュペーパー … 127	哲学 ………………… 179
妻 …………………… 40	停電しています …… 320	哲学者 ……………… 253
つまり ……………… 64	停電のために ……… 312	鉄器時代 …………… 344
罪と罰 ……………… 254	定年退職 …………… 187	デッサン …………… 249
つめ ………………… 111	定年退職者 ………… 187	手伝い ……………… 46
つめ切り …………… 127		手伝ってもらえる? … 48
詰め物にした ……… 139		

鉄板焼きにした	139
鉄腕アトム	251
テニス	224
テニスコート	219・224
テニス選手	224
手ぬぐい	237
テノール	242
手のひら	111
手羽	142
デパート	209
では、また	35
手拍子	235
デフォルト	338
手袋	123
デフレ	331
テヘラン	104
寺	347
テラス	132
テラスハウス	158
テリア	278
デリバティブ	335
テレビ	168・231
テレビ画面	195
テロ	327
テロリスト	43
電圧	169
てんかん	301
天気	258
伝記	247
電気かみそり	127
電球	163
転居先	172
転居する	172
転居届	173
天気予報	259
転勤	189
転勤する	189
電源を切る	183

伝言を残しますか？	63
天災	318
展示室	233
電磁(IH)調理器	169
電子メール	184
電車	196・202
電車で	186
電車の遅れ	186
店主	133
天井	160
添乗員	229
天井桟敷	245
電子レンジ	169
伝説	247
伝染病	301
転送する	185
天体	260
天体観測	261
天体望遠鏡	261
電池	169
点滴	294
テント	220
伝統	239
伝統演劇	351
伝統的家屋	287
伝統文化	286
天皇誕生日	75
点鼻薬	306
添付する	185
デンマーク	98
天窓	161
天文学	178
天文台	261
展覧会	233・248
電力会社	92
電話	62・180
電話がつながりません	320
電話局	92

(○○に)電話する	62
電話するように伝えてください	63
電話帳	62
電話で話す	62
電話番号	62
電話ボックス	62
電話を切る	62
電話をとる	62

と

ドアノブ	161
ドイツ	99
ドイツ人	101
トイレ	115・162・195
トイレットペーパー	231
トイレはどこですか？	50
(教会の)塔	287
同意する	184
どういたしまして	46
統一通貨	330
東欧	98
倒壊家屋	319
唐辛子	141・155
陶器	165・236
動悸がする	304
闘牛	238
闘牛士	238
闘牛士の衣装	238
闘牛場	238
同級生	42・175
闘牛ポスター	237
同郷人	43
東京都庁	92
峠	262
統合失調症	296
当座預金	204・334
倒産	331

投資 330	(小さな)トカゲ 274	(〜が)止まる 312
どうして？ 51	トキ(鳥) 277	ドミニカ共和国 95
どうしましたか？ 36	土器 345	ドミニカ人 101
(医者が患者に)どうしましたか？ 302	独裁 323	土曜日 72
搭乗ゲート 194	独裁者 323	トラ 268
搭乗券 194	独身 79	ドライバー 163
どうぞよい一日を！ 35	ドクター(呼びかけ) 37	ドライブする 200
胴体部 111	独特の 130	ドライヤー 231
到着時刻 228	特派員 341	ドラえもん 251
盗難品 310	時計 82	トラクター 203
盗難を〜に届ける 310	どこ？ 50	ドラゴンボールZ 251
豆乳 146	どこから？ 50	トラック(車) 203
糖尿病 299	どこへ？ 50	トラック(陸上競技) 226
投票 325	登山 220	ドラッグする(パソコン) 182
投票者 325	登山靴 121	トラベラーズチェック 229・310
投票する 325	年 73	ドラマ 244
動物 266	(〜に)閉じ込められる 312	トランクス 120
動物園 93・218	土砂崩れ 318	トランジット 194
動物病院 275・279	ドジョウ 273	トランペット 243
動脈硬化症 298	図書館 92	トリートメント 127
動脈瘤 298	土星 260	トリートメントする 216
同盟国 327	戸棚 164	取締役 337
どうもありがとう 46	どちら様ですか？ 63	鶏肉 142
どうもご親切に 46	特急列車 196	鶏肉店 133
とうもろこし 141	特許 339	トリュフ 141
同僚 188	ドッグ・ラン 279	ドル 90
道路が寸断されています 320	特恵関税 330	トルコ 97
トゥロン 151	とても気に入りました 47	トルコ石 125
童話 247	どなたですか？ 39	トレド 102
(〜から)遠くに 85	土なべ 157	トレド旧市街 288
トースト 150	どなる 56	トロツキー 252
ドーナツ 150	ドニャーナ国立公園 288	どろっとした 130
トーナメント戦 222	どのくらい？ 51	とろ火で煮た 139
ドーピング 223	トパーズ 125	トロフィー 223
通り 206	飛び込み 227	どろぼう(行為) 310
トカゲ 274	扉 160	どろぼう(人) 310
	トマト 140	
	泊まる 230	

項目	ページ
ドン・キホーテ	256
緞帳	245
どんな？	51
どんな天気ですか？	258
(○○は)どんな人ですか？	51
トンビ	277
トンボ	271

な

項目	ページ
名	229
ナースステーション	291
内科	292
内科医	292
内閣	323
内閣府	323
内視鏡	295
内線	62
内臓	112
ナイトキャップ	167
ナイトテーブル	166
ナイフ	156
内服薬	306
ナイロビ	105
ナイロン	212
長い	89
(〜月の)中ごろに	71
(台所の)流し	157・163
長袖	119
(〜の)中に	85
中庭	161
仲間	42
長枕	166
中指	112
流れ星	260
泣く	57・117
(虫・鳥が)鳴く	275
なくす	312
亡くなる	80
投げる	225
仲人	79
なし	148・282
なす	141
なすの詰め物	135
なぜそんなに怒っているんですか？	315
なぜなら	64
なだれ	318
ナチュラルヨーグルト	147
夏	71
名づけ親(男)	41
名づけ親(女)	41
ナツメグ(香辛料)	155
夏休み	177
何？	50
何もかもありがとう	46
ナノテクノロジー	339
ナバラ州	103
ナプキン	129
ナポリ	106
生クリーム	147
怠け者の	45
生ごみ	265
生の	138
生ビール	152
ナメクジ	271
なめらかな	130
(〜に)なるのが夢だ	58
南極	108
南極大陸	108
軟膏	307
何時間かかりますか？	83
何時ですか？	82
何時に？	50・83
(私たちは)何時に会いますか？	83
何だい	36
何だね？	36
何でもないよ	54
なんとかやっています	34

に

項目	ページ
ニーベルングの指輪	255
においがわからない	303
2階	161
苦い	130
ニカラグア	94
ニカラグア(通貨)	91
ニカラグア人	100
にきび	215・297
肉	112・142
肉食動物	266
肉だんご	137
憎む	58
肉屋	133
肉料理	137
逃げる	312
2国間の	327
煮魚	136
二酸化炭素	265
西	84
2時15分過ぎです	83
2時15分前です	83
2時です	83
二重奏	243
ニシン(魚)	273
煮炊きした	139
日常用の	351
日曜日	72
日刊紙	340
ニットの	213
2分30秒	82
日本	96

日本海 109	尿に血が混じる 305	熱中症 301
日本人 101	ニレ(木) 280	ネットショッピング 211
日本料理 128	庭 160	(自分の)熱を測る 308
日本列島 109	にわか雨 259	ネパール 97
(アサリなどの)二枚貝 145	庭つき一軒家 158	値引き 210
荷物 173	ニワトリ(鳴き声) 275	寝袋 221
荷物を送る 173	人形 236	値札 210
入院 291	人形の家(文学) 254	眠りの森の美女 254
入院患者 291	妊娠 300	眠る 115
入院手続き 291	にんじん 140	寝る 115
入院病棟 291	妊娠中毒症 300	年金 191・333
入院料 291	にんにく 141・155	年金受給者 42・333
乳液 126	にんにくスープ 134	ねんざする 305
入学 176	にんにく風味の 139	燃費 203
入学願書 176		燃費がよい車 203
入学式 76	**ぬ**	年表 344
入学試験 177	縫いものをする 116	燃料 203
入学する 76・176	(私は〜を)盗まれた 310	
入学手続きをする 177	沼 263	
乳がん 300	塗り薬 307	**の**
入金する 204		ノイローゼ 296
ニュージーランド 97	**ね**	農家 158
入場券売り場 232	根 281	納棺する 80
入場券売り場はどこ	寝汗をかく 302	農業 337
ですか? 232	ねえ、ちょっと 36	農業省 323
入場無料 232	寝返りをうつ 167	脳血栓 296
入場料 232	ねぎ 141	納骨堂 81
入場料はいくらですか?	ネクタイ 122	野ウサギ 266
232	ネグリジェ 167	脳出血 296
ニュースソース 341	猫 268	脳腫瘍 296
乳製品 146	猫(鳴き声) 275	脳神経外科 292
乳腺炎 300	ねじ釘 163	脳水腫 301
ニューデリー 104	ネズミ 268	納税者 333
乳房にしこりがある 305	値段 210	納税申告 333
ニューヨーク 107	熱がある 302	ノースリーブ 119
尿が近い 305	ネックレス 124	ノート 181
尿が出にくい 305	熱帯 109	ノートをとる 177
尿検査 295	熱帯魚 278	ノーベル 253
		のど 111

のどが痛い ……… 303	排気ガス ………… 265	バグダッド ……… 104
野原 ……………… 263	廃墟 ……………… 286	ハクチョウ ……… 277
ノミ ……………… 271	ハイキング ……… 220	白内障 …………… 297
蚤(のみ)の市 …… 237	バイク …………… 203	幕府 ……………… 349
飲み物 ……… 129・152	灰皿 ……………… 165	博物館 ……… 93・233
(コーヒーや紅茶を)	ハイ・シーズン … 71	バケツ …………… 170
飲む ……… 115・128	敗者 ……………… 223	バゲット ………… 150
(水やアルコールを)	陪審員 …………… 328	(〜に)はさまれる … 312
飲む ……… 114・128	排水管 …………… 162	はさみ …………… 181
のり(文具) ……… 181	配送費 …………… 211	橋 ………………… 206
海苔(のり) ……… 351	入ってもいいですか? … 48	箸 ………………… 351
乗り換え駅 ……… 197	配当金 …………… 335	はしか …………… 300
乗り物 …………… 202	パイナップル …… 149	(〜の)はじめに … 71
ノルウェー ……… 98	はい、何ですか … 36	はじめまして …… 39
	排尿時に痛む …… 305	パジャマ ………… 167
は	(〜の〜)倍の大きさ … 349	馬術 ……………… 227
歯 ………………… 110	ハイヒール ……… 121	柱 ………………… 161
葉 ………………… 281	ハイビスカス …… 285	バジル(香辛料) … 155
パーキンソン病 … 301	ハイブリッドカー	バス ………… 198・202
パーセント ……… 69	……………… 203・265	バス ……………… 225
パーティーを開く … 76	配役 ……………… 244	破水しました …… 305
バードウオッチング … 220	ハウスワイン …… 153	パスカル・ドゥアルテ
パートタイマー … 190	パウダー ………… 126	の家族 ………… 256
ハードチーズ …… 147	ハエ ……………… 271	バスク州 ………… 103
パートで、パートの … 190	パエリヤ ………… 136	バスケットボール … 224
ハードディスク … 182	パエリヤなべ … 157・237	バス事故 ………… 316
ハーブ …………… 243	墓 ………………… 81	バスターミナル … 198
ハーブティー …… 152	歯が痛い ………… 304	パスタのパエリヤ … 136
バーベキュー …… 221	はがき …………… 205	バスツアー ……… 232
パーマ …………… 216	ばかな …………… 45	バスで行く ……… 198
はい ……………… 52	ハギ(花) ………… 283	バスト …………… 215
肺 ………………… 112	吐き気がする …… 304	パスポート
パイ ……………… 151	パキスタン ……… 97	……… 229・310・326
ハイエナ ………… 268	(ほうきなどで)はく … 171	バス料金 ………… 198
肺炎 ……………… 298	歯ぐきがはれている … 304	バスローブ ……… 167
バイオマス・エネルギー・	歯ぐきから血が出る … 304	バス路線図 ……… 198
………………… 265	白菜 ……………… 141	パスワード ……… 183
バイオリン ……… 243	博士 ……………… 176	パセリ …………… 141

パソコン ······ 180・182	鼻血が出る ········· 303	ハリエニシダ ········· 283
バンドブレ ············ 238	バナナ ················ 149	ハリケーン ············ 319
バター ················ 147	花火 ··················· 239	貼りつける ············ 183
裸の(着衣の)マハ ·· 256	花びら ················ 283	バリトン ················ 242
肌着 ··················· 120	パナマ ·················· 94	春 ························ 71
畑 ······················ 263	パナマ(通貨) ········· 91	バル ············ 132・234
働き口 ················ 186	パナマ人 ············· 100	バルセロナ ············ 102
働き者の ··············· 45	花道 ··················· 245	バレアレス諸島州 ·· 103
働く ··················· 114	花屋 ··················· 208	バレエ ················· 244
鉢 ······················ 156	バニラ ················· 155	パレード、騎馬行列 ·· 239
は虫類 ················ 274	羽 ······················ 277	バレーボール ········· 224
パチンコ ·············· 219	羽ぼうき ·············· 170	パレスチナ ············· 97
ハッカ ················· 155	ハノイ ················· 104	バレッタ ················ 124
八角形 ·················· 88	幅 ······················· 89	バレンシア州 ········· 103
八角形の ··············· 88	パパイヤ ·············· 149	バレンシアの火祭り ·· 77
ハツカネズミ ········· 268	母親 ····················· 40	パワーハラスメント ·· 339
パック ················· 215	母方の ·················· 41	ハワイ ················· 107
パックツアー ········· 229	ハバナ ·················· 95	歯を磨く ·············· 114
バックミラー ········· 201	母の日 ·················· 74	パン ············ 129・150
パックをする ········· 215	歯ブラシ ·············· 127	版画 ··················· 249
白血病 ················ 298	バブル経済 ··········· 338	ハンカチ ·············· 122
パッションフルーツ ·· 149	歯磨き粉 ·············· 127	ハンガリー ············· 98
発疹 ··················· 297	ハム ········ 134・143・237	パンク ················· 201
初聖体拝領 ············ 76	ハムスター ··········· 278	バングラデシュ ········ 97
バッタ ················· 270	ハヤブサ ·············· 277	判決 ··················· 329
バッテリー ············ 169	腹 ······················ 111	飯ごう ················· 221
発展途上国 ··········· 322	バラ(花) ·············· 285	番号 ··················· 241
発泡ワイン ··········· 153	腹がたつ ··············· 56	番号が違います ······ 63
初詣 ····················· 77	パラグアイ ············· 95	バンコク ·············· 104
派手な色 ··············· 87	パラグアイ(通貨) ···· 91	万国博覧会 ··········· 343
ハト ··················· 277	パラグアイ人 ········· 100	パン・コン・トマテ ·· 134
ハト(鳴き声) ········· 275	パラグライダー ······ 220	ばんざい! ············· 61
鼻 ······················ 110	パラドール ············ 230	パンジー ·············· 285
花 ······················ 284	バランスのよい ······ 131	ばんそうこう ········· 309
鼻がつまる ··········· 303	鍼(はり) ·············· 308	半袖 ··················· 119
話し合いが必要ですね ·· 315	パリ ··················· 106	パンダ ················· 268
話し中です ············ 63	バリアフリー ········· 233	半ダース ·············· 146
鼻血 ··················· 297	バリウム ·············· 295	(〜に)反対だ ········· 53

反対に … 351	皮革製品 … 236	非常事態 … 327
パンチ(穴あけ器) … 181	皮革製品店 … 208	非常時に備える … 320
パンツ … 118	日陰席 … 238	非常食 … 320
バンデリジェーロ … 238	日傘 … 123	美少女戦士
半島 … 262	東 … 84	セーラームーン … 251
ハンドクリーム … 127	ピカドール … 238	美少年 … 251
ハンドバッグ	美顔 … 214	非常袋 … 320
… 123・237・310	悲観的な … 44	非常ベル … 313
ハンドボール … 224	ヒキガエル … 274	ビスケット … 150
パントマイム … 244	悲喜劇 … 244	非正規雇用 … 331
ハンドル … 201	引きこもり … 339	ピソ … 158
犯人 … 310	引き出し … 164・180	ひたい … 110
販売員 … 210	引き出す … 204	ピタゴラス … 253
パンフレット … 232	ひきつけ … 301	ビタミン剤 … 307
パンプローナ … 103	ひき肉 … 142	左 … 84
パンプローナの	引き分け … 223	左側に … 207
牛追い祭り … 77	低い … 89	左へ … 84
ハンマー … 220	悲劇 … 244	ひっくり返す … 138
パン屋 … 133	ひげそり用かみそり … 217	びっくりした！ … 61
ひ	ひげをそる … 114・217	日付 … 172
日 … 72	飛行機 … 194・202	引っ越し … 173
ピアス … 124	飛行機事故 … 316	引っ越し業者 … 173
ピアノ … 243	飛行船 … 202	羊(オス) … 268
ピアノがうるさいです … 315	被告 … 329	羊(メス) … 268
ビアホール … 132	ひざ … 111	羊飼い … 269
ビーチ … 219	ビザ … 326	羊のチーズ … 147
ビーチサンダル … 121	被災者 … 320	ピッチャー … 225
ビート … 140	久しぶりですね … 34	筆頭株主 … 335
ビーナス誕生 … 255	ピザ店 … 132	ヒップ … 215
ビーフステーキ … 137	ひじ … 111	(馬の)ひづめ … 269
ピーマン … 140	ひじ掛け椅子 … 164	否定する … 52
ビール … 153	ビジネス … 186	ビデオカメラ … 168
ヒーロー … 250	ビジネスクラス … 228	ビデオデッキ … 168
ビオラ … 243	ビジネスジェット … 202	(にんにく)1かけ … 155
被害者 … 310・315	美術 … 178・248	人差し指 … 112
控えの選手 … 222	美術館 … 93・233・248	(にんにく)1玉 … 155
皮革 … 212	非常階段 … 313	ヒトデ … 273
	非常口 … 195・231・313	人々 … 38

一人当たりGDP …… 331	病院 …………… 93・290	貧乏人 ……………… 43
ヒナギク …………… 285	氷河期 ……………… 344	
ヒナゲシ …………… 285	表紙 ………………… 340	**ふ**
日向席 ……………… 238	表示 ………………… 183	
日向・日陰席 ……… 238	美容師 ……………… 216	(日本)府 …………… 108
ひな鳥 ……………… 276	病室 ………………… 291	部 …………… 188・337
ひな祭り …………… 77	美容整形外科 ……… 293	ファーストクラス …… 228
避難所 ……………… 320	病人 ………………… 290	ファーストフード …… 132
避難する …………… 320	氷のう ……………… 309	ファイル(文書) …… 182
泌尿器科 …………… 293	漂白 ………………… 171	ファスナー ………… 119
泌尿器科医 ………… 293	漂白剤 ……………… 170	ファックス ………… 180
ヒノキ(木) ………… 280	漂白する …………… 171	ファンタジー ……… 240
皮膚 ………………… 215	病歴 ………………… 294	ファンデーション … 126
皮膚科 ……………… 292	評論 ………………… 246	フアン・ロペスです … 39
皮膚科医 …………… 292	評論家 ……………… 246	フィギュアスケート … 227
皮膚がかゆい ……… 304	ひよこ豆 …………… 146	フィクション ……… 246
ヒマワリ …………… 285	平壌 ………………… 104	フィットネスクラブ … 219
肥満 ………………… 299	ヒラメ ……………… 144	Ｖネック …………… 119
ひも(木) …………… 173	平屋 ………………… 159	フィラデルフィア … 107
100円(1ユーロ)	ピリッとした ……… 130	フィリピン ………… 96
ショップ ………… 211	ビリヤード ………… 219	フィルム …………… 240
百年の孤独 ………… 254	ビル ………………… 158	フィレンツェ ……… 106
100メートル自由形 … 226	昼寝する …………… 115	フィンランド ……… 98
100メートル背泳ぎ … 227	ビルバオ …………… 103	封切り ……………… 241
100メートル走 …… 226	ヒレ(肉) …………… 142	風景画 ……………… 249
100メートルハードル … 226	ひれ ………………… 273	ブーゲンビリア …… 285
100メートルバタフライ	広い ………………… 89	風刺画 ……………… 249
……………………… 227	ヒロイン ……… 241・250	風疹 ………………… 300
100メートル平泳ぎ … 227	披露宴 ……………… 79	風速 ………………… 319
日焼け止めクリーム … 126	広さ ………………… 172	風俗派 ……………… 249
冷やす ……………… 138	びわ ………………… 148	ブーツ ……………… 121
百科辞典 …………… 180	(〜行きの)便 ……… 194	封筒 ………………… 181
ヒューズ …………… 163	(飛行機の)便 ……… 194	プードル …………… 278
ピューマ …………… 269	ピンクの …………… 87	夫婦 ………………… 41
費用 ………………… 332	貧血 ………………… 298	風力エネルギー …… 265
ヒョウ(動物) ……… 269	貧血である ………… 302	プール ……………… 219
秒 …………………… 82	便せん ……………… 181	フェイシャルエステ … 214
美容院 ……………… 209	ピンチョス ………… 134	フェスティバル …… 239
		ブエノス・アイレス … 95

フェリー ……………… 202	ブダペスト …………… 105	ブラウザ ……………… 184
フェルトペン ………… 181	部長 ……………… 188・337	ブラウス ……………… 118
プエルトリコ …………… 98	普通預金 ………… 204・334	ブラシ ………………… 217
フェンシング ………… 227	普通列車 ……………… 196	ブラジャー …………… 120
フェンス ……………… 160	復活祭 …………………… 74	ブラジリア …………… 107
フォーク ……………… 156	仏教 …………………… 347	ブラジル ………………… 98
フォルダ ……………… 183	仏教徒 ………………… 347	ブラジル(通貨) ………… 91
フォワード …………… 225	ぶつ切りにする ……… 143	ブラジル人 …………… 101
部下 …………………… 188	ぶつ切りの一片 ……… 143	プラス成長 …………… 331
付加価値税 ……… 210・333	物件 …………………… 172	プラチナ ……………… 125
深なべ ………………… 157	ブッダ ………………… 347	ブラックホール ……… 261
ブカレスト …………… 105	仏塔 …………………… 287	フラッシュ禁止 ……… 233
吹き替え ………… 240・250	フットサル …………… 224	プラットホーム ……… 196
吹き出し ……………… 250	物理学 ………………… 178	プラテロと私 ………… 256
不器用な ………………… 45	ブティック …………… 208	プラトン ……………… 253
(食器などを)ふく …… 116	太い ……………………… 89	プラネタリウム ……… 219
ふく …………………… 171	ぶどう ………………… 148	プラハ ………………… 105
フグ …………………… 273	不動産業 ……………… 336	フラミンゴ …………… 277
副作用 ………………… 309	不動産広告 …………… 172	プラム ………………… 148
副腎皮質ホルモン …… 307	不動産屋 ………… 172・209	フラメンコ …………… 235
腹部 …………………… 215	ぶどうの木 …………… 282	フラメンコギター …… 236
(1回の)服用量 ………… 309	ふとん ………………… 166	フラメンコの歌 ……… 235
フクロウ ……………… 277	フナ(魚) ……………… 273	フラメンコの歌い手 … 235
フクロウ(鳴き声) …… 275	ブナ(木) ……………… 280	フラメンコの踊り …… 235
不景気 ………………… 331	船便 …………………… 205	フラメンコの踊り手 … 235
負債 …………………… 332	船便で ………………… 173	フランクフルト ……… 106
負傷者 ………………… 320	不妊症 ………………… 300	フランコ将軍 ………… 253
婦人科 ………………… 293	船 ……………………… 202	フランス ………………… 99
婦人科医 ……………… 293	不眠症である ………… 302	フランス人 …………… 101
不親切な ………………… 44	(山の)ふもと ………… 262	ブランド ……………… 211
不整脈 ………………… 298	冬 ………………………… 71	フリージア …………… 285
付せん ………………… 181	フライ返し …………… 157	フリーゾーン ………… 330
(なべなどの)ふた …… 157	フライトナンバー …… 228	ブリーダー …………… 279
豚 ……………………… 269	フライパン …………… 157	フリーダイヤル ………… 62
舞台 …………………… 245	フライパンで焼いた … 139	フリードリヒ大王 …… 253
舞台監督 ……………… 244	プライマリー収支 …… 338	ブリーフ ……………… 121
豚肉 …………………… 142	プライムレート ……… 334	ブリーフケース ……… 123
豚肉製品販売店 ……… 133	ブラインド …………… 165	振り込みをする ……… 204

390

振り付け	244
ブリュッセル	106
不良債権	338
プリン	147・151
プリンター	180
プリント柄の	212
フルート	243
ブルーベリー	148
ブルジョア	43
ブルドッグ	278
フルボディの	131
ブレーキ	201
フレスコ画	248
(鎖状)ブレスレット	124
プレゼント	47・236
プレゼントする	47
プレゼント用に包んでください	236
プレゼントをありがとう	47
フレックス車	203
ブロー	216
ブローチ	124
付録	341
ブロッコリー	140
プロテスタント	346
風呂に入る	115
プロバイダ	184
フロリダ	107
プロローグ	247
フロンガス	265
フロント	230
分	82
文化遺産	286
文学	179・246
文化省	323
文化担当官	326
文化の日	75
文具店	208
文庫本	247
噴水	207
紛争	327
文鳥	279
粉末の	171
文明	286・344

ヘ

ヘアカラー	216
ヘアドライヤー	169
ヘアピース	217
ヘアピン	124・217
平価切り下げ	331
平日	72
平野	262
ベイルート	105
平和	327
平和維持軍	327
ページュの	87
ベース(野球)	225
へえっ!	61
ベオグラード	105
壁画	248
北京	104
ヘクトパスカル	319
ベゴニア	285
ベスト	118
ペチコート	120
ペチュニア	285
別居	79
別荘	158
ベッド	166
ペット	278
ベッドカバー	166
ペットショップ	279
ベッドの頭板	166
ベッドパッド	166

ペットフード	279
ペットを飼う	279
ペディキュア	215
ヘディング	225
ベトナム	96
ベニス	106
ベネズエラ	94
ベネズエラ(通貨)	91
ベネズエラ人	100
ヘビ	274
ベビーカー	117・203
ベビーシッター	117
ベビーベッド	166
部屋	162・230
ベラルーシ	97
ベランダ	161
ペリカン	277
ヘリコプター	202
ペルー	95
ペルー(通貨)	91
ペルー人	100
ベルギー	99
ペルシャ猫	278
ヘルシンキ	105
ベルト	122
ヘルプ	183
ベルリン	106
ベレー帽	120
弁解	55
弁解の余地はありません	55
便器	162
ペンキ塗りたて(標識)	37
勉強する	114・177
ペンギン	277
弁護士	329
便座	162
編集	183

項目	ページ
編集者	341
編集長	341
ペンション	230
変身	251
変身(文学)	254
返信する	185
偏頭痛	296
偏頭痛がする	302
変だなあ!	61
ペンダント	124
ペンダントトップ	124
ベンチャー・キャピタル	338
扁桃腺炎	297
ペンネーム	247
便秘	299
便秘している	303
便秘薬	307

ほ

項目	ページ
保育園	93・174
ポインセチア	285
法案	324
防衛省	323
貿易収支	330
法王	346
放課後	177
砲丸投げ	226
ほうき	170
封建時代	345
封建主義	345
方向	84
膀胱(ぼうこう)	112
膀胱炎	299
法事	81
(つばのある)帽子	120
(つばのない)帽子	120
帽子店	208
宝石	125・310
宝石店	208
放送局	341
包帯	308
包帯を巻く	308
棒高跳び	226
法廷	328
報道官	323
報道機関	336
暴風雨	319
暴風雨圏	319
法務省	323
法律	328
法律学	179
暴力、暴行	250・314
ボウリング場	219
ボウル(調理器具)	156
法令遵守	338
ほうれんそう	140
ほうれんそうのごまあえ	135
ホース	170
ポーター	231
ポーチ	123
ボート	202
ボーナス	190
ほおひげ	217
ホームページ	184
ホームヘルパー	339
ホームラン	225
ポーランド	98
ポーランド人	101
ボール	224
ホールケーキ	151
ボールペン	180
ボカディジョ	150
北欧	98
牧師	347
牧場	218・269
ボクシング	227
牧畜業	337
ほくろ	215
ポケット	119
ポケットチーフ	122
ポケットモンスター	251
保険	191・229・333
保険会社	311
保健所	93
歩行者	206
保護者	174
ボゴタ	94
星	230・260
ほしい	59
ポシェット	123
保湿クリーム	126
星の王子さま	254
保釈	329
保守派	324
保証金	172
ポスター	238
ホスピス	290
細い	89
保存する	183
ポタージュ	134
ホタテ貝	145
ホタル	271
ボタン	119
ボタン(花)	284
墓地	81
ホチキス	181
北極	108
ボックス席	245
ホッケー	227
掘っ立て小屋	159
ボディ(ワインのコク)	131
ボディ	215
ボディエステ	214

項目	ページ
ボディマッサージ	215
ポテトサラダ	135
ポテトのアリオリソース	134
ポテトフライ	134
ホテル	218・229・230
歩道	206
歩道橋	206
ホトトギス	276
(時)ほとんど〜	71
母乳	117
ほ乳びん	117
ほ乳類	266
骨	112
ポピー	285
ポピュラー音楽	242
ポプラ	281
微笑み	56
微笑む	56
ホモサピエンス	344
ホラー	240
ボランティアとして働く	320
堀	263
ボリビア	95
ボリビア(通貨)	91
ボリビア人	100
ボルト	169
ポルトガル	99
ポルトガル人	101
ポルボロン	151
ポロシャツ	118
香港	104
本日の定食	129
本社	188
ホンジュラス	94
ホンジュラス(通貨)	91
ホンジュラス人	100
本棚	164
盆地	262
ポンド(イギリス)	90
本当は	64
ボンボン	150
翻訳者	246
翻訳書	246

ま

項目	ページ
マーガリン	147
マーガレット(花)	285
まあまあです	34
マーマレード	150
マイクロバス	198
毎週	73
埋葬する	81
毎月	70
毎年	73
マイナス成長	331
毎日	72
マウス	182
前髪	216
(〜の)前に	85・207
(時/〜の)前に	71
(左右へ)曲がる	84
マグニチュード	318
マグニチュード5の地震	318
幕間	245
枕	167
枕カバー	167
マグロ	144
マグロの塩漬け	134
負ける	223
孫	40
まさか！	61
マジパン	151
まじめな	45
マス(魚)	272
麻酔	295
マスカラ	127
マスク	308
マスコミ	340
マスターズゴルフトーナメント	343
マスタード	154
マゼラン	253
混ぜる	138
またいつか	35
また近いうちに	35
マタドール(正闘牛士)	238
町	108
待合室	291
(だれかと)待ち合わせする	115
マチネ	245
待ち望む	58
松	281
松カサ	281
まつ毛	110
マッサージ	214
マッシュルーム	141
マッシュルームのにんにく炒め	135
まっすぐに	84
まっすぐに進む	84
マット	221
マットレス	166
マットレスを置く台	166
祭り	239
マティーニ	234
魔笛	255
窓	161
窓側	195
窓口	204
マドリード	94

マドリード州	103	
マドリード風牛の胃袋煮込み	137	
マドリード風煮込み	137	
マドレーヌ	150	
まな板	157	
マナグア	94	
マニキュア	127・215	
マニフェスト	325	
マニラ	104	
間抜けな	45	
マネキン	213	
マフラー	122	
マムシ	274	
豆類	146	
まゆ毛	110	
マラガ	102	
マラソン	226	
マリー・アントワネット	253	
マルガリータ	235	
マルクス	253	
丸首	119	
マルセーユ	106	
マレーシア	96	
まろやかな	131	
漫画	250	
漫画雑誌	250	
漫画のひとコマ	250	
満月	260	
マンゴー	149	
満席	228	
満足な	56	
満タンにしてください	201	
（～の）真ん中に	85	
万年筆	123	

み

見合い結婚	79	
見栄っぱりの	44	
（なべ・かまを）磨く	171	
（ブラシで）磨く	171	
三日月	260	
みかん	148	
未完成交響曲	255	
幹	281	
右	84	
右側に	207	
ミキサー	169	
右へ	84	
右へ曲がる	84	
右(左)ボタン	182	
三毛猫	278	
神輿(みこし)	239	
ミサ	346	
岬	263	
短い	89	
みじめな	57	
水	152	
水色	86	
湖	263	
水が出ません	320	
水着	119	
水差し	156	
水玉模様の	212	
ミステリー	240	
水のような便が出る	305	
水ぼうそう	300	
水虫	297	
水もれがします	315	
水割りで	153	
店	208	
未成年者	42	
見世物	239	
みそ	154	
みそ汁	135・351	
みぞれ	259	

ミックスサラダ	135	
ミッドフィルダー	225	
ミツバチ	271	
3つ星のホテル	230	
ミディアム（肉の焼き具合）	139	
ミディアムボディの	131	
緑の	86	
みどりの日	75	
南	84	
南アフリカ共和国	99	
南アメリカ	109	
南半球	108	
みにくいアヒルの子	255	
ミニバー	231	
身の回り品	122	
耳	110	
ミミズ	271	
耳鳴りがする	303	
脈が乱れる	304	
脈拍	294	
ミャンマー	104	
ミュージカル	244	
ミュンヘン	106	
ミラノ	107	
ミルク	117・152	
ミロのビーナス	255	
民事政権	322	
民主主義	323	
民主主義者	323	
民主党	325	
民族衣装	239	
民族舞踊	239	
みんな	38	
民法	328	

む

ムール貝	145	

(〜の)向かいに … 85・207	メーデー … 74	面積 … 89・349
昔は … 351	目がかすむ … 303	綿棒 … 127
無口な … 45	目がかゆい … 303	
(〜に)むくみがある … 302	メカジキ … 144	**も**
無月経である … 305	目が充血している … 303	
無原罪の聖母 … 256	めがね … 122	もう一度言ってください
婿 … 41	めがねケース … 122	… 48
無罪の … 329	めがね店 … 208	孟子 … 253
(一般的に)虫 … 270	メキシコ … 94	申しわけありません … 54
蒸した … 138	メキシコ人 … 100	申しわけありませんが〜
無地の … 212	メキシコほか(通貨) … 90	… 53
虫歯 … 297	目薬 … 306	モーゼ像 … 255
虫歯がある … 304	目薬をさす … 309	毛沢東 … 253
無重力 … 261	目覚まし時計 … 82・167	盲腸 … 112
息子 … 40	目覚める … 114	盲導犬 … 279
娘 … 40	メシベ … 283	毛布 … 166・195
無線タクシー … 199	メス … 266	喪が明ける … 81
無糖 … 147	メスキータとコルドバ	木星 … 260
胸 … 111	の歴史地区 … 288	モクセイ … 283
胸(肉の部位) … 142	メタボリックシンド	木造住宅 … 159
胸が痛い … 304	ローム … 299・339	黙秘権 … 329
胸やけする … 304	(金・銀・銅)メダル … 223	木曜日 … 72
村 … 108	メッセージ … 185	モグラ … 269
紫の … 86	目にごみが入る … 303	もし … 64
ムルシア州 … 103	メニュー … 128	(かける人の)もしもし … 63
ムレータ(赤い布) … 238	めまい … 296	(受ける人の)もしもし … 63
	めまいがする … 302	喪主 … 81
め	目やにが出る … 303	モスクワ … 105
	メルボルン … 104	持ち家 … 159
目 … 110	メルルーサ(魚) … 145	持株会社 … 332
姪 … 41	メロディー … 243	喪中である … 81
名刺 … 189	メロン … 148	もちろんそうです … 52
名刺を交換する … 189	綿 … 212	もちろん違います … 52
名目金利 … 334	面 … 351	モツ(肉) … 142
迷惑 … 55	面会 … 291	もっとゆっくり話して
迷惑メール … 185	面会時間 … 291	ください … 48
迷惑をかけて … 55	面会謝絶 … 291	モップ … 170
(ガスや電気の)メーター … 163	免税店 … 194	モナリザ … 255
(タクシーの)メーター … 199		モニュメント … 207・233

物置 … 162	薬学 … 178	有罪の … 329
物語 … 246	約~か月 … 71	有罪判決 … 329
もののけ姫 … 251	薬剤師 … 306	友情 … 251
ものもらい … 297	薬草剤 … 308	優勝者 … 223
モノレール … 202	やけどする … 305	夕食 … 115
モヒート … 234	野菜 … 140	夕食をとる … 115
喪服 … 119	野菜料理 … 135	友人 … 42
モミ(木) … 281	ヤシ(木) … 280・282	Uターンする … 200
もも(からだ) … 111	野獣派 … 249	郵便 … 205
モモ(肉の部位) … 142	休み時間 … 177	郵便受け … 160
桃 … 148・282	薬局 … 209・306	郵便局 … 92・204
~も~も … 351	雇う … 189	郵便番号 … 205
もや … 259	野党(集合名詞) … 324	郵便振り込み … 205
モラトリアム … 338	柳 … 281	郵便ポスト … 205
モラルハザード … 338	屋根 … 160	UVカット … 126
森 … 263	(居住用)屋根裏部屋 … 162	遊歩道つき大通り … 206
モルシージャ(血詰め ソーセージ) … 134	(物置用)屋根裏部屋 … 162	有料道路料金 … 200
	山 … 262	ユーロ(EU) … 90
モルモット … 278	ヤマブキ … 283	(1万円を)ユーロにする … 90
モロッコ … 99	ヤモリ … 274	ユーロに両替して
門 … 160	ヤリイカ … 145	ください … 204
モンゴル … 96	柔らかい色 … 87	床 … 161
モンテビデオ … 95		床にワックスをかける … 171
モントリオール … 107		雪 … 259
	ゆ	雪が降る … 259
や	遺言状 … 81	輸血 … 294
	遺言状を作る … 81	輸出 … 330
やあ … 34	結納 … 78	ユダヤ教 … 347
八百屋 … 133	優(成績) … 176	ユダヤ教会堂 … 287・347
野外で … 234	憂うつな … 57	湯たんぽ … 167
やかん … 157	USBメモリ … 182	輸入 … 330
夜間外出禁止令 … 327	遊園地 … 93・218	指 … 111
ヤギ … 269	ユウガオ … 285	指輪 … 125
ヤギのチーズ … 147	夕刊 … 340	夢 … 167
焼き野菜 … 135	有機の … 140	ユリ … 284
野球 … 224	有給休暇 … 191	揺れ … 318
野球日本代表チーム … 222	有限会社 … 188・332	
焼きりんご … 151	有権者 … 325	
役 … 245	ユーザー名 … 183	

よ

- よい ……………………… 60
- よい天気です ……… 258
- 陽気な …………………… 44
- 要求する ……………… 191
- 養子 ……………………… 41
- 用紙に記入してください
  ……………………………… 49
- 容積 ……………………… 89
- 幼稚園 ……………… 93・174
- 幼虫 …………………… 271
- 洋なし ………………… 148
- 曜日 ……………………… 72
- 洋服ダンス …………… 164
- 容量 ……………………… 89
- ヨーグルト …………… 147
- ヨードチンキ ………… 306
- よかったね！ ………… 61
- 浴室 …………………… 162
- 浴槽 …………………… 162
- 浴槽つき ……………… 230
- 横 ………………………… 89
- 汚れ …………………… 171
- 汚れた ………………… 171
- 予算 …………………… 228
- 余震 …………………… 318
- 余震が続いています … 318
- 寄木細工
  (グラナダみやげ) … 236
- 予選 …………………… 222
- 予選を通過する …… 223
- よだれ ………………… 117
- よだれかけ …………… 117
- ヨット ………………… 202
- 与党 …………………… 324
- ヨハネスブルグ …… 105
- 呼びかける …………… 36
- 呼び鈴 ………………… 161
- 予防接種 ……………… 294
- 予防注射 ……………… 294
- 嫁 ………………………… 41
- 予約 ……………… 128・291
- 予約してあります … 230
- 予約する ……………… 228
- (レストランを)予約する … 128
- 夜 ………………………… 82
- 夜に騒がないでください
  ……………………………… 315
- よろい戸 ……………… 161
- 喜び ……………………… 56
- 喜んで …………………… 53
- (〇〇さんに)よろしく … 35
- 弱火で ………………… 139
- 400メートルメドレー … 227
- 四輪駆動車 …………… 203

ら

- ライオン ……………… 269
- 来月 ……………………… 70
- 来週 ……………………… 73
- ライター ……………… 221
- ライチョウ …………… 277
- 来年 ……………………… 73
- ライブ ………………… 234
- ライフライン ………… 320
- ライム ………………… 148
- ラクダ ………………… 269
- 落第する ……………… 177
- ラクダのこぶ ………… 269
- ラグビー ……………… 224
- ラジオ ………………… 168
- ラスベガス …………… 107
- ラズベリー …………… 149
- 楽観的な ………………… 44
- ラッキー！ …………… 61
- ラッシュアワー …… 186
- ラディッシュ ………… 141
- ラバ …………………… 269
- ラパス …………………… 95
- ラバト ………………… 105
- ラピスラズリ ………… 125
- ラベンダー …………… 285
- ラマンチャ風野菜煮込み
  ……………………………… 135
- ラム酒 ………………… 153
- ラ・リオハ州 ………… 103
- ラン(花) ……………… 285
- 乱視 …………………… 296
- ランジェリー ………… 120
- ランジェリー店 …… 208
- ランプ …………… 165・221

り

- リーグ戦 ……………… 222
- リウマチ ……………… 301
- 利益 …………………… 332
- リオデジャネイロ …… 107
- 理科 …………………… 178
- 力士 …………………… 349
- 陸上 …………………… 226
- 陸上選手 ……………… 226
- 陸地 …………………… 262
- 利己的な ………………… 45
- 離婚 ……………………… 79
- 離婚する ………………… 79
- リサイクル …………… 265
- リサイクルごみ …… 265
- 利子 …………………… 334
- リスボン ……………… 107
- 立憲君主国 …………… 322
- 立腹 ……………………… 56
- リップクリーム …… 126
- 立方体 ………………… 88

立方体の … 88	林業 … 337	レーザー治療 … 214
リハーサル … 244	リンク … 184	レーザーピーリング … 214
理髪師 … 217	リング状パウンドケーキ … 151	レース … 226
理髪店 … 209		レーニン … 253
利発な … 45	りんご … 148・282	レーヨン … 212
リブロース … 142	りんご酒 … 152	レオナルド・ダ・ビンチ … 253
リベラルアーツ … 179	臨時社員 … 190	歴史 … 344
リボン … 124	臨終 … 80	歴史的遺産 … 286
リマ … 95	臨終の言葉 … 80	歴史的建造物 … 286
リメイク … 240	隣人 … 43・173	レジ … 210
リモコン … 169・231	倫理 … 179	レジ係 … 210
リャマ … 269	**る**	レシピ … 138
流域 … 262		レジャー … 218
流行の … 213	ルイ14世 … 253	レジャーセンター … 218
流産 … 300	ルーチンワーク … 186	レストラン … 132
留年する … 177	ルーマニア … 98	レスリング … 227
リュックサック … 123・221	ルームサービス … 230	レセルバ … 131
良(成績) … 176	留守番電話 … 62	レタス … 140
領海 … 326	ルター … 253	レタスサラダ … 135
両替 … 90・229	ルネッサンス … 345	列 … 241
両替所 … 90	ルネッサンスの … 345	レッサーパンダ … 268
両替する … 90・204	ルビー … 125	列車 … 196
漁師 … 273	ルポルタージュ … 340	列車事故 … 316
領事 … 326	**れ**	レッドカード … 225
領事館 … 326		レバー … 142
領収書 … 129・210	レア(肉の焼き具合) … 139	レポーター … 341
領収書をください … 49	冷酷な … 45	レ・ミゼラブル … 255
両親 … 40	礼状 … 46	レモネード … 152
両生類 … 274	冷戦 … 345	レモン … 148
両手なべ … 156	冷蔵庫 … 169	恋愛 … 78・250
領土 … 326	霊長類 … 266	恋愛結婚 … 79
～料理 … 128	冷凍でない … 145	連休にする … 73
(皿に盛った)料理 … 129	冷凍の … 145	レンズ豆 … 146
料理する … 116	礼拝 … 346	連続ドラマ … 341
緑内障 … 297	レインコート … 119	レンタカー … 200
旅行代理店 … 209・228	レインシューズ … 121	レントゲン検査 … 295
旅程 … 229	レーザー … 214	レントゲン室 … 291
利率 … 334	レーザー脱毛 … 214	連邦国 … 322

ろ

- ろうあ者 ……………… 42
- 廊下 …………………… 160
- 老眼 …………………… 296
- 老子 …………………… 253
- 労使協定 ……………… 191
- 老人 …………………… 42
- 老人介護 ……………… 339
- 老人性認知症 ………… 301
- 老人病医 ……………… 293
- 老人病科 ……………… 293
- 老人ホーム …… 93・158
- 労働者 ………………… 190
- 労働省 ………………… 323
- 労働条件 ……………… 190
- 労働争議 ……………… 191
- ロース ………………… 142
- ローストした ………… 139
- ローストチキン ……… 137
- ローストビーフ ……… 137
- ローズマリー ………… 155
- ロータリー …………… 206
- ロードショー ………… 241
- ロープ ………………… 220
- ロープウェー ………… 202
- ローマ ………………… 106
- ローリエ ……………… 155
- ロールスクリーン …… 165
- ロケットを打ち上げる … 261
- ロサンゼルス ………… 107
- ロシア …………………… 97
- ロシア人 ……………… 101
- ロゼワイン …………… 153
- 路線 …………………… 198
- ロッカー ……………… 164
- ロッキングチェア …… 164
- ロックで ……………… 153
- 露天風呂 ……………… 218
- ロバ …………………… 269
- ロビー …………… 231・241
- ロブスター …………… 145
- ロボット ……………… 251
- ロマネスク様式 ……… 286
- 路面電車 ……………… 202
- ロンドン ……………… 106
- 論文 …………………… 175

わ

- ワールドカップ ……… 343
- Yシャツ ……………… 118
- ワイドショー ………… 341
- ワイパー ……………… 201
- ワイン …………… 153・237
- ワインオープナー
  ……………………… 157・237
- ワインリスト ………… 129
- 若い(ワインの味) ……… 131
- 若い男性(女性) ………… 42
- 若牛闘牛 ……………… 238
- 和菓子 ………………… 237
- 若者 ……………………… 42
- わかりました …………… 52
- 別れ ……………………… 35
- 輪切り ………………… 143
- 惑星 …………………… 260
- ワクチン ……………… 306
- ワゴン車 ……………… 203
- わざとやったのではない … 55
- ワシ …………………… 277
- ワシントンD.C. ……… 107
- ワスレナグサ ………… 285
- 私たちは ………………… 38
- 私のせいじゃない ……… 55
- 私の先生です …………… 50
- 私の話を聞いてください
  ……………………… 315
- 私は ……………………… 38
- 私はきみの意見に賛成だ
  ………………………… 53
- 私はこの計画に反対だ … 53
- 私は○○です …………… 63
- 私(家族)は無事です … 320
- ワックス(整髪料)
  ……………………… 127・216
- ワックス ……………… 171
- ワックス脱毛 ………… 214
- ワニ …………………… 274
- 笑い ……………………… 56
- 笑う ……………………… 56・117
- ワラビ(植物) …………… 281
- 悪い ……………………… 60
- 悪い天気です ………… 258
- ワルシャワ …………… 105
- 湾 ……………………… 263
- ワンドリンクつき …… 234
- ワンピース …………… 118
- ワンルーム …………… 158

●著者プロフィール

井戸光子（いど みつこ）

日本女子大学家政学部中退。『フラメンコへの誘い』（晶文社）の編集をきっかけに、スペイン語を学びはじめる。1987年にマドリードへ私費留学。スペインの総合情報紙である『今週のスペイン』（1989～1994）の編集・発行に携わりながらスペイン語の通信教育講座(http://www.hispanica.org)を開設、指導にあたる。主な訳書に『ひかげの日系人』（彩流社）、『夢の行方』（現代企画室）、編著書に『文法から学べるスペイン語』『文法から学べるスペイン語ドリル』（ナツメ社）、『スペイン語経済ビジネス用語辞典』（カシオ電子辞書に搭載）がある。

石村あつ（いしむら あつ）

京都女子大学文学部卒業。大学卒業後にスペイン語を学び、スペイン政府の奨学金を得て、マドリード・コンプルテンセ大学に留学。帰国後に『今週のスペイン』（1989～1994）の編集・発行、スペイン語通信教育講座の開設・指導に携わるかたわら、絵本の翻訳を行う。主な訳書に『ナナの冒険』（宝島社）、『ラベリントス』（フレーベル館）、著書に『文法から学べるスペイン語』『文法から学べるスペイン語ドリル』（ナツメ社）がある。

ナツメ社Webサイト
http://www.natsume.co.jp
書籍の最新情報(正誤情報を含む)は
ナツメ社Webサイトをご覧ください。

すぐに役立つ スペイン語の基本単語集

2009年 4月30日　初版発行
2015年 8月20日　第8刷発行

著　者	井戸光子	©Ido Mitsuko, 2009
	石村あつ	©Ishimura Atsu, 2009
発行者	田村正隆	
発行所	株式会社ナツメ社	
	東京都千代田区神田神保町1-52　ナツメ社ビル1F（〒101-0051）	
	電話　03(3291)1257(代表)　FAX　03(3291)5761	
	振替　00130-1-58661	
制　作	ナツメ出版企画株式会社	
	東京都千代田区神田神保町1-52　ナツメ社ビル3F（〒101-0051）	
	電話　03(3295)3921(代表)	
印刷所	ラン印刷社	

ISBN978-4-8163-4617-0　　　　　　　　　　　　　　　　　Printed in Japan
〈定価は表紙に表示してあります〉
〈落丁・乱丁本はお取り替えします〉